Rom

Auf bekannten, verborgenen und
vergessenen Wegen durch das Zentrum
der Christenheit

Irmgard Jehle

HEINRICHS-VERLAG GMBH
Bayerische Verlagsanstalt Bamberg

Mit kirchlicher Druckerlaubnis
Bamberg, 13. März 2013
Georg Kestel, Generalvikar

Der Umwelt zuliebe

Gedruckt auf 100 % chlorfrei gebleichten Papier

1. Auflage 2013
© 2013, Heinrichs-Verlag GmbH, Bayerische Verlagsanstalt Bamberg und Bayerisches Pilgerbüro München
Alle Rechte der Vervielfältigung und Verbreitung, einschließlich Film, Funk, Fernsehen und sonstiger elektronischer Medien sowie der Fotokopie und des auszugsweisen Nachdrucks vorbehalten
Text: Irmgard Jehle, Wolfgang Bischof und Bayerisches Pilgerbüro
Fotos: Bayerisches Pilgerbüro München, Irmgard Jehle, KNA (3) und Musei Vaticani (1)
Karten: cartomedia, Angelika Solibieda, Karlsruhe
Satz und Gestaltung: Bayerische Verlagsanstalt Bamberg
Druck und Bindung: Haßfurter Medienpartner GmbH & Co. KG, Haßfurt am Main
Printed in Germany
ISBN 978-3-89889-173-8

INHALTSVERZEICHNIS

J edes Jahr kommen Millionen von Touristen und Pilgern nach Rom. Es ist die Hauptstadt Italiens und Heimat von fast vier Millionen Menschen, die in dieser pulsierenden Stadt leben und arbeiten. Über Jahrhunderte war Rom der kulturelle, politische und geistliche Mittelpunkt Europas. *„Wer einmal in Rom war, und sei es auch nur für kurze Zeit, hat in Jahrhunderten und Jahrtausenden gelebt"* (W. BERGENGRUEN).

Eine Pilgerfahrt nach Rom ist mehr als eine Kulturreise oder ein touristischer Aufenthalt. Auch Pilger besuchen neben den hl. Stätten die großen Monumente und Meisterwerke der Stadt und setzen sich mit ihrer Geschichte auseinander, auf die man überall trifft.

Doch Rom ist mehr als die Summe seiner Denkmäler, Museen, Paläste und Kirchen. Es kann zum Ort der Begegnung und des Glaubens werden, eine Gelegenheit, die (Glaubens-)Geschichte in ihren großen Zusammenhängen unmittelbar zu erleben. Für die unzähligen Pilger war und ist es eine Reise zu den Anfängen des christlichen Glaubens und zum Zentrum der römisch-katholischen Weltkirche, eine Begegnung mit den Zeugen der Urkirche und den Lebenszeugnissen der Heiligen bis in unsere Zeit. Bei den wöchentlichen Audienzen, dem sonntäglichen

Angelus-Gebet und den liturgischen Feiern mit dem Papst erleben die Pilger Weltkirche in der großen Gemeinschaft der Gläubigen, sie können ihren Glauben vertiefen und sich mit seiner Bedeutung für ihr eigenes Leben auseinandersetzen. Immer wieder zieht es Menschen nach Rom; sie verlassen ihren Alltag, um die Kirchen (davon gibt es mehr als 600!) und Kunstwerke in ihrer ureigensten Umgebung zu sehen.

Dieser Pilgerführer will nicht nur ein Reisebegleiter sein, sondern helfen, die Kunstwerke und Bauten als Zeugnisse ihrer Zeit kennenzulernen und hinter den Meisterwerken die Glaubensaussagen zu sehen, in denen die Künstler festhielten, was ihnen am Christentum wichtig war. Durch sie ist, wie Papst Pius XII. sagte, Rom eine einmalige und unvergleichliche Welt geworden. Kein Buch kann die Fülle Roms an historischen und religiösen Meisterwerken angemessen würdigen. In einer Auswahl von Spaziergängen durch die ewige Stadt will es helfen, Rom an bekannten, verborgenen und vergessenen Monumenten zu entdecken, die es sich in mehr als 2.700 Jahren bewahrt hat. Denn: *„Die angemessene Bewegungsart für den Gast Roms ist das glückliche Schlendern…"* (W. BERGENGRUEN).

München, den 8. April 2013

+ Wolfgang Fischer

Wolfgang Bischof,
Weihbischof
Präsident des Bayerischen Pilgerbüros

> *„Ja, ich bin endlich in dieser Hauptstadt der Welt angelangt"*
>
> (J. W. von Goethe)

„Caput mundi": Von den Holzhütten des Palatin zur Hauptstadt der Welt (753 v. Chr. – zur Zeitenwende)

„... erhebt sich das glänzende Rom, welches die Macht nur durch die Erde begrenzt, den Mut mit dem Himmel; sieben Hügel umschließt es in ihren Mauern ... Du aber, Römer, gedenke über die Völker der Welt mit Macht zu herrschen, denn darin liegt deine Berufung" (Vergil, Aeneis VV, 780f.850).

Die Anfänge Roms liegen im mythischen Dunkel. **Aeneas**, der legendäre Stammvater der Römer, floh aus seiner brennenden Heimatstadt Troja, das die Griechen nach zehnjährigem Kampf erobert hatten. Nach weiteren zehn Jahren der Irrfahrten gelangte er mit seinen Gefährten an die Küste Latiums. Dort wurde ihm die Herrschaft seiner Nachkommen geweissagt, die ohne Grenzen sein wird. Generationen später gingen aus dem Geschlecht des Aeneas **Romulus und Remus** hervor, Kinder der Rhea Silvia und des Kriegsgottes Mars. Die Zwillinge wurden von ihrem machtgierigen Onkel am Tiber ausgesetzt, doch eine Wölfin rettete die beiden und zog sie in einer Höhle am **Palatinhügel** auf. Eine etruskische Bronzeplastik der Wölfin aus dem 6. Jahrhundert v. Chr. befindet sich in den Kapitolinischen Museen, die Zwillinge fügte der Bildhauer A. Pollaiuolo in der Renaissancezeit hinzu. Eine Kopie steht auf einer Säule am Kapitol, links vom Rathaus. Erwachsen geworden, töteten die Zwillinge ihren Onkel. Sie übernahmen die ihnen zustehende Herrschaft und gründeten eine neue Stadt, deren König Romulus wurde. Er gab der Stadt ihren Namen: Rom. *„Da Romulus nicht wirklich viele Einwohner seines neu gegründeten Stadtstaates hatte, entschloss er sich zu folgender Maßnahme: Er gründete eine Freistätte (‚asyl‘); wer auch immer sich dorthin geflüchtet hatte, durfte von dort nicht mit Gewalt entfernt werden"* (M. S. Honoratus, Kommentar zu Aeneis 8,635; im 4. Jahrhundert). Jedes Jahr gedenkt Rom seiner Gründung am 21. April 753 v. Chr. Soweit der Mythos!

Tatsächlich weisen archäologische Funde bis ca. 1000 v. Chr. zurück, wo erste Ansiedlungen am Palatin ausgegraben wurden, die Überreste einfacher Holzhütten. Später verehrten die Römer an diesem Ort eine Grotte als diejenige, in der die Wölfin Romulus und Remus säugte. Die Ansiedlung breitete sich zum Tiber hin aus, ein Fischerdorf, dessen Hafen zum Warenumschlagplatz wurde: rund um das Forum Boarium, beim

Kapitolinische Wölfin mit Romulus und Remus

Tempel des Hafengottes Portunus, nahe der Kirche Santa Maria in Cosmedin. Im 7. Jahrhundert v. Chr. verlagerte sich das Zentrum der jungen Stadt in die sumpfige Ebene zwischen dem Kapitolshügel und dem Palatin. Im Laufe der Jahrhunderte entwickelte sich die Talsenke, die eigentlich *„foris"* (außerhalb) lag – daher später der Name **Forum Romanum** – zum Mittelpunkt der schnell wachsenden Stadt, deren Bewohner sich mit den Völkern der umliegenden Hügel zusammenschlossen. Um die Talsenke breitete sich Rom am linken Tiberufer über sieben Hügel aus: Palatin, Kapitol, Quirinal, Esquilin, Viminal, Caelius und Aventin. Unter dem *„lapis niger"*, dem schwarzen Stein, auf dem Forum, liegt der Überlieferung nach der Stadtgründer Romulus begraben.

Ständige Veränderungen kennzeichneten die Geschichte der schnell wachsenden Stadt, die ihre Herrschaft immer weiter ausdehnte, von der Herrschaft der **Könige** (753 – 509 v. Chr.) über die **Republik** (510 – 27 v. Chr.) bis zu den **Kaisern**. Die ältesten Tempel Roms aus

Forum Romanum

der Zeit der Republik stehen am Largo Argentina. Für die heutigen Römer ist der Platz das *„Katzenforum"*, weil sich in den antiken Ruinen ganze Katzenfamilien tummeln, die hier gefüttert und betreut werden.

Ausgrabungen am Largo Argentina.

Das Forum Romanum war geistliches, wirtschaftliches und politisches Zentrum. In den kaiserlichen Basiliken wurde Gericht gehalten und das gesamte öffentliche Leben spielte sich auf dem Forum ab. Es wurde zum *„umbilicus"*, zum Nabel der Welt. Das **Kapitol**, der kleinste der sieben Hügel, mit den Tempeln des Jupiter Capitolinus (auch Jupiter optimus maximus), seiner Gattin Juno und der Weisheitsgöttin Minerva waren **sakraler Mittelpunkt**. Jede offizielle Handlung wurde mit einem religiösen Ritus auf dem Kapitol abgeschlossen und besiegelt. Hier entschied sich das Schicksal der Stadt und des römischen Weltreiches. Der Name Kapitol stammte nach dem römischen Schriftsteller Varro von dem Kopf (caput) eines legendären Etruskerkönigs, der auf dem Hügel gefunden wurde. Durch das Forum führte die **Via Sacra** (heilige Straße) hinauf zum Kapitol mit dem Tempel des **Jupiter Optimus Maximus**, des höchsten römischen Gottes. Auf der zweiten Hügelkuppe stand der Tempel seiner Gemahlin **Juno Moneta**, der Mahnerin. An der Stelle erhebt sich seit dem Mittelalter die Franziskanerkirche Santa Maria in Aracoeli. Unter dem Tempel lag die älteste staatliche Münzpräge Roms. Von der Mahnerin (moneta) kommt die Bezeichnung „money", „moneta", „monnaie" oder „Moneten".

Auf dem benachbarten **Palatin** entstanden über die Jahrhunderte die Villen reicher und mächtiger Familien und der **Kaiserpalast**, einer der größten Paläste, die je gebaut wurden.

Kaiser Augustus (63 v. Chr. – 14 n. Chr.) ließ auf dem Forum den „goldenen Meilenstein" aufstellen, von dem aus alle Entfernungen gemessen wurden. Sternförmig führten die **Konsularstraßen** in alle Richtungen und bestimmen seither das römische Straßensystem.

„Alle Straßen führen nach Rom", auf dem weitläufigen Netz, das Rom mit der „Oikumene", der bewohnten Welt, verband.

Um die Zeitenwende lebten in Rom mehr als eine Million Menschen, eine Einwohnerzahl, die die Stadt erst wieder im 20. Jahrhundert erreichte. Unter den Kaisern erlangte Rom die **Weltherrschaft** und erreichte während der Regierung **Trajans** (98 – 117) und dem Philosophenkaiser **Marc Aurel** (161 –

Kaiser Augustus (Vatikanische Museen)

Reiterstatue von Kaiser Marc Aurel auf dem Kapitol

180) seine größte Ausdehnung und Machtfülle. Als einzige aus der Antike erhaltene **Reiterstatue** steht die Marc Aurels mitten auf dem Kapitolsplatz. Sie wurde nicht zerstört, weil sie fälschlicherweise für ein Abbild Konstantins, des ersten christlichen Kaisers, gehalten wurde. Nach altem Volksglauben wird Rom und damit die Welt untergehen, wenn Pferd und Reiter wieder ganz vergoldet bzw. das restliche Gold ganz verschwunden ist, und wenn die Eule zwischen den Pferdeohren schreit und davonfliegt. Bei dem Vogel handelt es sich in Wirklichkeit um eine Haarlocke des Pferdes, daher besteht für Rom keine Gefahr. Um die Statue vor schädlichen Umwelteinflüssen zu bewahren, wurde das antike Bronzedenkmal ins Kapitolinische Museum gebracht und auf dem Platz durch eine originalgetreue Kopie ersetzt.

Die Ruinen des **kaiserlichen Palastes am Palatin**, das **Forum Romanum mit den kaiserlichen Foren** und das **Kolosseum** sind die bedeutendsten Zeugnisse der römischen Antike im Zentrum der Stadt. Zum Schutz Roms ließ **Kaiser Aurelian** (272 – 278) die sieben Hügel mit einem **Mauerring** umgeben.

Kolosseum

Die Ausbreitung des Christentums und die Zeiten der Verfolgung (bis 313)

Rom war fremden Religionen gegenüber tolerant, es gab religiöse Kulte aus allen Teilen des Reiches in der Stadt. Seit dem 2. Jahrhundert v. Chr. lebte eine große Anzahl von Juden am rechten Tiberufer. Juden und Christen waren zunächst nur eine von vielen Religionen. Seit Augustus wurden die Kaiser als göttlich verehrt, die Religion war noch mehr als in der Vergangenheit mit dem Staat und seinem Wohlergehen verbunden. Das musste unweigerlich zum Konflikt mit dem **Christentum** führen, die den Kaiserkult nicht anerkannten. Die christliche Lehre breitete sich schon im 1. Jahrhundert im ganzen römischen Reich aus. Auch in Rom wuchs die christliche Gemeinde kontinuierlich. Die Christen weigerten sich, den Kaiser als Gott anzuerkennen und ihm Opfer darzubringen.

„Deshalb sind die Christen Staatsfeinde, weil sie den Kaisern keine sinnlosen, lügnerischen oder unangebrachten Ehrungen darbringen" (Tertullian, Apologie 35,1 um das Jahr 200). Schon im Jahr 49 hatte Kaiser **Claudius** (41 – 54) ein **Edikt** erlassen, das alle *„Anhänger des Chrestus"* als Unruhestifter und Störer der öffentlichen Ordnung aus Rom verbannte. Da zwischen Juden und Christen noch nicht unterschieden wurde, waren beide Gruppen gleichermaßen betroffen. Unter den Vertriebenen war das Ehepaar Prisca und Aquila, die Paulus in Korinth traf. Sie durften erst nach dem Tod des Kaisers nach Rom zurückkehren.

Im **großen Feuer** unter **Kaiser Nero** (54 – 68) wurden dichtbevölkerte Stadtteile vollständig niedergebrannt, zwei Drittel Roms waren zerstört. Mit dem anschließenden Wiederaufbau erreichte Rom im 2. Jahrhundert einen Höhepunkt seiner (Bau-)Geschichte. Für sich selbst hatte Nero einen prunkvollen Palast erbauen lassen, das goldene Haus (domus aurea). Bald nach seinem Tod wurde es geplündert und zum größten Teil abgerissen. An seiner Stelle ließ **Kaiser Vespasian** zwischen 72 und 80 für das Volk das **Kolosseum** erbauen, das größte Amphitheater Roms. Benannt wurde es nach einer Kolossalstatue Neros, die ursprünglich dort stand.

Die erste große **Christenverfolgung** brach bald nach dem Brand in den Jahren 64 – 67 aus, als Nero den Christen die Schuld zuschob. Das Christenviertel jenseits des Tibers war beim Brand unversehrt geblieben, was zusätzlich verdächtig machte. Über die Qualen, die den Christen zugefügt wurden und die Zweifel an ihrer Schuld schreibt der römische Schriftsteller Tacitus in seinen Annalen: *„Man verhaftete die Leute, die sich zu einem gewissen Christus bekannten, der unter dem Statthalter Pontius Pilatus hingerichtet wurde. Sie wurden nicht wegen der Brandstiftung, sondern wegen* *des allgemeinen Menschenhasses angeklagt ... Nero schob sie als Schuldige vor und belegte sie mit ausgesuchten Strafen. Man steckte sie in Tierfelle und ließ sie in seinen Gärten von wilden Tieren zerreißen, kreuzigte sie oder verbrannte sie nach Einbrechen der Dunkelheit als lebende Fackeln. Sie erregten Mitleid, obwohl sie ihrer Schuld überführt die härtesten Strafen verdienten, der Grausamkeit eines Einzelnen zum Opfer fielen"* (15,44,3-5). In dieser Verfolgung starben auch die Apostelfürsten Petrus und Paulus. Zu den Nachstellungen kam der Spott, weil die Christen einen Gott anbeteten, der auf unwürdige Art hingerichtet worden war. Ein Zeugnis der Verhöhnung ist die Kritzelzeichnung eines Gekreuzigten mit einem Eselskopf. Damit wurde ein christlicher Soldat verspottet: *„Alexamenos betet seinen Gott an"*, steht unter dem Bild. Cicero nannte die Kreuzigung eine so unwürdige Todesart, dass der römische Bürger diese härteste Sklavenstrafe nicht einmal mit Augen und Ohren wahrnehmen soll.

Dennoch nahm die Zahl der Christen zu, obwohl immer wieder Wellen von **Verfolgungen** – regional oder reichsweit – über die Gemeinden hereinbrachen: aus der Willkür örtlicher Behörden, meist vom Kaiser gebilligt oder sogar befohlen.

Die Christen waren nicht nur lästig, sondern zu Staatsfeinden geworden. Die römischen Götter zu verehren, war den Christen freigestellt, nicht aber der **Staatskult** und die damit verbundene Verehrung des Kaisers als Gott. Die Verweigerung des Kaiseropfers wurde grausam bestraft, denn seine Nichtbeachtung konnte schädliche Folgen für das ganze Volk nach sich ziehen. Der Majestätsbeleidigung und Verachtung des Menschengeschlechts angeklagt, wurden sie für jegliches Unglück verantwortlich gemacht. Der christliche Schriftsteller Tertullian schreibt: *„Den Christen wird*

Via dei Fori Imperiali

die Schuld für jegliches Unglück gegeben. Wenn der Tiber Hochwasser hat, wenn der Nil nicht die Felder flutet, wenn das Wetter sich nicht ändert, wenn die Erde bebt, wenn es Hungersnöte oder Seuchen gibt, dann wird geschrien: Die Christen vor die Löwen!" Trotzdem waren viele Zeitgenossen beeindruckt vom sozialen Engagement, der Fürsorge für die Schwachen und Wehrlosen bis hin zur Sorge um die Toten, und v. a. vom Mut der Christen, mit dem sie ins Martyrium gingen. **Tertullian** stellte in seiner Apologie, einer Verteidigungsschrift für das Christentum, fest: *„Immer, wenn wir von euch geerntet werden, wird unsere Zahl vergrößert: Sanguis martyrum semen Christianorum"* – *„das Blut der Märtyrer ist der Samen für neue Christen"* (50,13). Die grausamsten **Christenverfolgungen** kamen über die Gemeinden unter den Kaisern **Decius** (249 – 251), **Valerian** (253 – 260) und schließlich die letzte und härteste unter **Diokletian** (303 – 311), weil die Christen sich immer noch weigerten, den Kaiserkult anzuerkennen und die geforderten Opfer darzubringen. Erst unter der Regierung Konstantins (306 – 337) brach für die Christen und die Stadt Rom eine neue Zeit an.

Von der konstantinischen Wende bis zum Ende des Weströmischen Reiches (313 – 476)

Im Jahr 312 kämpfte **Konstantin** um die Alleinherrschafft über das römische Reich gegen seinen Mitregenten Maxentius. Von den Vorgängen berichtet eine alte Legende. In der Nacht vor der entscheidenden Schlacht hatte Konstantin eine Vision. Er sah am Himmel ein Kreuz, dazu Schriftzeichen mit den Worten *„in hoc signo vinces"* (in diesem Zeichen wirst du siegen). Daraufhin ließ Konstantin das Kreuz auf seinen Feldzeichen anbringen und besiegte am nächsten Morgen seinen Rivalen in der **Schlacht an der Milvischen Brücke** im Norden Roms. Zur Erinnerung wurde für Konstantin der größte der drei erhaltenen Triumphbögen erbaut, zusammengesetzt aus älteren Bauteilen. Mit *„instinctu divinitatis"* (göttlicher Eingebung) und *„mentis magnitudine"* (Größe des Geistes) hatte Konstantin den Sieg errungen. Das Zeichen des christlichen Gottes hatte sich als das stärkere erwiesen. Den Christen gewährte Konstantin zum Dank freie Religionsausübung und erkannte die Gemeinschaft im **Mailänder Edikt von 313** als *„erlaubte"* Religion an mit voller Glaubens- und Kultfreiheit. So endete mit der **konstantinischen Wende** die Verfolgungszeit, das Christentum war den anderen Religionen gleichgestellt.

Die Zahl der Christen wuchs schnell an, denn viele wollten jetzt der *„neuen Religion"* angehören, die in der Gunst des Kaisers stand. Konstantin förderte die Christen und stellte ihnen die Mittel für den Bau von Kirchen zur Verfügung. Als erste entstand die Lateranbasilika, Haupt und Mutter aller Kirchen der Stadt Rom und des Erdkreises. Die heidnische Basilika wurde als Bautyp für die chtistlichen Kirchen übernommen. Die Christen mussten sich nun nicht mehr heimlich in den

Wohnhäusern von Gemeindemitgliedern versammeln, sondern konnten öffentlich Gottesdienst feiern. Den Sonntag als Gedenktag der Auferstehung Christi erklärte Konstantin für das ganze Volk zum gesetzlichen Ruhetag. Latein löste Griechisch als Kirchensprache ab. In ehemaligen Wohnhäusern, in denen in vorkonstantinischer Zeit Gottesdienste gefeiert wurden, entstanden Kirchen, wie die von San Clemente und Santa Pudenziana. Die Gläubigen hatten ungehindert Zugang zu ihren Friedhöfen mit den Gräbern der Heiligen und Märtyrer. Über den Grablegen von Petrus, Paulus und verehrten Märtyrern veranlasste der Kaiser den Bau von **Memorialkirchen**. 326 weihte Papst **Silvester** (314 – 445) die Peterskirche über dem Apostelgrab. Konstantins Mutter Helena brachte von einer Pilgerfahrt ins Heilige Land eine Fülle von Reliquien mit, darunter die **Passionsreliquien** von Santa Croce in Gerusalemme.

Rom entwickelte sich zur christlichen Stadt, die Pilgerfahrt nach Rom stand gleichrangig neben der ins

Triumphbogen für Kaiser Konstantin

Heilige Land. Angesichts der zahlreichen Reliquien, die nach Rom gebracht wurden, hieß es bald: *„Rom ist Jerusalem geworden"*, was **Papst Leo d. Gr.** (440 – 461) in einer Predigt zum Fest der Apostelfürsten bestätigte: *„Die Apostel Petrus und Paulus haben Rom ein zweites Mal gegründet. Doch während Romulus seinen Bruder Remus tötete, um die Herrschaft zu erlangen, handelten Petrus und Paulus in christlicher Eintracht und gingen gemeinsam für ihren Glauben ins Martyrium."* Um die Gunst des christlichen Gottes zu erlangen, griff Konstantin auch in die theologischen Auseinandersetzungen ein und führte den Vorsitz beim 1. Ökumenischen Konzil 325 in Nizäa. Der Senat, immer noch das einflussreichste politische Gremium, blieb bis Ende des 4. Jahrhunderts den alten Göttern treu.

Erst Ende des 6. Jahrhunderts wurden auf dem Forum die ersten Tempel in Kirchen umgewandelt: zunächst in den kaiserlichen Palastruinen **Santa Maria Antiqua**, dann **San Lorenzo in Miranda** im Tempel von Antonius und Faustina und die **Kirche von Kosmas und Damian** im Romulustempel.

Während die weltliche Macht Roms im Schwinden war, stieg die Stadt zum geistlichen Zentrum auf, wurde Hauptstadt des Christentums. 326 verließ Konstantin endgültig Rom, um von Konstantinopel aus das Reich zu regieren, so dass dem Bischof von Rom in der Folgezeit immer mehr die weltliche Verantwortung für die Stadt und ihre Bewohner zuwuchs. Ende des 4. Jahrhunderts wurde in der Kurie des Forum Romanum unter dem Einfluss von Bischof Ambrosius von Mailand (379 – 395) die Statue der Siegesgöttin Victoria entfernt, und damit war der letzte *„Hort des Heidentums"* gefallen.

Unter den Kaisern **Theodosius I.** (379 – 395) und **Justinian** (527 – 565) war das Christentum bereits alleinige Staatsreligion. Gladiatorenkämpfe wurden als grausames, Menschen verachtendes und meist tödliches Spektakel verboten, ebenso jegliche heidnische Kulte. Tempel wurden als Baumaterial abgebrochen oder in christliche Kirchen umgewandelt. Das **Kolosseum** diente bis in die Neuzeit als Steinbruch zur Materialbeschaffung, z. B. für die päpstliche Cancelleria, den Palazzo Farnese und für den Petersdom. Ganz abgetragen durfte das Amphitheater allerdings nicht werden, denn das Volk glaubte an eine alte Weissagung, die der angelsächsische Benediktinermönch Beda Venerabilis im 8. Jahrhundert überlieferte: *„Solange das Kolosseum steht, existiert Rom. Wenn das Kolosseum fällt, geht die Welt zugrunde."* Im 16. Jahrhundert wurde in die Ruinen die Kapelle der **Madonna della Pietà nel Colosseo** (Kapelle der schmerzhaften Gottesmutter im Kolosseum) gebaut als Gebetsstätte für Eremiten. Sie lebten zurückgezogen, um das Gedenken der Märtyrer im Gebet zu bewahren. Erst **Papst Benedikt XIV.** (1740 – 1758) gebot 1740 der Zerstörung Einhalt und weihte den Bau dem Gedenken der Märtyrer mit vierzehn Kreuzwegstationen rund um die Arena. In einer bewegenden ökumenischen Feier gedachte im Heiligen Jahr 2000 Johannes Paul II. (1978 – 2005) der Märtyrer aller Jahrhunderte. Seit einigen Jahren existiert der Brauch: Wenn irgendwo auf der Welt die Todesstrafe abgeschafft oder ein zum Tod Verurteilter begnadigt wird, bleibt das Kolosseum 24 Stunden hell erleuchtet. Jedes Jahr am Karfreitagabend betet der Papst unter großer Anteilnahme von Römern und Pilgern aus der ganzen Welt den Kreuzweg am Kolosseum.

Auf Rom kamen schwere Zeiten zu. 410 wurde es erstmals erobert, zunächst von den Westgoten unter **Alarich** und später von **Geiserich** mit seinen Vandalen. Trotz des politischen Niedergangs konnten die Bischöfe von Rom die Stadt vor dem Verfall bewahren. **Papst Leo d. Gr.** erwirkte bei Geiserich, Rom nicht dem Erdboden gleich zu machen und verhandelte 452 mit dem Hunnenführer Attila, Rom zu verschonen. Im 6. Jahrhundert bedrohten die Langobarden die geschwächte Stadt.

Als 476 der letzte weströmische Kaiser **Romulus Augustulus** abdankte, endete endgültig die Zeit Roms als Hauptstadt und Mittelpunkt eines Weltreiches. Der Ostgote **Theoderich** († 526) regierte von Ravenna aus. Rom war im Niedergang begriffen, die Bevölkerung schrumpfte.

Die Herrschaft der Päpste im Mittelalter (6. – 14. Jahrhundert)

Dem Bischof von Rom wuchs infolge des politischen Machtvakuums zunehmend weltliche Autorität zu. Er war die höchste geistliche Macht des Abendlandes, der **Patriarch des Westens**. Schon **Clemens** (88 – 97), der dritte Nachfolger des Petrus, hatte um das Jahr 90 in einem Brief an die Gemeinde von Korinth die besondere Rolle Roms betont wegen seiner vielen Märtyrer und dem *„Vorrang der Liebe“*. Auf dem Konzil von Chalkedon (451) wurde ein Brief Leo d. Gr. verlesen, und die Konzilsväter erklären einmütig: *„Durch den Mund Leos hat Petrus gesprochen.“* Stetig weiteten die Bischöfe von Rom ihren Einflussbereich aus, indem sie die Missionierung Europas förderten, und die Missionare an Rom banden: **Gregor d. Gr.** (590 – 604) schickte **Augustinus v. Canterbury** zu den Angelsachsen, **Gregor II.** (515 – 731) **Bonifatius** nach Deutschland, **Hadrian II.** (867 – 872) **Kyrill** und **Method** zu den Slawen. Aus verschiedenen Schenkungen entstand der Kirchenstaat, der Papst wurde zum weltlichen Herrscher mit Sitz im Lateranpalast. Die aus dem Norden kommenden **Lango-**

barden waren zu einem wichtigen Machtfaktor in Italien geworden, von dem auch Rom und die Kirche betroffen waren, nicht nur in politischer, sondern auch in künstlerischer Hinsicht. Die Kunst wurde von diesem Volk geprägt. Sie hat sich an Kanzeln und Chorschranken erhalten, mit den charakteristischen Flechtmotiven, Kreuzen, Stiftermonogrammen und geometrischen Mustern: in den Chorschranken von San Clemente und Santa Maria in Cosmedin. Das älteste Krankenhaus der Welt, das seit seiner Gründung permanent in Betrieb ist, ist **Santo Spirito in Sassia.** 727 wurde es zur Unterbringung und Versorgung der angelsächsischen Pilger gegründet. Die dazugehörige Kirche war im Mittelalter eine der bedeutendsten der Stadt. Das Hospital unterhielt auch eine Babyklappe („*Ruota*", Drehklappe), für unerwünschte Kinder. Sie konnten hier anonym abgegeben werden und wurden dann auf Kosten des Hospitals aufgezogen.

Am Weihnachtstag 800 krönte **Leo III.** (795 – 816) in der Peterskirche **Karl d. Gr.** zum Kaiser und erkannte ihn damit in Abgrenzung zu Byzanz als einzig legiti-

Forum Romanum mit Kapitolshügel

men Nachfolger des Römischen Reiches an. Er war Herrscher über das neue *„Heilige Römische Reich".* Die Verflechtungen zwischen geistlicher und weltlicher Macht nahmen zu. Es kam zu den folgenschweren Konflikten zwischen Kaiser und Papst im Investiturstreit, die mit Papst **Gregor VII.** (1073 – 1085) und dem deutschen **Kaiser Heinrich IV.** (1084 – 1105) im sprichwörtlich gewordenen Gang nach Canossa 1077 gipfelten. 1084 wurde im Zuge dieser Auseinandersetzungen Rom von den **Normannen** verwüstet. Kirchen wie San Clemente und Quattro Coronati wurden zerstört. Die Streitigkeiten endeten erst mit dem Wormser Konkordat von 1122. Währenddessen nahm trotz abnehmender Bevölkerung in Rom die **Bautätigkeit** zu. Erste Glockentürme entstanden, als einer der ältesten der von **San Benedetto in Piscinula**.

Der **Tiefpunkt** für die Stadt war im 14. Jahrhundert erreicht, als die Päpste ins französische Exil nach Avignon übersiedelten, das 68 Jahre andauerte (1309 – 1377). Die Einwohnerzahl ging auf gerade noch 20.000 zurück, ganze Stadtteile verödeten; auf dem Kapitol weideten Schafe und Ziegen. Mit der Rückkehr Papst **Gregor XI.** (1370 – 1378) begann eine neue Zeit, wenn auch der wirkliche Aufschwung erst 1417 begann, als das Konzil von Konstanz (1414 – 1418) die Kirchenspaltung mit zwei bzw. drei Päpsten beendete und dem Römer **Martin V.** (1417 – 1431) die alleinige Papstwürde zuerkannte. Die Verwaltung der Diözese Rom verblieb am Lateran, während der Papst seinen Wohnsitz vom baufälligen Lateranpalast in den Vatikan verlegte. Sein heutiges Aussehen erhielt der Apostolische Palast im Vatikan nach mehrfachen Um- und Ausbauten im 16. Jahrhundert. Architekten und Maler, v. a. aus Umbrien und der Toskana kamen und brachten den Stil der **Renaissance** mit. Durch die Päpste und ihre Kunstförderung wurde Rom wieder zu einem Mittelpunkt der Kultur, die Bevölkerung nahm rasch zu.

Seit der konstantinischen Wende war Rom neben dem Heiligen Land zum wichtigsten Pilgerziel der Christenheit geworden. **Pilgerführer**, die ältesten aus dem 5. Jahrhundert, beschrieben die Wege auf den alten Römerstraßen und schilderten die Sehenswürdigkeiten der Stadt. Weit verbreitet war seit dem 10. Jahrhundert die Beschreibung von Bischof **Sigerich von Canterbury**, der ältesten Beschreibung der Via Francigena, der Frankenstraße nach Rom, oder aus dem 9. Jahrhundert das *„Itinerarium Einsidlense"*, eine Handschrift aus dem Kloster Einsiedeln. In den dunklen Jahrhunderten ließen die Pilgerfahrten nach, zumal seit dem 10. Jahrhundert das Grab des Apostels Jakobus in Santiago di Compostela die Pilger zunehmend anzog.

Einen nie gekannten Aufschwung der römischen Pilgerfahrt brachte das erste **Heilige Jahr**, das Papst **Bonifaz VIII.** (1294 – 1303) ausrief. Aus Angst vor einem drohenden Weltuntergang waren Massen von Pilgern nach Rom gekommen. An die 200.000 wollten den **vollkommenen Jubiläumsablass** empfangen. Ein Heiliges Jahr sollte auch künftig gefeiert werden. Da einhundert Jahre zu lang erschienen, wurde der Abstand zunächst auf 50, dann nach den Lebensjahren Jesu auf 33 und schließlich auf 25 Jahre festgelegt *„wegen der Kürze des menschlichen Lebens"*. Jeder sollte wenigstens einmal im Leben die Gnade eines vollkommenen Jubiläumsablasses erlangen können. Die Proklamation der Heiligen Jahre löste die größten Pilgerbewegungen aller Zeiten aus. Menschen machten sich nach Rom auf, in der Hoffnung, das ewige Heil zu erlangen. Die **hl. Brigitta von Schweden** empfahl anlässlich des Heiligen Jahres 1350: *„Geh nach Rom, dort wirst du den kürzesten Weg ins Paradies finden"*.

Von der Blüte der Renaissance bis zum Niedergang des Kirchenstaats (15. – 18. Jahrhundert)

Im Auftrag seines Ordens hatte 1510 der Augustinereremit **Martin Luther** Rom und seine Pilgerstätten besucht. Auch wenn sich Luther am Ende tief enttäuscht von Rom abwandte, war er bei seiner Ankunft fasziniert: *„Sei gegrüßt, heiliges Rom, geheiligt durch die Märtyrer und ihr Blut, das sie hier vergossen haben."* Die Pilger kamen in der Regel über die **Porta del Popolo** (= Porta Flaminia), dem Endpunkt der Via Flaminia und der Via Cassia. An der Außenseite waren Statuen von Petrus und Paulus, die Rom als christliche Stadt unter der Herrschaft des Papstes auswiesen. Hier wurde 1655 die zum katholischen Glauben konvertierte Königin **Christine von Schweden** von **Papst Alexander VII.** (1655 – 1667) empfangen und in die Stadt, ihre künftige Heimat, geleitet: *„Für einen glücklichen und gesegneten Einzug im Jahr des Herrn 1655"* ist an der eigens für diesen Anlass von G. L. Bernini gestalteten Innenfassade zu lesen.

Unter dem Mäzenatentum der Päpste erneuerte sich Rom und blühte auf. Das Gesicht der Stadt veränderte sich. Sie wurde ein Spiegel der Kunstgeschichte von der Renaissance bis zum Barock. Selbst Pestepidemien und die Plünderung Roms durch die Landsknechte Kaiser **Karls V.** (1520 – 1558) im sog. **„Sacco di Roma"** von 1527 änderten daran nichts. **Papst Clemens VII.** (1523 – 1534) konnte sich im Schutz der Schweizer Garde in die Engelsburg retten, 146 **Gardisten** kamen ums Leben. Seither erneuert die Schweizer Garde am Jahrestag dieses Ereignisses, dem 6. Mai, ihr Treuegelöbnis an den Papst. Die Engelsburg war schon seit dem 15. Jahrhundert über den **Passetto**, einen 800 Meter langen, überdachten Weg, mit dem Apostolischen Palast verbunden. Als Zufluchtsort hatten die Päpste die Engelsburg im Stil der Renaissance kostbar ausgestaltet. Erst mit der Einnahme Roms 1870 wurden die Zugänge zum Passetto vermauert: Zeichen der Abgrenzung des italienischen Staates vom Papst. Heute gehören nur noch 80 Meter des Ganges dem Vatikan, die restlichen 720 unterstehen dem italienischen Staat.

Rom erholte sich von den Rückschlägen. Künstler aus ganz Europa zog es in die Stadt, in der Hoffnung auf einen Auftrag am päpstlichen Hof oder eines wohlhabenden Würdenträgers.

Unter **Papst Julius II.** (1503 – 1513) begannen die Arbeiten an der neuen **Peterskirche**. Der **Neubau** war seit 1506 die größte Baustelle seiner Zeit. Mit den für seine Finanzierung verkauften Ablässen wurde er zu einem Auslöser für die Reformation in Deutschland. Die Arbeiten zogen sich über 120 Jahre hin. *„In Rom gibt es mehr Kirchen als Tage im Jahr"* – und diese Kirchen wurden restauriert oder sogar neu gebaut.

Die Stadt war eine Dauerbaustelle und platzte aus allen Nähten. Längst waren die alten Stadtmauern zu eng geworden, Rom über die klassischen sieben Hügel

Maler auf der Piazza Navona

hinausgewachsen. Prachtvolle Paläste, Brunnen und repräsentative Plätze wurden in Auftrag gegeben, wie die **Piazza Navona**.

Der **Quirinalspalast** aus dem 16. Jahrhundert ist ein Zeugnis monumentaler Profanbauten. Die Päpste ließen ihn zur Sommerresidenz ausbauen, hoch über der Stadt auf dem Quirinal, dem höchsten der klassischen sieben Hügel, *„wo die Luft besser ist"*. Nach den Päpsten war der Prunkbau von 1870 – 1946 königliche Residenz, dann seit 1947 Sitz des Staatspräsidenten. Vom Vorplatz aus ist die Sicht frei bis hinüber nach St. Peter. Die Dioskuren mit dem Obelisken auf dem barocken Brunnenensemble stammen vom Augustusmausoleum.

Der **Palazzo für die Familie Farnese**, ein Entwurf von Michelangelo aus dem Jahr 1546, wurde zum Vorbild zahlreicher weiterer Paläste bis in die Barockzeit hinein. Das **Straßensystem** wurde neu angelegt, die Stadt umfassend saniert. Michelangelo gestaltete das **Kapitol** neu, einen längst verlassenen Hügel, auf dem Ziegen wei-

Piazza Navona

deten, weshalb ihn die Römer Monte Caprino (Ziegen-hügel) nannten. Das neue Kapitol war auf St. Peter hin ausgerichtet, denn die weltliche und geistliche Macht lag bei den Päpsten. Über den Ruinen des Tabularium entstand der Senatorenpalast, heute das Rathaus von Rom. Aus den Kunstsammlungen der Päpste entwickelten sich die Kapitolinischen Museen, die ersten öffentlichen Kunstsammlungen der Welt. In zwei identischen Renaissancepalästen waren sie untergebracht, dem alten und dem neuen Konservatorenpalast. An markanten Blickpunkten ließ **Sixtus V.** (1585 – 1590) – Franziskaner, aber dennoch einer der reichsten Päpste der Geschichte – **Obelisken** aufstellen, darunter die am Petersplatz, vor dem Lateran, bei Maria Maggiore und an der Piazza del Populo.

Bis zum 17. Jahrhundert erhielt das Centro Storico ein neues Gesicht. Das **barocke Rom** entstand, geprägt durch die rivalisierenden Architekten **G. L. Bernini** und **F. Borromini**. Die Römer feierten sich und ihre Stadt in Festen, die in ganz Europa berühmt waren, allen voran der **Karneval**. Dieser hat seine Wurzeln in den altrömi-schen Saturnalien. Von dieser Begeisterung ließ sich auch der deutsche Dichterfürst **J. W. von Goethe** anste-cken: *„Ich kann sagen, dass ich nur in Rom empfun-den habe, was eigentlich ein Mensch sei. Zu dieser Höhe, zu dieser Empfindung bin ich später nie wie-der gekommen.“* Goethe verweilte von 1786 – 1788 zweimal mit seinem Malerfreund J. H. W. Tischbein in einem Haus an der Via del Corso, heute das **Goethe-Mu-seum**. Das besondere Interesse des Dichters und Ge-lehrten galt den Denkmälern der Antike. Sein Sohn **August** starb am 27. Oktober 1830 in Rom und wurde auf dem **nicht-katholischen Friedhof** beigesetzt: *„Der Sohn Goethes starb 1830, dem Vater vorangehend, mit 40 Jahren“*, ist auf dem Grabstein zu lesen. Für Bil-

dungshungrige und Kunstinteressierte war der Romaufenthalt Höhepunkt der Italienreise.

Jedoch die politische Bedeutung des Kirchenstaates
und damit Roms ging dem Ende zu, der Papst musste
schwere politische Rückschläge hinnehmen. In Rom
wurde weiterhin das künstlerische Erbe gepflegt. Künstler wie A. Canova (1757 – 1822) schufen während dieser
Umbruchzeiten bedeutende Werke des aufkommenden
Klassizismus. Seit 1834 residiert auf dem Aventin als
exterritorialem Gebiet das **Priorat der Malteserritter**. Der
Orden war um 1050 in Jerusalem gegründet worden
zur Verteidigung des Glaubens und in Sorge für die
Armen und Bedürftigen. Am monumentalen Eingang
zum Park ist das berühmte **Schlüsselloch** (*„buco di
Roma"*) mit Blick auf die Kuppel von St. Peter, einge-
rahmt von einem Tunnel aus Lorbeerpflanzen und
Rosen.

Der endgültige Niedergang des Kirchenstaates begann 1797, als **Napoleon** in Rom die Republik ausrief.
1809 erklärte er die weltliche Herrschaft des Papstes für
beendet. Nach dem Sturz Napoleons 1814 wurde gemäß
den Beschlüssen des **Wiener Kongresses** der Kirchenstaat in den alten Grenzen wiederhergestellt, aber es
kehrte keine Ruhe ein. Rom und der Kirchenstaat wurden in die revolutionären Umtriebe des 19. Jahrhunderts hineingezogen. Ungeachtet der politischen
Turbulenzen – der Papst musste zeitweise sogar Rom
verlassen und in Neapel Zuflucht suchen – wurde 1870
in der Peterskirche das 1. **Vatikanische Konzil** einberu-
fen. Der spektakulärste Beschluss, der die Abspaltung
der Altkatholiken bewirkte, war das Dogma der **Unfehlbarkeit des Papstes als oberstem Hirten und Lehrer
aller Christen**. Während einer Sitzungspause mar-
schierten die Truppen der Unabhängigkeitsbewegung
des *„Risorgimento"* unter **G. Garibaldi** in Rom ein und

entmachteten **Papst Pius IX.** (1846 – 1878), der sich daraufhin zum *„Gefangenen im Vatikan"* erklärte. Damit endete 1871 die Jahrhunderte lange weltliche Herrschaft des Papstes. Das Konzil wurde nicht mehr weitergeführt, aber auch nicht offiziell beendet. Nach einer Volksabstimmung wurde der ehemalige Kirchenstaat Teil des **vereinigten Königreichs Italiens** unter **Victor Emanuel II.** (1861 – 1878) mit der **Hauptstadt Rom**. Die Einwohnerzahl stieg wieder auf über 100.000 an. Als Hauptstadt des Landes brauchte Rom repräsentative Bauten, wie sie im **Justizpalast** am Tiberufer, verschiedenen **Ministerien** und dem **Monumento Vittorio Emanuele II** entstanden. Als nationales Denkmal und zur Erinnerung an die Gründung des Vereinigten Königreichs wurde es auf der Piazza Venezia errichtet und 1911 anlässlich des 50. Jahrestages der Vereinigung Italiens eingeweiht. Der Monumentalbau aus weißem Marmor sticht durch seine Farbe aus der Travertin farbenen Umgebung hervor und beherrscht die Silhouette der Stadt. Er beherbergt das **Denkmal des unbekannten Soldaten** mit der ewigen Flamme der Erinnerung und das **Museo del Risorgimento** (Museum der Einigung Italiens). Von der Terrasse öffnet sich der Blick über die Foren, das Kolosseum bis zu den Albaner Bergen. Wegen seiner Gestalt wird das Vittoriano von den Römern auch Gebiss, Schreibmaschine oder Hochzeitstorte genannt.

Die sog. *„Römische Frage"* bezüglich der Stellung des Papstes und sein Verhältnis zum Königreich Italien wurde erst nach fast 60 Jahren gelöst, mit dem Abschluss der **Lateranverträge** am 11. Februar 1929 unter **Papst Pius X.** (1903 – 1914). Vertragspartner waren der faschistische Ministerpräsident **B. Mussolini**, der 1922 nach seinem Marsch auf Rom an die Macht gelangt war, und Kardinalstaatssekretär **P. Gasparri** als Vertreter des

Hl. Stuhls. Der alte Kirchenstaat blieb Geschichte, sein Nachfolger wurde der neu gegründete **Vatikanstaat**, der **Stato della Città del Vaticano**, so der offizielle Name, mit 44 Hektar Größe. Der Papst ist souveränes Staatoberhaupt. Ihm wurden mehrere **exterritoriale Gebiete** zugesprochen. Im Gegenzug verzichtete er auf alle Gebietsansprüche des ehemaligen Kirchenstaats und wurde dafür vom italienischen Staat finanziell entschädigt. Als äußeres Zeichen der Versöhnung ließ Mussolini große Teile des mittelalterlichen Borgo beim Vatikan abreißen, darunter mehrere Kirchen, historische Paläste und Gebäude. Vom Tiber bis zum Petersplatz entstand die Prachtstraße der **Via della Conciliazione** (Straße der Versöhnung), sichtbares und bleibendes Monument der Verbindung zwischen der Stadt Rom und dem Vatikan. Ohne Rücksicht auf die antiken Monumente und mit ähnlicher Motivation, ließ Mussolini zwischen dem Kolosseum und der verkehrsreichen Piazza Venezia, die breite **Via dei Fori Imperiali (Straße der kaiserlichen Foren)** anlegen, um zu demonstrieren, dass sein faschistisches Herrschaftssystem der legitime Nachfolger des alten Rom war, in alter Größe und Pracht.

Für die Weltausstellung 1942 in Rom ordnete Mussolini an der Straße nach Ostia den Bau der Trabantenstadt **EUR** (**E**sposizione **U**niversale di **R**oma) an: nach klassisch altrömischem Straßenraster mit Cardo und Decumanus, den beiden Hauptstraßen in Ost-West-bzw. Nord-Süd-Richtung. Die bekanntesten Bauwerke sind das **Colosseo quadrato** (quadratisches Kolosseum), in dem, die Geschichte der italienischen Kultur gezeigt werden sollte, das **Museo della Civiltà Romana** (Museum der römischen Zivilisation) mit dem Modell des antiken Rom, und die **Kirche der Apostel Peter und Paul**, eine bauliche Synthese zwischen dem antiken Pantheon und der Peterskirche. Durch den Ausbruch des 2. Weltkriegs entfiel die Weltausstellung, das EUR wurde zum Wohn- und Verwaltungszentrum mit zahlreichen Freizeitanlagen.

Schon 1936 hatte sich Mussolini mit Hitlerdeutschland verbündet und war 1940 an der Seite Deutschlands in den Zweiten Weltkrieg eingetreten. In der Enzyklika *„Mit brennender Sorge"* unter Mitarbeit von E. Pacelli, dem päpstlichen Nuntius in Deutschland und späteren **Papst Pius XII.** (1939 – 1958), hatte **Papst Pius XI.** (1922

Santa Maria Sopra Minerva (Innenansicht)

– 1939) die Rechtsverletzungen unter dem Nationalso-
zialismus angeprangert. Während der deutschen Besetzung Roms kam es 1943 zu schweren Übergriffen auf
die jüdische Bevölkerung. Ihr wurden drückende Repa-
rationszahlungen und Berufsverbote auferlegt. Pius XII.
half der jüdischen Bevölkerung, die gewaltigen Gold-
mengen zur Begleichung der Forderungen aufzubrin-
gen. Dennoch wurden am *„Schwarzen Sabbat"*, dem
frühen Morgen des **16. Oktober 1943** bei einer **Razzia
der SS** im **jüdischen Ghetto** mehr als 1.000 Juden verhaftet und der größte Teil nach Auschwitz deportiert,
wo die meisten ermordet wurden. Zur Erinnerung
wurde der Platz bei der Hauptsynagoge im jüdischen
Viertel nach dem Krieg in *„Platz des 16. Oktober 1943"*
umbenannt. Der Papst gewährte den Verfolgten Kir-
chenasyl. Von den Schrecken dieser Zeit zeugt auch die
Gedenkstätte der Fosse Ardeatine im Süden Roms, nahe
den Domitilla- und Callistuskatakomben. Am **24. März
1944** wurden dort 335 Italiener auf Befehl der SS unter
H. Kappler erschossen. Unter den willkürlich Ausge-
wählten waren Juden, politische Strafgefangene, einige
Offiziere und Zivilisten verschiedenster Berufe, darunter auch Priester, Jugendliche und ältere Menschen. Die
Hinrichtung war ein Vergeltungsschlag für das Attentat auf 33 deutsche Soldaten einige Tage zuvor in der
Nähe des Trevibrunnens. Nach der Exekution wurden
die Höhlen gesprengt. Ein Bauer hatte das Geschehen
heimlich beobachtet und konnte nach dem Krieg Aus-
kunft geben. Die Toten wurden in Würde bestattet. Das
erste Denkmal Roms nach dem Krieg war die Gedenkstätte mit einem Dokumentationszentrum, dessen
Türen wie ein Dornenwall gestaltet sind. Eine moderne
Skulptur von F. Coccia trägt den Titel *„Märtyrer"*.

Von den Zerstörungen des Krieges blieb auch Rom
nicht verschont. Eine Bombe detonierte nahe dem Vati-

kan, ohne größere Schäden anzurichten oder Menschen zu verletzen. Anders wirkte sich die amerikanische **Bombardierung** im Stadtteil von San Lorenzo am 19. **Juli 1943** aus, mit zahlreichen Verletzten und zerstörten Wohnungen und Häusern. Auch die Basilika von San Lorenzo wurde beschädigt. Pius XII. eilte sofort zum Katastrophenort, um der Bevölkerung seelsorglich und materiell mit Geld, Decken und Nahrungsmitteln beizustehen. Am 13. August desselben Jahres detonierten englische Bomben in der Via Gallia, die große Verwüstungen anrichteten. Wieder war der Papst mitten unter der leidenden Bevölkerung. Pius XII. blieb in diesen schweren Zeiten in Rom, um seine Solidarität mit den Römern zu zeigen und weitere Schäden zu vermeiden. Er erklärte Rom zur **offenen und militärfreien Stadt**. Am **4. Juni 1944** zogen die alliierten Truppen in Rom ein und befreiten sie von der deutschen Herrschaft.

Universitätskirche Sant'Ivo alla Sapienza

Nach dem Krieg entwickelten sich die **modernen Außenviertel und die Universitäten**. Am 25. März 1957 versammelten sich im Senatorenpalast auf dem Kapitol die Vertreter der Bundesrepublik Deutschland, Frankreichs, Italiens und der BeNeLux-Staaten, um die **Römischen Verträge** zur Gründung der Europäischen Wirtschaftsgemeinschaft (EWG) zu unterzeichnen – ein erster Schritt in Richtung vereinigtes Europa. Zahlreiche Sportstätten wurden gebaut, als Rom **1960** Gastgeber der **Olympischen Sommerspiele** war.

Von **1962 – 1965** tagte im Petersdom das **2. Vatikanische Konzil**, das die Kirche von Grund auf erneuerte und die *„Fenster für die neue Zeit öffnete"*, wie **Johannes XXIII.** (1958 – 1963) bei der Einberufung des Konzils ankündigte.

Mit dem Polen Karol Woityla wurde als **Johannes Paul II.** (1978 – 2005) nach über 500 Jahren erstmals ein nichtitalienischer Papst auf den Stuhl Petri gewählt. Im Laufe seines 26-jährigen Pontifikats kamen zu den **wöchentlichen Audienzen** und dem **sonntäglichen Angelusgebet** Millionen von Gläubigen. Einen Pilgerstrom von mehr als 27 Millionen erlebte Rom im **Heiligen Jahr**, das Johannes Paul II. am 24. Dezember 1999 mit der Aufschließung der hl. Pforte von St. Peter feierlich eröffnete. Vor den Toren Roms, im neuen Stadtteil Tor tre Teste, erbaute der amerikanische Stararchitekt Richard Meier für den Papst die **Millenniumskirche** *„Dio Padre Misericordioso"*, ein Symbol für die Kirche auf dem Weg ins 3. Jahrtausend. Die größte Trauerfeier seiner Geschichte erlebte Rom am **7. April 2005**, als über zweihundert Staatsoberhäupter, weltliche und kirchliche Würdenträger und mehr als vier Millionen Gläubige nach Rom kamen, um von Johannes Paul II. Abschied zu nehmen. Das **Requiem** auf dem Petersplatz leitete sein langjähriger Wegbegleiter J. Kardinal Ratzinger, der nach einem kurzen Konklave am **19. April 2005** zu dessen Nachfolger gewählt wurde. Als **Benedikt XVI.** leitete er die Kirche als der 265. Nachfolger des Apostel Petrus bis zum **28. Februar 2013**. Am 1. Mai 2011 konnte er seinen Vorgänger unter großer Anteilnahme von Gläubigen aus aller Welt auf dem Petersplatz selig sprechen. Am 13. März 2013 wurde der argentinische Kardinal G. Bergoglio als Papst Franziskus nach nur zweitägigem Konklave gewählt: *„Ad multos annos …"*

Zeit zum Genießen …

So spannt sich die Geschichte Roms von der heidnischen Antike mit seinem Aufstieg zum Weltreich über die 2000-jährige Geschichte des Christentums bis in die Gegenwart. Das **Kolosseum** kann dabei für das heidnische Rom stehen, wie **St. Peter** für das christliche. Beide Epochen prägen Rom und bilden die Einzigartigkeit dieser Stadt, für die das **Pantheon** zum Symbol geworden ist, Synthese für das Christentum, das auf die römische Antike aufbaut. Anhand der zahlreichen Zeugnisse römischer Geschichte, die unlöslich mit der Geschichte des Christentums und seiner Zeugen verbunden ist, haben die Besucher immer wieder erfahren, was Ignatius von Loyola erlebte. Es drängte es ihn, nach Rom zu gehen, um für seinen weiteren Lebensweg Klarheit zu finden. Er spürte dort wie Unzählige vor und nach ihm in besonderer Weise die Nähe Jesu Christi, was über dem Hochaltar in der Jesuitenkirche Sant'Ignazio zu lesen ist: *„Roma vobis propitius ero"* – *„In Rom werde ich euch näher sein"*.

> *„Lasst die Vision des Michel-*
> *angelo zu euch sprechen"*
>   (JOHANNES PAUL II.)

Der Vatikanstaat

Der Vatikan (offiziell Stato della Città del Vaticano, Vati-kanstaat) ist mit 44 Hektar der **kleinste souveräne Staat der Welt** mit einem auf Lebenszeit gewählten Oberhaupt, dem Papst. Neben dem Staatsgebiet rund um den Petersdom gehören zum Vatikan noch die drei päpstlichen Basiliken St. Paul vor den Mauern, Santa Maria Maggiore und San Giovanni in Laterano mit Taufkapelle und Scala Santa, Verwaltungsgebäude wie der Lataranpalast, die Cancelleria und in Trastevere der Palazzo San Callisto, ferner die päpstliche Sommerresidenz Castel Gandolfo in den Albaner Bergen.

Seit den Lateranverträgen von 1929 ist der Vatikan Nachfolger des 1870 faktisch im Königreich Italien aufgegangenen Kirchenstaats. Neben den ca. 550 Staatsbürgern arbeiten an die 3.000 Angestellte rund um den Petersdom, darunter die Schweizergarde, Sicherheitspersonal, Hausangestellte und Geistliche in den verschiedenen Kurien, der Verwaltung und wissenschaftlichen Tätigkeiten. Ihr Zugang ist die **Porta Sant'Anna**. Die anderen Hauptzugänge sind links von St. Peter der **Arco delle Campane** (Bogen unter der Glocke) und direkt in den apostolischen Palast das **Bronzetor**. Alle drei Eingänge werden von der **Schweizergarde** bewacht. Seit Papst Pius VII. (1800 – 1823) ist die **Vatikanfahne** Gelb-weiß mit päpstlicher Tiara und dem silbernen und goldenen Schlüssel, Zeichen der päpstlichen Vollmacht in der Nachfolge des Petrus *„zu binden und zu lösen"* (vgl. Mt 16,19).

Die **Hymne** *„O Roma felix"* komponierte Ch. Gounod aus Anlass der Krönungsfeierlichkeiten für Papst Pius IX. (1846 – 1878). Der Text lautet:

O felix Roma – o Roma nobilis: Sedes es Petri, qui Romae effudit sanguine, Petri cui claves datae sunt regni caelorum	O glückliches Rom, o edles Rom: Du bist Sitz des Petrus, der in Rom sein Blut vergoss, des Petrus, dem die Schlüssel überreicht wurden für das himmlische Königreich.
Pontifex, tu successor es Petri; Pontifex, tu magister es tuos confirmans fratres; Pontifex, tu qui servus servorum dei hominumque piscator, pastor es gregis, ligans caelum et terram.	Papst, du bist Nachfolger Petri; Papst, du bist Lehrer und Stärke für deine Brüder; Papst, du bist der Diener Gottes und Menschenfischer, du bist Hirt der Herde, Himmel und Erde verbindend.
Pontifex, tu Christi es vicarious super terram, Rupes inter fluctus, tu es pharus in tenebris; tu pacis es vindex, tu es unitatis custos, vigil libertatis defensor, in te potestas.	Papst, du bist der Statthalter Christi auf Erden, Fels in den Fluten, du bist der Leuchtturm in der Dunkelheit, du bist der Begründer des Friedens, du bist der Wächter der Einheit, wachsamer Verteidiger der Freiheit, bei dir liegt die Macht.

Hinter den Mauern des Vatikan befinden sich unter anderem: das **Sant'Uffizio**, der Sitz der Kongregation für die Glaubenslehre, deren Präfekt Kardinal J. Ratzinger vor seiner Papstwahl war; die **Audienzhalle Paul VI.**; das Gästehaus **Domus Sanctae Marthae**; der **vatikanische Bahnhof**; der **Governato** (Regierungspalast) und **Verwaltungsgebäude**; die **Mosaikwerkstatt**; **Radio Vatikan**; Kaserne und Wohnungen der **Schweizer Garde**; **Sant'Anna**, die *„Pfarrkirche"* des Vatikan; die **Vatikanbank** Istituto per le opere di Religione; der **Apostolische Palast** mit den Privaträumen des Papstes, dem Staatssekretariat und den Vatikanischen Museen; und nicht zu vergessen die **Vati-**

kanischen Gärten mit französischem, italienischem und englischem Garten, Rosen- und Kakteenanlagen, einheimischen und exotischen Pflanzen, antiken und mittelalterlichen Fundstücken, Lourdesgrotte und Marienstatuen aus aller Welt.

Da es im Vatikan keine direkten Steuern gibt, finanziert er sich durch die Einnahmen aus den Museen, den Übertragungsrechten für Hörfunk und Fernsehen, dem Erlös aus Briefmarken, Münzen und Schriften sowie Spenden, Schenkungen und dem Peterspfennig.

In der Antike lag der **Mons Vaticanus** (vatikanischer Hügel) außerhalb der Stadt auf etruskischem Gebiet, das bis zum Tiber reichte: ein Hügel zwischen dem Clivus Cinnae (Monte Mario) im Norden und dem Janushügel (Gianicolo) im Süden. Dort stand eine **Orakelstätte** für die Vatizinien (Weissagungen), deren Priester *„vates"* (Vorherseher, Propheten) genannt wurden – daher der Name *„Vatikan"*. Seit dem 3. Jahrhundert v. Chr. wurden dort die Fruchtbarkeitsgottheiten Attis und Kybele verehrt, wie archäologische Funde bestätigten. Kaiser Caligula (37 – 41) ließ an den Hängen des Hügels einen **Zirkus** bauen, in dem Nero zahlreiche Christen ermorden ließ. Die Toten wurden auf dem nahegelegenen öffentlichen **Friedhof** bestattet, wie auch Petrus nach seiner Kreuzigung. Teile dieses antiken Friedhofs liegen unter der Peterskirche. Sie wurden in der 2.

Foto: KNA

Papst Franziskus am 14. März 2013 vor de[r] Basilika Santa Maria Maggiore in Rom

Feuerwerk über St. Peter

Hälfte des 20. Jahrhunderts soweit möglich ausgegraben (Scavi). Die erste Kirche ließ 326 Kaiser Konstantin (306 – 337) über dem Petrusgrab errichten, die dann auch unter dem Namen *„Basilica in Vaticano"* bekannt war. In den folgenden Jahrhunderten entstanden rund um die Kirche **Unterkünfte für Pilger und Kapellen**. Papst Leo IV. (847 – 855) gab den Auftrag, zum Schutz vor Plünderungen das Gelände mit einer Wehrmauer zu umgeben, der **Leoninischen Mauer**. Für das Gebiet war künftig der Name **Borgo** (ummauertes Gelände) im Gebrauch. Ende des 14. Jahrhunderts zogen die Päpste endgültig in den **Apostolischen Palast** neben der Petersbasilika, da er besser erhalten war als der Lateranpalast, der während des fast 70-jährigen Exils der Päpste in Avignon unbewohnbar geworden war. Seither ist der Apostolische Palast (auch Papstpalast) offizieller Sitz des Papstes und der römischen Kurie. Der mittelalterliche Palast wurde mehrfach erweitert auf seine heutige Größe mit ca. 1.400 Räumen, die um mehrere Innenhöfe gruppiert sind (Pinien-, Damasus-, Belvedere, Bibliothekshof und mehrere kleinere). Die päpstlichen Privatgemächer verlegte Pius X. (1903 – 1914) in den 3. Stock. Am Fenster seines privaten Arbeitszimmers betet der Papst, wenn er sich in Rom aufhält, jeden Sonntag das Angelusgebet.

St. Peter, die Kirche des Papstes: „*Petr eni*" – Mittelpunkt der Weltkirche

Rom ist das **Zentrum der römisch-katholischen Kirche** und Sitz des Papstes im Vatikanstaat. Jeder Bischof kommt mindestens alle fünf Jahre hierher *„ad limina Apostolorum"* (an die Schwelle der Apostel). Und es hat mit einer Vision und einem Auftrag zu tun: Das Evangelium überall zu verkünden und bis an die Enden der Erde und in die Hauptstadt des römischen Weltreiches, nach Rom zu tragen (vgl. Mt 28,20). *„O Roma felix! Der Apostelfürsten Tod hat mit dem Purpur ihres Blutes dich geschmückt. Ihr großes Leben, nicht dem Ruhm und deine Macht, gibt dir den Vorrang vor den Städten dieser Welt. Pförtner des Himmels, Petrus, der die Schlüssel trägt, Völkerapostel, Paulus, der die Heiden ruft: Leuchten des Weltalls, habt den Glauben bezeugt – einer am Kreuze und der andere unterm Schwert."* (aus dem Hymnus der Laudes zum 29. Juni, dem Fest der Heiligen Petrus und Paulus)

St. Peter: Heiligsprechung von A. Schäffer u. a.

Simon Petrus, der einfache Fischer vom See Gene-zaret, und der Gelehrte Paulus aus Tarsos haben diesen Auftrag angenommen. Nach ihrer ersten Zusammen-kunft in Jerusalem (vgl. Apg 9,26) sind sie sich mehr-mals begegnet, zuletzt in Rom: bei der Verkündigung des Evangeliums, im Gefängnis und auf dem Weg zum Mar-tyrium. An der Via Ostiense, wo sich die Straße teilte, stand bis zum 19. Jahrhundert eine Kapelle, die an den letzten gemeinsamen Weg der Apostelfürsten erinnerte. Ein altes Re-lief zeigt die Verabschie-dung im Friedenskuss und die Inschrift ver-weist auf ihr Lebens-werk als Hirte der Schafe Christi (Petrus) und Verkünder des Evangeliums an die Völ-ker (Paulus). Die Kirche feiert die beiden Apos-telfürsten am Tag ihres Martyriums, dem 29. Juni.

St. Peter: Petrusstatue von A. di Cambio

Mit seinem Bruder Andreas zählt Petrus zu den Erst-berufenen Jüngern Jesu (Mt 4,18f). Petrus erkannte in Jesus den verheißenen Messias (Mt 16,16). Ihm gab Jesus den Auftrag: *„Du bist Petrus, und auf diesen Felsen werde ich meine Kirche bauen. Ich werde dir die Schlüssel des Himmelreiches geben"* (Mt 16,18f), wie in der Kuppel der Peterskirche in großen lateinischen Let-tern zu lesen ist. Er übertrug ihm die Binde- und Löse-gewalt (Inschrift im Hauptschiff) und die Sorge für seine Kirche: *„O Hirte der Kirche, du weidest alle Lämmer* *und Schafe Christi"* (Inschrift in der Apsis). Dass der Glaube des Petrus stark sei, dafür betete Jesus (Lk 22,31f), und so konnte Petrus zum Fels werden, trotz seiner Schwächen und seines Verrats: *„Jesus sagte dreimal zu dir, Petrus: Liebst du mich? Dreimal, o Erwählter, antwortetest du: O Herr, du weißt alles, du weißt, dass ich dich liebe"* (Inschrift im linken Querschiff nach Joh 21,17). Petrus und sein Glaube wurden zum Fels für die Kirche Christi. Der Apostel gilt als der erste Bischof von Rom. Um das Jahr 42 kam er erstmals in die Hauptstadt, um dort zu predigen und zu taufen. Im Jahr 67 ging er zusammen mit Paulus ins Martyrium. Wenn also in der Tradition von den *„Jahren des Petrus"* gesprochen wird, bedeutet dies die Zeit vom ersten Aufenthalt des Petrus in Rom im Jahr 42 bis zu seinem Martyrium im Jahr 67, also 25 Jahre.

Der Überlieferung nach starb Petrus mit zahlreichen anderen Christen während der neronischen Verfolgung am Vatikanischen Hügel im Zirkus des Nero. Da Petrus sich nicht für würdig hielt, wie sein Herr Jesus Christus zu sterben, wurde er mit dem Kopf nach unten gekreuzigt. Mitglieder der christlichen Gemeinde bestatteten seinen Leichnam auf dem nahegelegenen Friedhof, wo unter Papst Anicet (155 – 166) eine erste Gedenkstätte über dem Grab errichtet wurde. Von dem Grab berichtete im 3. Jahrhundert ein Presbyter namens Gaius: *„Ich kann dir die Gräber („Tropaia") der Apostelfürsten zeigen, das des Petrus am Vatikanischen Hügel und das Siegeszeichen des Paulus an der Straße nach Ostia".* Ein *„Tropaion"* ist ein Siegeszeichen, hier für den christlichen Glauben. Rund um das Grab bestätigen zahlreiche Inschriften aus den ersten Jahrhunderten mit Bitten, Anrufungen und christlichen Symbolen die Verehrung dieses Ortes. Bis heute sind der Besuch am Grab des Petrus und die Begegnung mit seinem Nachfolger, dem

Papst, Höhepunkte jeder Pilgerfahrt nach Rom. Täglich feiern Priester aus aller Welt in der Peterskirche Eucharistie in Verbundenheit mit Petrus und dem Papst als oberstem Hirten und Lehrer der Christenheit. Jeder katholische Geistliche hat das Recht, wenigstens einmal in seinem Leben in St. Peter Gottesdienst zu feiern.

Kaiser Konstantin selbst soll im Jahr 319 die ersten Körbe voll Erde abgetragen haben und den Zirkus des Nero einreißen lassen, um über dem Grab eine Kirche zu erbauen. Da ein Friedhof auch für die heidnischen Römer ein heiliger Ort war und um die Ruhe der Toten nicht zu stören, wurden die Gräber und Mausoleen nicht abgerissen, sondern zugeschüttet. Am Grab des Petrus, unter der prächtigen Kuppel von St. Peter, gilt in besonderer Weise: *„Ubi Petrus – ibi ecclesia"* (wo Petrus ist, ist die Kirche). Dort erhebt sich die monumentale Peterskirche, die Generationen von Gläubigen mitgestaltet haben und in der sich die 2000-jährige Geschichte des Christentums spiegelt – eine Geschichte, die über die Päpste als Nachfolger des Petrus bis auf Jesus Christus selbst zurück reicht.

Die Kirche **San Pietro in Vincoli** (St. Peter in Ketten) nahe dem Forum Romanum ist eine der ältesten Kirchen Roms (431 Baubeginn) und steht der Überlieferung nach an der Stelle, wo Petrus zum Tod verurteilt wurde. Kaiserin Eudoxia bewahrte dort die Ketten auf, mit denen Petrus in Jerusalem eingekerkert war. Sie schenkte diese Papst Leo d. Gr. (440 – 461), der bereits die Ketten besaß, mit denen Petrus im Mamertinischen Kerker von Rom gefesselt war. Beide Ketten vereinten sich auf wunderbare Weise zu einer. Sie liegen in einem Glasreliquiar unter dem Hauptaltar. Die lateinische Inschrift über dem Reliquiar spricht von der wunderbaren Befreiung des Petrus aus dem Kerker: *„Der Herr sandte seinen Engel und befreite mich aus der Hand des Herodes"* (vgl. Apg 12,1-7).

In San Pietro in Vincoli steht auch das Grabmal **Julius II.** (1503 – 1513), das in größeren Dimensionen das Zentrum der neuen Peterskirche einnehmen sollte. Dazu gehört der imposante **Mose des Michelangelo**: Mose bei seiner Rückkehr vom Berg Sinai, voller Zorn, dass die Israeliten das goldene Kalb anbeteten (vgl. Ex 32,19).

Die häufig gehörte Bezeichnung **Petersdom** ist eigentlich falsch, denn St. Peter ist keine Bischofskirche; der offizielle Sitz des Papstes als Bischof von Rom ist die Lateranbasilika. Die heutige Peterskirche steht an dem Ort, wo 319 Kaiser Konstantin (306 – 337) die erste Kirche über dem Petersgrab erbauen ließ, nachdem er 313 im Edikt von Mailand das Christentum zur *„erlaubten Religion"* erklärt hatte. Im November 326 konnte Papst Sylvester I. (314 – 335) die Basilika einweihen, die ständig weiter ausgebaut und reich ausgestattet wurde. Nach dem Fresko Raffaels in der Stanza dell'Incendio di Borgo in den Vatikanischen Museen war es eine fünfschiffige Säulenbasilika, von der heute kaum mehr etwas erhalten ist. Der Bronze-Pinienzapfen in den Vatikanischen Museen

St. Peter: Kuppel

(im Cortile della pigna) zierte den Brunnen im Vorhof. Seit am Weihnachtstag 800 als erster Karl d. Gr. in der Basilika zum Kaiser gekrönt wurde, erhielten weitere 26 hier die Kaiserkrone, und nach Leo d. Gr. wurden 148 Päpste dort begraben (siehe Tafel am Eingang zur Sakristei).

Angesichts der ungeschützten Lage weit außerhalb der sicheren Stadtmauern wurde die Basilika mehrfach geplündert und beschädigt. Nachdem die Kirche während des Exils der Päpste in Avignon (1309 – 1377) dem Verfall preisgegeben und baufällig geworden war, beschloss Papst Julius II. (1503 – 1513) den **monumentalen Neubau**, zu dem am 18. April 1506 der Grundstein gelegt wurde. Sie wurde die größte Kirche der Christenheit. Seit 1989 ist dies Notre-Dame-de-la-Paix an der Elfenbeinküste, eine Kopie des Petersdoms. St. Peter ist eine der vier Patriarchalbasiliken (*„basilicae maiores"*) und zählt zu den sieben Hauptpilgerkirchen. Ein paar Zahlen: Die Basilika ist innen 186,36 Meter lang, hat 45 Altäre und ca. 800 Säulen. 60.000 Menschen finden in ihr Platz – so viele, wie Rom zur Bauzeit Einwohner hatte.

Erster Baumeister des Neubaus war **D. Bramante**, den die Römer spöttisch *„il maestro ruinante"* (Meister Zerstörer) nannten, weil er die alte Peterskirche für den Neubau abreißen lies. Es folgten 120 Jahre wechselvoller Baugeschichte, an der die bedeutendsten Architekten des 16. und 17. Jahrhunderts beteiligt waren, darunter **Raffael**, **Michelangelo**, **D. Fontana** und **G. L. Bernini**, um nur einige zu nennen. Für die Finanzierung des Neubaus war der jährliche Peterspfennig vorgesehen. Papst Leo X. (1513 – 1521) verkündete für entsprechende Spenden einen vollkommenen Ablass – ein Auslöser der Reformation und Kirchenspaltung.

Zunächst als zentraler Kuppelbau in Form eines griechischen (= gleicharmigen) Kreuzes geplant, wurden die

Pläne mehrfach verändert und schließlich von **C. Maderno** in seiner heutigen Form als lateinisches Kreuz realisiert. Am 18. November 1626 – genau 1.300 Jahre nach der alten Peterskirche – konnte der Neubau von Papst Urban VIII. (1623 – 1644) eingeweiht werden. Die Gemälde (mit Ausnahme in der Sakramentskapelle) wurden seit dem 18. Jahrhundert durch Mosaike aus den Vatikanischen Werkstätten ersetzt. Trotz der langen Bauzeit, einem fehlenden einheitlichen Plan und mehrerer Stilepochen von der Renaissance bis zum Hochbarock, ist mit St. Peter ein einzigartiges Gesamtkunstwerk entstanden, dessen räumliche und geistliche Mitte das Petrusgrab ist: *„Gemäß der Vorsehung hat Petrus in Rom*

Im Zentrum der römisch-katholischen Kirche

*seinen Weg der Nachfolge Christi beendet und den größ-
ten Beweis seiner Liebe und Treue geliefert"* (Johannes
Paul II.).

Wie schon seit Jahrhunderten nähern sich die Pilger
vom Tiber her der Peterskirche, meist über die Via della
Conciliazione (Straße der Versöhnung), jener Prachtstraße, die 1929 als Zeichen der Versöhnung zwischen
dem italienischen Staat und dem Vatikan angelegt wurde
anstelle des alten Borgo mit seinen mittelalterlichen Straßen und Gebäuden.

Der **Petersplatz** stimmt in seiner Größe und Feier-
lichkeit auf den Besuch der Basilika ein: ein 240 Meter
breites Oval mit den mächtigen Kolonnaden (284 Säulen

in vier Reihen hintereinander). An den beiden Fokus-
punkten der Ellipse (Granitscheiben im Boden: *„Centro
del Colonnato"*) zwischen Obelisk und Brunnen erliegt
der Betrachter einer optischen Täuschung und sieht jeweils nur eine Säule anstelle von vieren. G. L. Bernini,
der große Barockbaumeister, hatte den Platz 1667 vollendet und so gestaltet, um nach eigenen Worten *„die Katholiken zu umarmen und in ihrem Glauben zu
stärken"*. Im Boden des Platzes, rechts am Anfang der
Kolonnaden, nahe dem Bronzetor in den Apostolischen
Palast, erinnert eine Bodenplatte an den Ort, wo am 13.
Mai 1981 das **Attentat auf Johannes Paul II.** verübt wurde.

Seitlich spenden **zwei Brunnen** (von G. L. Bernini
und C. Fontana) Wasser, das vom 40 Kilometer entfern-
ten Bracciano-See kommt. Die Granitschalen, die sich gegenseitig speisen und dann in ein Becken ergießen,
inspirierten C. F. Meyer zu seinem Gedicht *„Die römischen Brunnen"*:

> *„Auf steigt der Strahl und fallend gießt*
> *er voll der Marmorschale Rund,*
> *die, sich verschleiernd überfließt*
> *in einer zweiten Schale Grund;*
> *die zweite gibt, sie wird zu reich,*
> *der dritten wallend ihre Flut,*
> *und jede nimmt und gibt zugleich*
> *und strömt und ruht."*

Im Zentrum des Platzes, der zu St. Peter hin leicht
ansteigt, steht seit 1586 der 25 Meter hohe **ägyptische
Obelisk** – nach dem vom Lateran der zweitgrößte Roms.
Im Zirkus des Nero war er Zeuge des Martyriums des hl.
Petrus. Vor dem Eingang zu den Scavi auf der Südseite
der Peterskirche war sein ursprünglicher Standort, markiert durch eine Bronzeplatte.

Um den Obelisken ranken sich zahlreiche Legenden
und Geschichten. Am bekanntesten ist die vom Trans-

port im Jahre 1586 an seine heutige Stelle. An die 900 Männer und 150 Pferde waren mehrere Monate damit beschäftigt, nach Anweisung des Architekten D. Fontana den Obelisken an seinen heutigen Platz zu transportieren und aufzustellen. Papst Sixtus V. (1585 – 1590) hatte bei Androhung der Todesstrafe jedem verboten, während der Dauer der Arbeiten zu sprechen. Doch unter der Last des Obelisken liefen die Seile heiß und drohten zu reißen. Da schrie einer der Arbeiter *„aigua ae corde"* (Wasser auf die Seile). Der Arbeiter, ein Matrose sah das Unheil kommen. Die Anweisung des Papstes missachtend, rettete er durch seinen Schrei den Obelisken. Der Papst lobte den Mut und die Umsicht des Mannes und gewährte ihm und seiner Familie das Privileg, die österlichen Palmzweige für den päpstlichen Haushalt zu liefern. Familien aus San Remo und Bordighera, der Hei-

Petersplatz: bereit für die Papstaudienz

mat des Matrosen, liefern jedes Jahr die kunstvoll gefertigten *„palmurelli"* und Zweige für die Palmprozession und besondere Feierlichkeiten, darunter der drei Meter hohe *„palmurello"* für den Papst und 1,50 Meter hohe für Kardinäle und Bischöfe.

Im **Sockel des Obelisken** soll sich die Asche Julius Caesars befinden, während die goldene Kugel an der Spitze ein Stück des Kreuzes Jesu birgt: Das Christentum baut auf das römische Weltreich und überstrahlt es im Licht des Glaubens. Die Inschriften rühmen den Sieg des Christentums über die heidnischen Mächte; zur Seite der Peterskirche: *„Christus Sieger, Christus König, Christus Herr in Ewigkeit – Christus möge sein Volk vor allem Bösen schützen."* Zum Tiber hin: *„Seht das Kreuz Christi, flieht ihr feindlichen Mächte. Es siegte der Löwe aus dem Stamm Juda."*

Am Boden markiert eine **Windrose** rund um den Obelisken die Himmelsrichtungen und mahnt den Auftrag Jesu an, die Frohe Botschaft bis an die Enden der Erde zu tragen.

Der Platz ist Symbol für die Universalität der Kirche und mit den zahlreichen Heiligen Hinweis auf die vielfältigen Wege zu christlicher Vollkommenheit. Jeden Mittwoch versammeln sich die Pilger und Gläubigen auf dem Platz zur Generalaudienz und beten am Sonntag zusammen mit dem Papst den Angelus.

Der mächtigen **Travertinfassade** von C. Maderno, die Paul V. (1605 – 1621) zu Ehren des Apostelfürsten – so die Inschrift – im Jahre 1612 errichten ließ, vorgelagert ist die trapezförmige Piazzetta. Dort feiert der Papst die großen Zeremonien, und vom Mittelbalkon, der Benediktionsloggia, verkündet der Kardinaldiakon den Namen des neugewählten Papstes und empfangen die Pilger zu Weihnachten und Ostern den Segen *„urbi et orbi"* (der Stadt und dem Erdkreis). Bei Selig- und Heiligspre-

St. Peter: Fassade mit Christus, Johannes d. T. und Andreas

chungen hängt an der Loggia das Bild des neuen Seligen bzw. Heiligen. Unter der Loggia bestätigt das Relief der Schlüsselübergabe an Petrus die Position des Papstes als Nachfolger des Apostels und Stellvertreter Christi auf Erden.

Die Fassade krönen die Statuen der Apostel mit dem nachgewählten Matthias, Johannes dem Täufer und dem auferstandenen Christus in ihrer Mitte. Petrus und Paulus fehlen, sie flankieren die Piazzetta am Fuß der Freitreppe: Petrus (links) mit dem Schlüssel und Paulus (rechts) mit dem Schwert, Kopien der Statuen der Basilika St. Paul vor den Mauern. In der Vergangenheit wurden an der Piazzetta die Päpste mit der Tiara bekrönt, Könige und bedeutende Persönlichkeiten empfangen.

Rechts von der Fassade ragt der Giebel der Sixtinischen Kapelle hervor, wo während einem Konklave der Kamin angebracht ist, dessen Rauch signalisiert, ob der Wahlgang erfolgreich war (weißer Rauch) oder nicht (schwarzer Rauch).

An der Decke der monumentalen **Vorhalle** (Narthex) schildern 32 Marmorreliefs das Leben des Petrus von seiner Berufung am See Genezaret bis zum Bau der ersten

Kirche über seinem Grab. In den Lünettenbogen gegenüber dem Hauptportal wurde das Mosaik des *„Schifflein Petri"* nach Vorlagen Giottos aus der alten Kirche übertragen: Das Boot mit den verängstigten Jüngern droht unterzugehen, aber Jesus streckt dem zaudernden Petrus seine rettende Hand entgegen. Die Botschaft besagt, die Kirche wird nicht untergehen, wenn sie auf Jesus Christus vertraut (vgl. Mk 4,35ff).

Zwei kaiserliche Reiterstatuen an den Längsseiten der Vorhalle markieren einen entscheidenden Wendepunkt in der Geschichte des Christentums. Rechts **Konstantin** (1654 von G. Bernini) im Moment der Kreuzesvision vor der Schlacht an der Milvischen Brücke im Jahr 312: *„in diesem Zeichen – dem Kreuz – wirst du siegen!"* Links **Karl der Große** (1725 von A. Cornacchini); mit seiner Krönung zum Kaiser des Heiligen Römischen Reiches begann die enge Verflechtung zwischen dem Papst als geistlicher Macht und seiner Hinwendung zum westlichen Kaisertum.

Von der Vorhalle führen **fünf Portale** in die Basilika. Am Boden vor dem Hauptportal ist das Wappen von Johannes XXIII. (1958 – 1963), der am 11. Oktober 1962 das Zweite Vatikanische Konzil eröffnete, dessen Sitzungen in der Peterskirche abgehalten wurden.

Die **Bronzetür des Hauptportals (1)** schuf im 15. Jahrhundert der Florentiner Bildhauer A. Avelino, genannt Filarete. Im Zentrum thronen der segnende Christus und seine Mutter Maria, die auf ihn weist; darunter die beiden Apostelfürsten Petrus und Paulus und Darstellungen ihrer Martyrien. Die im Rahmen verewigten Ereignisse fanden während des Pontifikats von Eugen IV. (1431 – 1447) statt, der die Pforte in Auftrag gab.

Links vom Hauptportal greift das **Tor des Guten und Bösen (2)** (1977 von L. Minguzzi) das Thema der göttlichen Liebe und die Überwindung des Bösen auf. Durch das äußerste linke Tor, die **Pforte des Todes (3)** (1964 von Manzù), zog früher der liturgische Dienst bei Totenfeiern. Thema der Pforte sind Vergänglichkeit und Tod sowie der Weg zu ihrer Entmachtung durch Jesus Christus. Verschiedene Todesarten sind aufgeführt: gewaltsame Hinrichtungen, Tod durch Unfall und Krankheit bis zum friedlichen Sterben Johannes XXIII. und der Überwindung des Todes, beispielhaft in der Aufnahme Marias in den Himmel. Rechts neben dem Hauptportal benennt die **Pforte der Sakramente (4)** in acht Reliefs (1965 von V. Crocetti) Christus, das Ursakrament, und die sieben Sakramente der katholischen Kirche.

Ganz rechts die **Heilige Pforte (5)**: Sie wird nur anlässlich eine Heiligen Jahres geöffnet und nach dessen Ablauf wieder geschlossen (in der Regel alle 25 Jahre). Die Bildtafeln von V. Consorti stifteten 1950 Basler Katholiken zum Dank für die Verschonung ihres Landes vom Zweiten Weltkrieg: 16 Bronzetafeln legen die Geschichte von Schuld und Versöhnung dar:

Engel an der Paradiesespforte
Vertreibung aus dem Paradies
Verkündigung an Maria
Engel Gabriel bei der Verkündigung
Taufe Jesu im Jordan
Rettung des verlorenen Schafs
Barmherziger Vater
Heilung des Gelähmten
Jesus und die Sünderin
Pflicht zur Vergebung
Verleugnung des Petrus
Jesu und der gute Schächer
Thomas begegnet dem Auferstandenen
Geistsendung durch den Auferstandenen
Bekehrung des Paulus
Öffnung der hl. Pforte

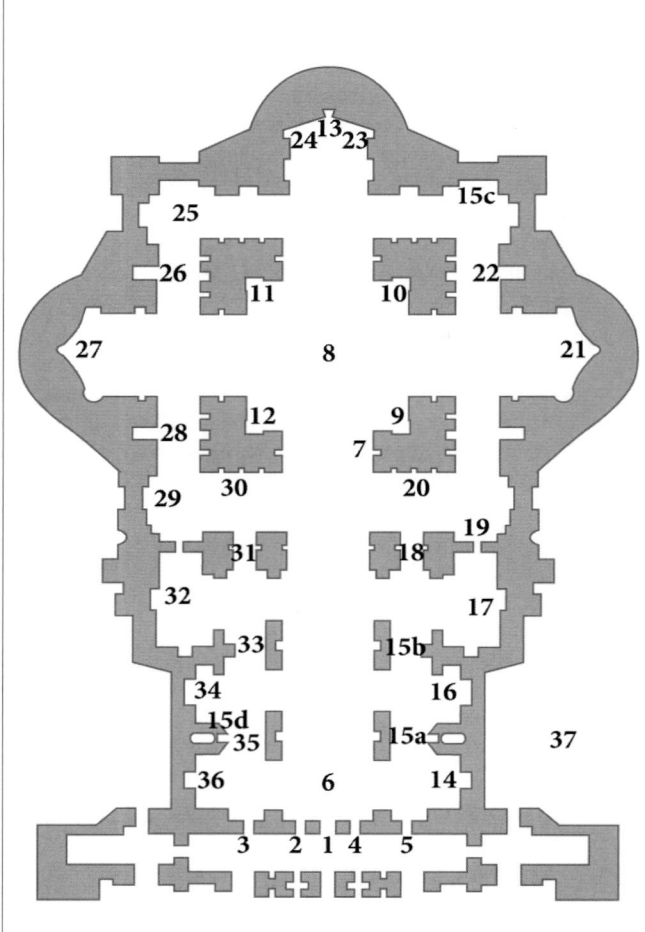

Grundriss Peterskirche

1 Hauptportal
2 Tor des Guten und Bösen
3 Tor des Todes
4 Tor der 7 Sakramente
5 Heilige Pforte
6 Porphyrscheibe
7 Petrusstatue
8 Papstaltar mit Baldachin
9 Longinuspfeiler
10 Helenapfeiler
11 Veronikapfeiler
12 Andreaspfeiler mit dem Eingang zu den Vatikanischen Grotten
13 Kathedraaltar
14 Pietà Michelangelos
15a Denkmal der Christine von Schweden
15b Grabmal der Mathilde von Canossa
15c Petronilla-Altar in Michaelskapelle
15d Grabmal der Maria Clementina Sobieski
16 Sebastianskapelle, Grab Johannes Paul II.
17 Sakramentskapelle
18 Grabmäler Gregor XIII. und XIV.
19 Capella Gregoriana mit Madonna del soccorso

20 Hieronymus-Altar mit Grabmal Johannes XXIII
21 Altar von Processus und Marianus
22 Grabmal Clemens XIII.
23 Grabmal Urban VIII.
24 Grabmal Paul III.
25 Leoninische Kapelle mit Madonna della Colonna und Grabmäler Leo I. – IV.
26 Grabmal Alexander VII.
27 Josefsaltar mit Grab des Komponisten Palestrina
28 Zugang zu Sakristei und Schatzkammer
29 Capella Clementina
30 Altar Innozenz XI. und Verklärung Raffaels
31 Grabmal Leo XI.
32 Chorkapelle
33 Grabmal Innozenz VIII.
34 Capella della Presentazione
35 Monument für Jakob II. Stuart und seine Söhne
36 Taufkapelle
37 Aufgang zur Kuppel

Die Heilige Pforte ist Symbol für Christus, der für die Schuld der Menschen gestorben ist, um allen das Tor zum Leben zu eröffnen: *„Hier mögen üppig die Quellen der göttlichen Gnade entspringen, die Seelen aller Eintretenden sich reinigen, sie mit göttlichem Frieden gespeist und christlicher Tugend geschmückt werden"*, so eine Inschrift über der Pforte. Innen ist die Pforte zugemauert. Darüber verwahrt Petrus die Schlüssel: Nur der Papst als Nachfolger Petri kann die Heilige Pforte öffnen und schließen.

Nach dem Betreten von St. Peter lohnt es sich, vor dem Mittelportal inne zu halten und sich vom Licht in die gewaltigen Dimensionen der Kirche einführen zu lassen. Es lenkt den Blick zum Papstaltar über dem Petrusgrab mit dem Baldachin von Bernini, durch den das Heilig-Geist-Fenster der Apsis leuchtet. Die goldfarbenen Mosaikinschriften über den Pfeilern geben die Worte Jesu an Petrus wieder und verweisen auf ihre Bedeutung für die Kirche.

Wenige Meter hinter dem Hauptportal ist in den Boden die **Porphyrscheibe (6)** aus der alten Peterskirche eingelassen. Auf ihr stand Karl d. Gr. bei seiner Kaiserkrönung am Weihnachtstag 800. Nach ihm wurden noch 22 weitere Könige in der Peterskirche gesalbt und zum Kaiser gekrönt, als letzter 1452 Friedrich III. durch Papst Nikolaus V. (1447 – 1455). Von dem runden Stein (*„rota"*) stammt auch der Name des kirchlichen Apellationsgerichts: *„Rota Romana"*. Die Inschriften im Fußboden des Mittelschiffs stehen für die Namen und Längen der größten christlichen Kirchen, darunter auch zwei deutsche: der Kölner Dom mit 134,94 Metern die achtgrößte und der Dom zu Speyer mit 134 m die neuntgrößte Kirche der Christenheit.

Ziel der Pilger und geistliches Zentrum der Kirche ist das **Grab des Petrus** unter dem Papstaltar **(8)**. Der Weg dorthin führt vorbei an Kongregationsgründern und Ordensstiftern: Männern und Frauen, die entscheidende Impulse für das kirchliche Leben gesetzt haben, darunter die Heiligen Franziskus und Klara von Assisi, Benedikt von Nursia, Bruno von Köln, Ignatius von Loyola, Teresa von Avila, Vinzenz von Paul und Don Bosco.

Bevor die Pilger zur Confessio mit dem Petrusgrab kommen, machen sie Halt bei der **Bronzestatue des Petrus (7)**. Sie wurde im 13. Jahrhundert von A. di Cambio in ihre heutige Gestalt umgearbeitet. Petrus mit dem Schlüssel sitzt auf einem Marmorthron, gekleidet wie ein antiker Philosoph, die Rechte in Segensgeste erhoben. Die beiden Füße, obwohl schon mehrmals ergänzt, sind von den Berührungen unzähliger Pilger im Laufe der Jahrhunderte abgeschliffen. Am 29. Juni, zum Fest Peter und Paul, wird die Statue mit den päpstlichen Gewändern und der Tiara, der päpstlichen Krone, bekleidet.

Das einzige Papstportrait des Mittelschiffs über der Petrusstatue zeigt **Pius IX.** (1846 – 1878), den ersten Papst, der länger als die 25 *„Jahre des Petrus"* regierte. Nach ihm haben diese nur Leo XIII. (1878 – 1903) und Johannes-Paul II. (1978 – 2005) überschritten.

Der **Papstaltar (8)**, an dem nur der Papst oder ein von ihm Beauftragter zelebrieren darf, ist ein antiker Marmorblock aus dem Nerva-Forum und steht direkt über dem **Grab des hl. Petrus**: *„Sepulcrum Sancti Petri Apostoli"* (Grab des hl. Apostels Petrus) – dort, wo sich Längs- und Querschiff schneiden, unter der 119 Meter hohen Kuppel des Michelangelo. Gleichsam in einem Koordinatensystem von oben und unten und den Himmelsrichtungen aus Längs- und Querschiff, ein unsichtbares Kreuz, das Himmel und Erde verbindet. Zwei Marmortreppen führen zum Grab hinunter; die 89 Öllampen an der Ballustrade brennen Tag und Nacht. Die Bezeichnung *„Confessio"* (Bekenntnis) bestätigt, dass Petrus bis ins Martyrium seinem Glauben an Jesus Christus treu blieb und jeder aufgerufen ist, seinen eigenen Glauben nach dem Vorbild des Heiligen zu bekennen.

In der Confessio, direkt an der Rückseite des Grabes, gibt ein Christusbild aus dem 9. Jahrhundert mit einer Inschrift das eigentliche Ziel des Pilgers an: „Ich (Christus) *bin der Weg, die Wahrheit und das Leben. Wer an mich glaubt, wird leben.*" Die Nische mit dem Christusbild wird Palliennische genannt, weil in ihr in einer Bronze-Schatulle die Pallien aufbewahrt werden. Das sind weiße Stolen mit sechs Kreuzen darauf. Am 29. Juni werden sie vom Papst gesegnet und an die neu ernannten Erzbischöfe und Metropoliten verteilt als Zeichen der Hirtengewalt und Verbundenheit des Papstes mit den Bischöfen weltweit und durch die Zeiten hindurch von Petrus bis in die Gegenwart.

Den Papstaltar überspannt ein 29 Meter hoher, von vier gedrehten Säulen getragener **Bronzebaldachin**, den Bernini in neunjähriger Arbeit im Auftrag von Urban VIII. (1623 – 1644) vollendete: bis heute das größte Bronzekunstwerk der Welt. Die benötigte Bronze stammte unter anderem aus der Vorhalle des Pantheon. Der Papst stiftete den Baldachin als Dank für seine Nichte, die trotz Krankheit ein gesundes Kind zur Welt gebracht hatte. An den Sockeln der Säulen ist im Wappen des Papstes (drei Bienen) in acht Bildern ein Frauengesicht dargestellt mit den Schmerzen in den Stadien einer Geburt und am Ende ein gesunder Säugling.

Die gedrehten Säulen entsprechen einer Säule aus dem Tempel Salomons, an der Jesus die Zerstörung des Jerusalemer Tempels ankündigte, und denen der alten Basilika. Der Baldachin endet in einer Weltkugel, überhöht vom Kreuz; Teile des Kreuzes Jesu sind in die Kugel eingearbeitet. Engel mit Blumengirlanden schweben gleichsam über dem Geschehen.

Die 133 Meter hohe **Kuppel** entwarf Michelangelo nach dem Vorbild des Doms in seiner Heimatstadt Florenz. Es ist der größte freitragende Ziegelbau der Welt. Der bereits 72-jährige Michelangelo verzichtete auf Bezahlung, denn er sah seine Arbeit als Ausdruck seiner Verehrung für den Apostel Petrus. Erst 30 Jahre nach dem Tod des Künstlers wurde die Kuppel vollendet. Aus Respekt vor dem antiken Baumeister des Pantheon machte Michelangelo seine Kuppel *„um eine Handbreit kleiner"*. Die zahlreichen Nachbauten machten Rom zur Stadt der Kuppeln; kein Gebäude Roms durfte höher sein als St. Peter.

Der Blick wird nach oben gelenkt vom Petrusgrab über den Altar, an dem Eucharistie gefeiert wird, zur himmlischen Hierarchie: an der höchsten Stelle der segnende Gottvater, dann Seraphim, Anbetungsengel, Che-

St. Peter: Blick in die Kuppel

rubim, Engel mit Leidenswerkzeugen; darunter Christus und seine Mutter mit Johannes dem Täufer, die Apostel mit Paulus, Kirchenväter und Päpste. Unter der Inschrift *„Du bist Petrus und auf diesen Felsen werde ich meine Kirche bauen, dir gebe ich die Schlüssel des Himmelreiches"* zeigen acht Meter große Medaillons die vier Evangelisten: Matthäus mit dem Engel, Markus mit dem Löwen, Lukas mit dem Stier und Johannes mit dem Adler.

Getragen wird die Kuppel von vier Pfeilern mit 71 Metern Umfang. In den Nischen stehen Kolossalstatuen von Bernini und seinen Schülern. Sie nehmen Bezug auf die großen Reliquien, die bei besonderen Anlässen den Pilgern gezeigt wurden:

– **Longinus (9)**, der römische Hauptmann, der mit seiner **Lanze** Jesus in die Seite stach und gemäß dem Markusevangelium bekannte: *„Wahrlich, dieser Mensch war Gottes Sohn"* (Mk 15,39).

– **Kaiserin Helena (10)**, die Mutter Konstantins mit dem **Kreuz Christi und den Nägeln**.

– **Veronika (11)** mit dem **Schweißtuch**: Für die Pilger war es das am meisten verehrte Bild, das wahre Abbild Christi. Der Name Veronika bedeutet *„vera icon"* (wahres Abbild). Der Abdruck von Jesu Antlitz hatte sich in das Tuch jener Frau eingeprägt, die Jesus am Kreuzweg mutig geholfen hatte. Um 1600 wurde das Bild das letzte Mal gezeigt und galt dann als verschollen, bis es im Kapuzinerkloster von Manopello wiederentdeckt wurde.

– **Andreas (12)**, der Bruder des Petrus: Das **Haupt** des Andreas gab Paul VI. (1963 – 1978) als Zeichen der Versöhnung mit der orthodoxen Kirche 1964 an die Kirche von Patras zurück, an den Ort, wo der Apostel wirkte und den Kreuzestod erlitt.

St. Peter: Kathedraaltar

In der Apsis von St. Peter steht der **Kathedraaltar (13)**, geschaffen für den Stuhl des Petrus aus dem Haus von Senator Pudens. Er war in den Krönungsstuhl Karl II., des Kahlen, eingearbeitet. Nach seiner Krönungsfeier an Weihnachten 875 schenkte er ihn der Peterskirche. Bernini machte 1665 aus vergoldetem Stuck und Bronze die Ummantelung für diese Kathedra Petri in theologischer Interpretation ihrer Bedeutung für das kirchliche Lehramt. Das Relief an der Lehne gibt die Beauftragung Petri wieder, die Lämmer Christi zu weiden, bildliche Bekräftigung der lateinischen und griechischen Inschrift über dem Kathedraaltar.

Die **vier Kirchenväter**, Ambrosius und Augustinus für die westliche, Athanasius und Johannes Chrysostomus für die östliche Kirche, stehen zu Füßen der Kathedra, die zu schweben scheint. Der Altar wird beleuchtet von dem Alabasterfenster mit der Taube des Heiligen Geistes, dessen Strahlen sich über den ganzen Altar verbreiten. Umgeben ist die Kathedra von Wolken und Engeln, Verweise auf den göttlichen Bereich. Bei seinen Entscheidungen als oberster Hirte und Lehrer der Kirche schöpft der Papst aus den Überlieferungen der Kirche und der Inspiration durch den Heiligen Geist. Deshalb ist er unfehlbar in Fragen des Glaubens und der Lehre, wie es das Dogma von 1870 formulierte: *„Wenn der römische Bischof in höchster Lehrgewalt (ex cathedra) entscheidet, so besitzt er … jene Unfehlbarkeit, mit der der göttliche Erlöser seine Kirche bei endgültigen Entscheidungen in Glaubens- und Sittenlehren ausgerüstet hat."*

In einem zweiten Rundgang soll nun die **Peterskirche in ihren kirchengeschichtlichen und kunsthistorischen Dimensionen** erkundet werden. Alle Kunstwerke sind immer Ausdruck des Glaubens ihrer Zeit. Der Rundgang beginnt im rechten Seitenschiff.

Bei großen Gottesdiensten wird ein Teil des Seitenschiffs durch Vorhänge von der restlichen Kirche abgetrennt als Sakristei für den Papst und die liturgischen Dienste.

In der ersten Kapelle, unmittelbar neben der zugemauerten Heiligen Pforte, steht das wohl bekannteste Kunstwerk der Kirche, die **Pietà des Michelangelo (14)** (seit dem Anschlag von 1972 zur Sicherheit hinter einer Panzerglasscheibe). Michelangelo war erst 24 Jahre alt, als er dieses Meisterwerk aus Carrara-Marmor für den französischen Kardinal Jean de Bilhères schuf, eine der wichtigsten Skulpturen der Hochrenaissance. Es ist das einzig signierte Werk des Künstlers, weil seine Urheberschaft angezweifelt wurde: *„Michael Angelus Bonarotus Florent faciebat"* (Michelangelo Buonarotti aus Florenz hat es gemacht) ist auf dem Brustband der Madonna zu lesen. Das Andachtsbild der Pietà (wörtlich Mitleid, Erbarmen) stammt aus der privaten Andachtspraxis nördlich der Alpen: Maria als *„mater dolorosa"* im Schmerz um ihren toten Sohn. Mütter, die ihr Kind verloren hatten, sehen in Maria eine Leidensgefährtin. Sie finden Trost in ihrem Mitleiden und Hoffnung in dem Wissen um die Auferstehung ihres Sohnes Jesus. Diese Darstellung wird auch Vesperbild genannt, weil die Kirche in ihrem Stundengebet die Vesper zu der Zeit betet, da nach christlicher Überlieferung der tote Jesus vom Kreuz abgenommen und in den Schoß seiner Mutter gelegt wurde.

St. Peter: Pietà von Michelangelo

In Michelangelos Pietà ist das Geheimnis von Tod und Auferstehung enthalten: Maria hält ihren toten Sohn mühelos im Arm. Der Körper ist nicht vom Tod erschlafft, sondern strahlt eine Kraft aus, die die Auferstehung ahnen lässt. Maria ist entgegen der Tradition sehr jung und zeitlos schön. Nicht Trauer, sondern Ergebung in den Willen Gottes in einem unerschütterlichen Glauben tragen sie noch im Moment tiefsten Leids. Sie ist zugleich Jungfrau und Mutter.

Mehrere Denkmäler und Gräber bedeutender Frauen befinden sich in der Peterskirche, darunter:

– Gegenüber der Reliquienkapelle das Denkmal der **Christine von Schweden (15a)** (1626 – 1689), der Tochter des Schwedenkönigs Gustav Adolf, des Siegers im Dreißigjährigen Krieg (1618 – 1648). Christine verzichtete auf die Königskrone, trat zum katholischen Glauben über und lebte bis zu ihrem Tod in Rom. Sie wurde in den vatikanischen Grotten beigesetzt.

– Die erste im Petersdom bestattete Frau war **Mathilde von Canossa (15b)** (1046 – 1115). Bernini stellt sie dar mit dem Schlüssel Petri, dem Zepter und der päpstlichen Krone im Arm. Auf dem Sarkophag ist der sprichwörtlich gewordene Canossa-Gang (1077) abgebildet. Der Kaiser küsst dem Papst als Zeichen der Unterwerfung die Füße. Durch Mathildes Vermittlung im Investiturstreit versöhnten sich Papst Gregor VII. (1073 – 1085) und der deutsche Kaiser Heinrich IV. (1084 – 1115). Sie vermachte ihre ausgedehnten Ländereien und ihr Vermögen der Kirche, eine beträchtliche Ausweitung des Kirchenstaates und Stärkung der päpstlichen Macht.

– Die hl. Petronilla **(15c)** ist der Überlieferung nach die Tochter des Apostels Petrus. Ihre Gebeine wurden aus den Domitilla-Katakomben in die Kapelle des Erzengels Michael übertragen, nahe beim Grab ihres Vaters.

– Im linken Seitenschiff nahe bei ihrem Mann und ihren Söhnen das Grabmal von **Maria Clementina Sobieski** (**15d**) (1739 – 1742). Sie war eine Tochter des polnischen Königs Jan Sobieski III., der 1683 in der Schlacht am Kahlenberg die Türken bezwang, und Frau des schottischen Königs Jakob Stuart. Wegen seines Bekenntnisses zum katholischen Glauben verlor er den Königsthron und musste das Land verlassen.

In der Kapelle des **hl. Sebastian** (**16**) sind die Denkmäler der Päpste Pius XI. (1922 – 1939) und Pius XII. (1939 – 1958), dem ersten Papst, der mit Brille dargestellt ist. Seit seiner Seligsprechung am 1. Mai 2011 liegt hier **Johannes Paul II.** unter dem Altar. Eine einfache Marmorplatte trägt die Aufschrift *„Beatus Johannes Paulus II"* (seliger Johannes Paulus II.).

Die von F. Borromini entworfene **Sakramentskapelle** (**17**) ist ein Ort der Ruhe und des Gebets vor dem ausgesetzten Allerheiligsten. Der Tabernakel von Bernini ist eine Nachbildung der Kirche San Pietro in Montorio mit Christus als Erlöser an der Kuppel inmitten der zwölf Apostel. Bronzeengel in anbetender Haltung bekräftigen die Gegenwart Christi im Zeichen der eucharistischen Gestalten.

Auf dem Altarbild aus dem 17. Jahrhundert malte P. da Cortona, ein bedeutender Künstler des Hochbarock, die Dreifaltigkeit. Die Reliefs im Gewölbe deuten mit Szenen aus dem Alten und Neuen Testament das Geheimnis der Eucharistie.

Das Relief am **Grabmal Gregor XIII.** (**18**) (1572 – 1585) aus der Familie Boncompagni (daher der Drache, das Wappentier der Familie, der unter dem Sarkophag hervorkriecht) ruft die Kalenderreform des Jahres 1582 in Erinnerung, die der Papst veranlasste: Auf den 4. folgte der 15. Oktober 1582. In dieser Nacht vom 4. auf den 15. Oktober starb Teresa von Avila, deren Gedenktag daher am

15. Oktober gefeiert wird. Die Allegorie der Weisheit ehrt den Einsatz des Papstes für die Wissenschaften, der u. a. das Collegium Romanum und das Germanicum et Hungaricum gründete. Nach diesem Papst ist die päpstliche Universität Gregoriana benannt. Die Allegorie der Religion trägt eine Schrifttafel mit den Worten: *„Ich weiß um seine Werke und seinen Glauben"* (Apg 2,19).

Das unfertige Grabmal gegenüber birgt die Gebeine **Gregor XIV.** (1590/91). In seiner nur zehn Monate dauernden Amtszeit hatte der kränkliche Papst als Medikamente zermahlene Edelsteine und Gold zu sich genommen. Nach seinem Tod war dann kein Geld mehr für die Fertigstellung des Grabmals vorhanden.

Die **gregorianische Kapelle** (**19**) ist nach dem griechischen Kirchenvater Gregor von Nazianz (329 – 390) benannt, dessen Reliquien St. Peter verwahrte, bis sie Johannes Paul II. im Jahre 2004 an die Kirche von Konstantinopel zurückgab. Die Kapelle war die erste, die beim Neubau der Peterskirche fertig gestellt war. Besondere Wertschätzung wird der **Madonna del Soccorso** (Madonna der immerwährenden Hilfe) entgegengebracht.

Blick auf den Apostolischen Palast

Auf der Rückseite des Longinuspfeilers gibt das Mosaikbild der *„letzten Kommunion des hl. Hieronymus"* (**20**) ein Gemälde von Domenichino in der vatikanischen Pinakothek wieder. Unter dem Altar liegt **Johannes XXIII.** in einem Glassarkophag. Mit der Eröffnung des Zweiten Vatikanischen Konzils 1962 bereitete er den Weg für die Reform der Kirche und ihren Weg ins 3. Jahrtausend. Der beliebte Papst, den die Römer *„Papa Giovanni"* nennen, wurde im Heiligen Jahr 2000 selig gesprochen und aus den Vatikanischen Grotten in die Peterskirche überführt.

Prozessus und Martinianus waren nach der Tradition Aufseher im Mamertinischen Kerker, die Petrus bekehrte und taufte. Das Altarbild (**21**) (nach Valentin von Boulogne in der Vatikanischen Bibliothek) legt ihren Märtyrertod im Beisein ihrer Eltern dar, während Engel Palmzweige bereit halten, Symbol ihres Sieges und der Auferstehung.

Gegenüber dem Helenapfeiler ist das Grab **Clemens XIII.** (**22**) (1758 – 1769), des großen Förderers des Jesuitenordens. Das Werk Canovas zeigt den knienden Papst im Gebet versunken mit abgelegter Tiara. Vor ihm die Allegorie der Religion, die auf der Stirn und am Gürtel hebräische Schriftzeichen trägt: *„Gott ist heilig"* und *„Lehre und Wahrheit"*. Das Grab bewachen zwei Löwen: der linke steht für die Stärke und der rechte, schlafende für die Sanftmut. Sein Schwanz hat die Form eines Elefantenrüssels. Ein ehrgeiziger Mitarbeiter Canovas namens Elefante wollte seinen Namen auf dem Denkmal verewigt wissen, was Canova auf diese originelle Weise tat.

In barocker Symmetrie rahmen die Grabmäler von **Urban VIII.** (1623 – 1644) und **Paul III.** (1534 – 1549) den Kathedraltar ein. Das Grab Urban VIII. (**23**) rechts ist ein Meisterwerk Berninis. Über dem Sarkophag aus schwarzem Marmor präsentiert sich der Papst in päpstlicher Würde, zu beiden Seiten die Allegorien der Nächstenliebe und der Gerechtigkeit. Der Tod schreibt den Namen des Verstorbenen auf eine Tafel, während die Bienen – die Wappentiere des Papstes – den Sarkophag verlassen. Mit dem Tod endet jede Macht, wird jedes Statussymbol sinnlos, das Wappen löst sich auf.

Gegenüber entwarf G. della Porta unter dem Einfluss Michelangelos für Paul III. das erste Grab (**24**) der neuen Peterskirche mit dem thronenden Papst zwischen zwei Allegorien: die Klugheit mit einem Spiegel als eine weise ältere Frau mit den Gesichtszügen der Mutter des Papstes, und die Gerechtigkeit mit der Flamme der Wahrheit als junge Frau, *„bella Giulia"*, die schöne und einflussreiche Julia, seine Schwester.

Die **Eckkapelle** im linken Seitenschiff (**25**) wird auch leoninische genannt wegen der Gräber mehrerer Leo-Päpste. **Leo d. Gr.** (440 – 461) war der erste Papst, der in Alt St. Peter beigesetzt wurde. Sein marmorner Grabaltar

hat die Begegnung Leos mit Attila vor Mantua im Jahr 452 zum Thema. Mit himmlischer Hilfe von Petrus und Paulus konnte der Papst den Hunnenkönig überzeugen, Rom zu verschonen. Das Bild der **Madonna della Colonna** ist direkt auf eine Säule gemalt und wurde – daher der Name – aus der alten Kirche an den frühchristlichen Altar der **Päpste Leo II. – IV.** übertragen. Paul VI. (1963 – 1978) verehrte dieses Bild in besonderer Weise. Während des Zweiten Vatikanischen Konzils bat er bei diesem Bild vor jeder Sitzung um einen guten Verlauf, und er verlieh Maria den Titel *„Mutter der Kirche"*.

Über diesen Seiteneingang betreten bei großen Feierlichkeiten die Diplomaten und Ehrengäste die Kirche unter dem prächtigen Grabmal für **Alexander VII. (26)** (1655 – 1667), eines der letzten Werke G. L. Berninis. Der Papst kniet in demütiger Gebetshaltung, die Tiara hat er abgelegt. Unter einem Marmorteppich aus sizilianischem Jaspis hält ein Skelett dem Papst ein Stundenglas vor Augen. Die Lebenszeit des Papstes läuft ab, die Tür

unter dem Grab wird zum Tor der Ewigkeit. Der Papst wird von den Allegorien der Gerechtigkeit (hinten rechts) und der Klugheit (hinten links), der Nächstenliebe (vorn links mit einem Kind im Arm) und der Wahrheit (vorn rechts) begleitet. Ihren Fuß hat die Wahrheit auf einer Weltkugel. Direkt unter dem großen Zeh liegt England, von wo aus ein Nagel den Fuß der Wahrheit verletzt: Der Abfall Englands von der römischen Kirche unter Heinrich VIII. im 16. Jahrhundert ist ein *„Stachel im Fuß der Wahrheit"*. Alexander VII. hatte sich vergebens um eine Rückkehr Englands zur römischen Kirche bemüht.

Kolonnaden und Apostolischer Palast

In das südliche Querschiff, das für Gottesdienste und persönliches Gebet reserviert ist, ließ 1605 Paul V. die Reliquien der Apostel Simon und Judas Thaddäus zum **Altar des hl. Josef (27)** übertragen. Vor dem Altar wurde der Komponist **P. Palestrina** (1525 – 1594) beigesetzt, der mit der Messe zur Krönung für Papst Marcellus (1555) die erste Messe nach den liturgischen Vorgaben des Konzils von Trient (1545 – 1563) schuf. Unter dem Thomasaltar (rechts) ist **Papst Bonifaz IV.** (608 – 615) begraben, der das Pantheon zur christlichen Kirche weihte.

Am Eingang zur **Sakristei (28)**, zugleich Eingang zur Schatzkammer der Basilika, nennt eine Tafel die Namen aller in der Peterskirche beigesetzten Päpste von Petrus bis Johannes Paul II. Die Schatzkammer, die im Laufe der Geschichte mehrmals geplündert wurde, enthält neben liturgischen Geräten und Gewändern, die Dalmatika Karls d. Gr., den frühchristlichen Sarkophag des Iunius Bassus, die gedrehten Säulen der ehemaligen Confessio, eine Säule aus dem Tempel Salomos und das *„vatikanische Kreuz"* Kaiser Justinians II.

In der **Capella Clementina (29)** liegt Pius VII. (1800 – 1823. Sein neoklassizistisches Grabmal ist ein Entwurf von B. Thorvaldsen und K. F. Schinkel, die damals in Rom Unmut erregten, weil sie beide Ausländer und Protestanten waren.

Ebenfalls in der Capella Clementina ist das Grab **Gregor d. Gr.** (590 – 604), der sich als erster Papst *„servus servorum Dei"* (Diener der Diener Gottes) nannte. Bis zu Paul VI. versprachen hier die Kardinäle dem neu gewählten Papst vor ihrer Krönung Gehorsam. Das Mosaik über dem Grabaltar erzählt nach einem Bild von A. Sacchi ein Wunder Papst Gregors, dem die Geschichte den Beinamen *„der Große"* gab: Gregor wollte den kaiserlichen Gesandten aus Konstantinopel ein *„brandeum"*, ein Tuch vom Petrusgrab als Reliquie übergeben.

Die Gesandten wiesen dies als wertlos zurück. Als Gregor ein Messer durch das Tuch stach, floss Blut heraus und bezeugte es als *„echte"* Reliquie des hl. Petrus.

Über dem Altar mit dem Grab des seligen **Innozenz XI. (30)** (1676 – 1689) reproduziert das Mosaik der **Verklärung Jesu** das letzte Werk Raffaels. Wegen seines Todes am Karfreitag 1520 blieb das Gemälde unvollendet (Original in der Vatikanischen Pinakothek). Raffael verbindet in dem Bild die Verklärung Jesu auf dem Berg Tabor (Mk 9,2-8) mit der Heilung des besessenen Knaben (Mk 9,14-29). Den oberen Teil dominiert der verklärte Christus im himmlischen Licht zwischen Moses und Elias und den auserwählten Jüngern Petrus, Jakobus und Johannes. Am linken Rand beobachten die beiden Märtyrer Felix und Agapitus das Geschehen; ihrer gedenkt die Kirche am 6. August, dem Hochfest der Verklärung Jesu. Im unteren Teil spielt sich eine bewegte

St. Peter: A. Sacchi, Wunder Papst Gregor d. Gr.

St. Peter: Raffael, Verklärung Christi

Szene ab. Die verzweifelten Jünger sind nicht in der Lage, der Frau beizustehen, die um Hilfe für ihren besessenen Sohn bittet. Alleingelassen, ohne Jesus können sie nichts tun, wie die Kirche ohne Jesus Christus den Menschen nicht helfen kann. Der geöffnete Mund des kranken Jungen, durch den der Dämon austreten kann, deutet an, dass Rettung möglich ist. Jesus bleibt deshalb nicht auf dem Berg. Er kehrt zurück, um seine Jünger alles zu lehren, was sie brauchen, das Evangelium Jesu zu verkünden und den Menschen heilbringend zur Seite zu stehen.

Im Durchgang zur Chorkapelle wurde **Leo XI. (31)** (1605) bestattet, der nur 29 Tage Papst war, deshalb die Rosen mit der Inschrift *„sic florui"* (so blühte ich) – nur so lange, wie eine Rose zum Blühen braucht, war er

Papst. Seine geschichtliche Bedeutung lag, so das Relief auf dem Sarkophag, in Frankreich. Während seiner Zeit als apostolischer Nuntius wirkte er mit am Übertritt Heinrich IV. von Navarra zum katholischen Glauben (1576) und am Friedensvertrag von Vervins (1598).

In der **Chorkapelle (32)** kommt das Domkapitel von St. Peter zur Liturgie zusammen. Die Reliquien des östlichen Kirchenvaters Johannes Chrysostomus, die sich unter dem Altar befanden, gab Johannes Paul II. 2004 an den Ökumenischen Patriarchen Bartholomaios I. von Konstantinopel zurück, da sie während des 4. Kreuzzugs 1204 geraubt und auf unrechtmäßige Weise in den Westen gelangt waren. Das Altarbild mit Maria als Unbefleckter Empfängnis mit den Heiligen Johannes Chrysostomus, Franziskus und Antonius von Padua, entstammt der Marienfrömmigkeit des 18. Jahrhunderts. Anlässlich der Verkündigung des Dogmas der Unbefleckten Empfängnis am 8. Dezember 1854 krönte Pius IX. das Bild. Zur 50-Jahrfeier der Verkündigung stifteten Frauengemeinschaften aus der ganzen Welt zwölf Diamanten, die in den Sternenkranz um das Haupt der Madonna eingefügt wurden.

Das einzige vollständige Grabmal aus der alten Basilika entwarf A. Pollaiuolo 1498 für **Innozenz VIII. (33)** (1484 – 1492). Der Papst ist zweimal dargestellt: als thronender Papst unten und darüber als liegende Figur – umgekehrt zur ursprünglichen Konzeption. Der Papst hält die hl. Lanze des Longinus in der Hand, die ihm während seiner Amtszeit Sultan Bajasid II. überließ. Historisch nicht korrekt ist die Inschrift, die sich auf Amerika bezieht, das erst nach dem Tod des Papstes entdeckt wurde.

In der **Capella della Presentazione (34)** (Kapelle des Tempelgangs Mariens) liegt in einem Glassarg **Pius X.** (1903 – 1914), der bisher letzte heilig gesprochene Papst.

Sein Wahlspruch lautete: *„Alles in Christus erneuern"*. Während seiner Amtszeit entstand das neue kirchliche Gesetzbuch, er gestattete den häufigen Kommunionempfang und die Zulassung der Kinderkommunion. Ebenfalls in der Kapelle steht das Denkmal **Benedikt XV.** (1914 – 1922), der wegen seines engagierten Eintretens während des Ersten Weltkriegs als Friedenspapst bekannt wurde.

Im neoklassizistischen Denkmal Canovas für **Jakob III.** (**35**) (1688 – 1766), den Ehemann Maria Sobieskis und der Mutter seiner Söhne Karl Eduard und Kardinal Heinrich von Frascati, formte Canova eine Pyramide mit einer geschlossenen Tür als Durchgang zur Ewigkeit und zwei Engeln mit erloschener Fackel. Die lateinische Inschrift im Giebel der Pyramide bezieht sich auf die Glaubenstreue der Stuart, die wegen ihres Glaubens als Könige von England abgelehnt wurden und nach Rom ins Exil gingen.

Die **Taufkapelle** (**36**) hinter dem Portal des Todes plante C. Fontana. Das dreiteilige Altarmosaik mit dem zentralen Mittelbild der Taufe Jesu (nach C. Maratta), flankiert links die Taufe des Hauptmanns Cornelius (nach A. Procaccini) und rechts die Taufe der Gefängniswärter Prozessus und Martinianus durch Petrus (nach G. Passeri). Das **Taufbecken** aus Porphyr war möglicherweise Teil des Sarkophags von Kaiser Hadrian aus der Engelsburg und diente dann als Sargdeckel für Kaiser Otto III.

Vor dem Verlassen der Basilika empfiehlt es sich, nochmals zur Porphyrplatte im Mittelschiff zurückzukehren und die Kirche in ihrer Gesamtheit auf sich wirken zu lassen, sich in der Ruhe der Sakramentskapelle Zeit zum Gebet zu nehmen oder die **Vatikanischen Grotten** zu besuchen. Deren Eingang befindet sich am Andreaspfeiler. Eine Treppe führt hinunter auf das Niveau der alten konstantinischen Basilika, 3,50 Meter unter der heutigen. Der Besucher gelangt zuerst vor das Petrusgrab mit der Palliennische und dem leeren Grab, in dem Johannes XXIII. und Johannes Paul II. bis zu ihrer Seligsprechung beigesetzt waren. Es folgen die Gräber von:

– **Paul VI.** (1963 –1978), der auf eigenen Wunsch nicht in einem Sarkophag bestattet wurde, sondern unter einer einfachen Marmorplatte. Dieser große Papst führte das Zweite Vatikanische Konzil zu Ende, förderte den Dialog der römisch-katholischen Kirche mit den Juden und der Orthodoxen Kirche und bemühte sich um die angemessene Inkulturation der Länder der Dritten Welt.

– **Johannes Paul I.** (1978), der trotz seines nur 33 Tage dauernden Pontifikats den Menschen als lächelnder Papst im Gedächtnis bleibt.

– Dem Marienpapst **Pius XII.**, der die Kirche durch die schwere Zeit des Zweiten Weltkriegs führte.

– **Bonifaz VIII.** (1294 – 1303), der 1300 das erste Heilige Jahr ausrief.

In der deutschen Kapelle (z. Zt. nicht zugänglich) ruhen u. a. der deutsche Papst **Gregor V.** (996 – 999), **Kaiser Otto III.** (996 – 1002) und **Prälat Ludwig Kaas** (1881 – 1952), in der Weimarer Republik Führer der Zentrumspartei und später beteiligt an den Ausgrabungen des Petrusgrabes.

Der Weg hinaus führt vorbei an den Säulenstümpfen und Mauerresten der konstantinischen Basilika und einer Marmorkopie der Petrusstatue aus der Basilika. Die zahlreichen Inschriften in den Seitengängen sind Funde aus der Vatikanischen Nekropole und der alten Peterskirche.

Wer das **Grab des Petrus** und die antike Nekropole (Totenstadt) besuchen möchte, muss sich beim Ufficio Scavi (auf der Rückseite des Petersdoms) anmelden. Das

Papstaudienz auf dem Petersplatz

Grab liegt inmitten der antiken Gräberstadt, nahe des ehemaligen Zirkus des Caligula und Nero. 1939, als in den Grotten das Grab für Pius XI. hergerichtet wurde, entdeckten Arbeiter die sog. *„rote Mauer"* mit einer überdachten Nische: das Tropaion, aus dem Bericht des Presbyter Gaius. Archäologen fanden in Purpur gehüllte Gebeine, die nach ausgiebigen wissenschaftlichen Untersuchungen für echt erklärt und als sterbliche Überreste des Apostel Petrus identifiziert wurden. Auf der Mauer sind zahlreiche Anrufungen an Jesus und Petrus zu lesen, z. B. *„in XR cum Petro"* (in Christus mit Petrus) und die Inschrift *„Petr eni"*, was zwei Bedeutungen haben kann: *„Petrus ist hier"* oder *„Petr(os) en eirene"* – *„Petrus (ruht hier) in Frieden"*. Die weiteren Ausgrabungen brachten eine heidnisch-christliche Nekropole des 1. bis 4. Jahrhunderts zu Tage. Um das Petrusgrab sind sternförmig weitere Gräber mit Mausoleen, Grabnischen, frühchristlichen Sarkophagen und Grabkammern mit zahlreichen Fresken angeordnet. Die religionsgeschichtlich bedeutendste Malerei ist die wohl älteste Weihnachtsdarstellung: Christus als Sonnengott.

Blick von der Peterskuppel auf Rom

Die Römer feierten am 25. Dezember das Fest der unbesiegbaren Sonne; es ist der Tag, an dem die Christen das Geburtsfest Jesu begehen.

Ein besonderes Erlebnis ist das Besteigen der **Kuppel**. Der Eingang ist rechts von der Basilika. Ein Aufzug bringt die Besucher bis zum Dach der Basilika, dann geht es zu Fuß weiter ca. 300 Stufen hinauf zur Laterne, wo der Besucher mit einer Aussicht über die Dächer Roms belohnt wird bis hinüber zu den Albaner Bergen; dazu der Blick in die Vatikanischen Gärten mit dem kunstvoll angelegten Wappen des Papstes, dem Campo Santo Teutonico und den ausgedehnten Gartenanlagen und den Gebäuden des Vatikan. Auf dem Weg nach Oben ist es möglich, einen Blick von der Galerie in das Innere der Kirche zu werfen: Die Menschen unten wirken wie Ameisen in dieser monumentalen Kirche. Auf dem Weg nach Unten lädt auf dem Dach der Peterskirche eine kleine Bar zur Erholung ein.

Da nachmittags öffentlich nicht zugänglich, empfiehlt sich am Vormittag ein Besuch auf dem deutschen Friedhof **Campo Santo Teutonico** mit der **Kirche Santa Maria della Pietà**, Orte der Ruhe und Stille. Im 8. Jahrhundert wurde dieser spezielle Ort für die Pilger des Frankenreiches gegründet: *„Ein Schwalbennest am Riesendom, ein deutsches Heim im ewgen Rom"*, mit einer Kirche und einem Pilgerhospital, Verstorbene wurden auf dem Friedhof kirchlich bestattet. Er soll Erde enthalten, die mit dem Blut der Märtyrer getränkt ist und solche aus Golgota, die Kaiserin Helena nach Rom brachte und hier ausstreuen ließ.

Eine hohe Mauer umgibt den Campo Santo, die 14 Kreuzwegstationen an der Innenseite laden zum Gebet ein. Ursprünglich nur für in Rom verstorbene Pilger, wurden im Laufe der Zeit auf dem Friedhof auch Priester der deutschen Kollegien und in Rom lebende Künstler und Wissenschaftler bestattet, darunter der Schriftsteller Stefan Andres mit seiner Frau und Schwester Pasqualina, die deutsche Haushälterin Pius XII. Seit dem 15. Jahrhundert gehört der Friedhof der Erzbruder-

Schweizer Gardist

schaft der schmerzhaften Gottesmutter der Deutschen und Flamen für katholische Priester und Laien deutscher oder flämischer Sprache, die in Rom oder Umgebung ihren Wohnsitz haben. Kriterium der Zugehörigkeit ist nicht die Staatsangehörigkeit, sondern die Sprache. Auch Kardinal J. Ratzinger war Mitglied der Erzbruderschaft und feierte in der Kirche regelmäßig Gottesdienst. Die Mitglieder der karitativ tätigen Erzbruderschaft haben das Recht, auf dem Friedhof bestattet zu werden, ebenso wie in Rom verstorbene deutschsprachige Pilger.

Die heutige Kirche wurde 1475 als Hallenkirche im Stil der Renaissance erbaut. Das Portal mit dem Siegel Karls des Großen zur Erinnerung an die Gründung der Institution, stiftete der deutsche Bundespräsident Th. Heuß, selbst Mitglied der Erzbruderschaft.

Das Hauptaltarbild zeigt eine um 1500 entstandene Pietà mit den Heiligen Petrus und Johannes sowie Paulus und Jakobus.

Die linke Kapelle ist die der Schweizergarde. Dort wurden 1527 die Gardisten beigesetzt, die beim Sacco di Roma für den Schutz des Papstes ihr Leben gelassen hatten. Im Bild steht unter dem Kreuz der römische Hauptmann Longinus mit den Gesichtszügen des gefallenen Gardehauptmanns Roist.

„Kommt zu ihm, dem lebendigen Stein, der von den Menschen verworfen, aber von Gott auserwählt und geehrt worden ist. Lasst euch als lebendige Steine zu einem geistigen Haus aufbauen, zu einer heiligen Priesterschaft ...“ (1 Petr 2,4f)

Die Vatikanischen Museen (Musei Vaticani)

Schon im 18. Jahrhundert entstanden in einem Teil des Apostolischen Palastes erste systematische Sammlungen weltlicher und vorrangig religiöser Kunst, aus denen dann die Museen hervorgingen, die heute einen beträchtlichen Teil des Apostolischen Palastes einnehmen, einschließlich der Sixtinischen Kapelle und der Vatikanischen Bibliothek. Die Museen zählen zu den **bedeutendsten Sammlungen der Welt** und zeigen die **Vielfalt menschlichen Kunstschaffens** von der Antike bis in die Gegenwart.

Den Grundstock der Sammlung legte **Sixtus IV.** (1471 – 1484) mit der Gründung der **Vatikanischen Bibliothek** im Jahr 1475. Den Gründungsakt zeigt ein Bild von Melozzo da Forlì in der Pinakothek (Saal IV). Die Bibliothek bewahrt neben der umfassendsten Sammlung theologischer Literatur über 100.000 Manuskripte, darunter an die 25.000 Handschriften und 7.000 Inkunabeln. Das

Modell der Vatikanstadt (Vatikanische Museen)

sind Wiegendrucke, die mit beweglichen Lettern in den Anfängen des Buchdrucks (Ende des 15. Jahrhunderts) entstanden. Die Bibliothek enthält auch wichtige Dokumente der Kirchengeschichte, Schriftrollen aus Qumran und den Codex Vaticanus, die älteste Abschrift des Neuen Testaments aus dem 4. Jahrhundert.

Der Beginn der **Kunstsammlungen** reicht bis Papst Julius II. (1503 – 1513) zurück. Papst Benedikt XIV. (1740 – 1758) machte die vatikanischen Sammlungen der Öffentlichkeit zugänglich, *„um die Wahrheit der Religion durch die Denkmäler der Christen zu bezeugen"*.

Tatsächlich sind im Apostolischen Palast **mehrere Museen** unter einem Dach, wobei die Räume und Galerien mit ihrer kunstvollen Ausgestaltung allein schon einen Besuch lohnen. Zu den Kunstschätzen und Meisterwerken der Museen bieten sich immer wieder interessante Ausblicke auf die Vatikanischen Gärten und die Kuppel von St. Peter.

Die wichtigsten der Öffentlichkeit zugänglichen Museen und Sammlungen sind:

– Die antiken Sammlungen mit altägyptischer, etruskischer, griechischer, römischer und frühchristlicher Kunst
– Die Galerien mit Antiken, Wandteppichen und Landkarten
– Transport und Verkehrsmittel
– Münzen und Briefmarken
– Pinakothek
– Stanzen Raffaels
– Sixtinische Kapelle.

Ein Besuch aller Sammlungen würde mehrere Tage in Anspruch nehmen. Für den Pilger von besonderer Bedeutung ist ein Besuch der Pinakothek, der Stanzen Raffaels und der Sixtinischen Kapelle mit ihren Malereien, die im Folgenden vorgestellt werden.

Die vatikanische Pinakothek

Die vatikanische Gemäldesammlung führt in chronologischer Reihenfolge auf einen **Rundgang durch die Geschichte der Malerei vom 12. – 19. Jahrhundert**. In der Pinakothek sind mehrere Originalgemälde ausgestellt, die in St. Peter als Mosaik zu sehen sind, wie die letzte Kommunion des hl. Hieronymus von D. Domenichino und die Verklärung Raffaels. Die Säle sind hufeisenförmig angeordnet. Höhe- und Wendepunkt ist Saal VIII mit drei Meisterwerken Raffaels und mehreren Wandteppichen nach seinen Entwürfen aus der Werkstatt P. van Aelsts in Flandern, sowie der Wandteppich mit dem Letzen Abendmahl nach einem Entwurf Leonardo da Vincis.

Bekannte Meisterwerke der Gemäldesammlung sind:
Saal I: Jüngstes Gericht von Nicolò e Giovanni (12. Jahrhundert)
Saal II: Triptychon Stefaneschi von Giotto (um 1329)
Saal III: Geschichten aus dem Leben des hl. Nikolaus von Bari von Fra Angelico (um 1440)
Saal IV: Musizierende Engel und Gründung der Vatikanischen Bibliothek, beide von Melozzo da Forlì (um 1480)

Saal VII: Marienbilder von Perugino und seinem Schüler Pinturicchio (15. Jhd.)

Saal VIII: Meisterwerke Raffaels: Marienkrönung (1503), Madonna von Foligno (1511/12) und als letztes Werk des Künstlers die Verklärung Christi (1520)

Saal IX: hl. Hieronymus von Leonardo da Vinci (unvollendet, um 1482)

Saal X: Madonna von San Niccolò dei Frari von Tizian (um 1533)

Saal XII: Grablegung Christi von M. Caravaggio (um 1604); Kreuzigung des Petrus von G. Reni (um 1604) und die letzte Kommunion des hl. Hieronymus von D. Domenichino (1616)

Saal XVI: Adam und Eva im irdischen Paradies von W. Peter (um 1830)

Die Stanzen Raffaels

Der Weg zur Sixtinischen Kapelle führt über die Stanzen Raffaels. Papst Julius II. gab dem erst 25-jährigen Raffael den Auftrag zur Gestaltung von vier Zimmern. Raffael, damals noch ein weitgehend unbekannter Künstler aus Urbino, entwarf das thematische Programm der einzelnen Räume, das er zusammen mit seinen Schülern ausführte. Die Räume wurden nach den jeweiligen Hauptfresken bzw. ihrer Funktion benannt. Nach dem frühen Tod des Meisters (1520) beendeten seine Schüler die Arbeit nach seinen Entwürfen.

Sala di Costantino (Konstantinssaal): Befreiung und Anerkennung des Christentums

Der größte der vier Räume diente den offiziellen Empfängen des Papstes. Das Thema des Saales, der Triumph des Christentums über das Heidentum, ist zusammengefasst im Deckengemälde: eine heidnische

Götterstatue liegt zerschmettert am Boden, während in der Apsis der Basilika das Kreuz Christi aufgerichtet ist. Die Wände illustrieren die Befreiung und den Aufstieg des Christentums unter Kaiser Konstantin. Papst Silvester (314 – 335) trägt jeweils die Gesichtszüge von Clemens VII. (1523 – 1534).

Der Traum Konstantins mit der Kreuzesvision ist zusammengefasst in der griechischen Inschrift *„in diesem Zeichen wirst du siegen".*

Die Schlacht an der Milvischen Brücke (312): im Zeichen des Kreuzes siegt Konstantin über seinen Konkurrenten Maxentius, dessen Reiter, wie einst Pharaos Truppen im Roten Meer, in den aufgewühlten Wassern des Tiber versinken.

Papst Silvester tauft Konstantin im Baptisterium des Lateran: Konstantin, der höchste weltliche Machthaber, unterstellt sich mit seiner Taufe der geistlichen Macht des Papstes. Die Szene ist historisch nicht ganz korrekt, da sich Konstantin erst auf seinem Totenbett durch Bischof Euseb in Nikomedien taufen ließ.

Die Konstantinische Schenkung: Die Übertragung der weltlichen Macht über Rom an den Papst als Grundlage des späteren Kirchenstaates. Tatsächlich hat sich der Kirchenstaat allmählich aus Schenkungen entwickelt.

Stanza d'Eliodoro (Raum des Heliodor): Gott greift schützend ein, um seine Kirche zu retten

Seinen Namen hat der für Privataudienzen vorgesehene Raum von der alttestamentlichen Episode der **Vertreibung des syrischen Feldherrn Heliodor**, der den Tempel von Jerusalem plündern wollte (vgl. 2 Makk 3,8-14). Durch das Eingreifen göttlicher Mächte wird sein frevlerisches Vorhaben vereitelt. Links wohnt Papst Julius II. dem Geschehen bei. Er sitzt auf der *„sedia gestatoria"* (tragbarer Papstthron). Als Träger hat sich

Raffael selbst porträtiert. Die Szene ist eine Anspielung auf den Führungsanspruch des Papstes gegenüber dem französischen König Franz I. Papst Julius II. ist mit Bart abgebildet, denn er hatte das Versprechen abgelegt, sich den Bart erst dann abzunehmen, wenn der letzte Franzose aus dem Kirchenstaat verschwunden sei.

Die **Messe von Bolsena** greift ein Wunder auf, das sich 1264 im nahe bei Orvieto gelegenen Bolsena ereignete. Ein böhmischer Priester hatte an der realen Gegenwart Jesu Christi in der geweihten Hostie Zweifel, als nach der Wandlung Blut aus der konsekrierten Hostie tropfte. Papst Julius, ein großer Verehrer dieses eucharistischen Wunders, kniet vor der Hostie. Das Ereignis von Bolsena führte zur Einführung des Fronleichnamsfestes. Das Tuch (Corporale) mit den Blutstropfen wird im Dom von Orvieto verwahrt.

Pinakothek: Adam und Eva im irdischen Paradies (W. Peter)

Die Begegnung Papst Leo d. Gr. (440 – 461) mit dem Hunnenkönig Attila im Jahr 432: Raffael verlegte die Episode, die sich vor Mantua ereignete, nach Rom. Durch das Eingreifen der Apostel Petrus und Paulus konnte der Papst die Plünderung Roms abwenden, eine Warnung für die europäischen Großmächte Frankreich und Habsburg, die Rom bedrohten. Nur wenige Jahre später marschierte Karl V. mit seinen Landsknechten in Rom ein und verwüstete die Stadt (Sacco di Roma von 1527). Leo d. Gr. (440 – 461) als Leo X. (1513 – 1521) ist gleich zweimal auf dem Fresko porträtiert ist: einmal als Papst und dahinter auf dem Pferd noch als Kardinal. Die Fertigstellung dieses Freskos erfolgte erst nach dem Tod von Julius II., so dass dann Leo d. Gr. die Gestalt des neuen Papstes erhielt, obwohl dieser schon als Kardinal auf dem Pferd dahinter zu sehen ist.

Die Befreiung des Apostels Petrus aus dem Mamertinischen Gefängnis: Wie Petrus mit göttlicher Hilfe durch einen Engel aus dem Gefängnis freikam (Apg 12, 5-11), wollte Papst Julius II. den Kirchenstaat von der Last der Franzosen befreien. Maltechnisch bedeutsam ist die Lichtführung des nächtlichen Geschehens, eine der ersten Nachtszenen der Malerei. In unterschiedlicher Intensität zeigt Raffael das natürliche Mondlicht im Gegensatz zum himmlischen Lichtglanz.

Stanza della Segnatura (Unterschriftenzimmer für Erlasse des päpstlichen Gerichts): das ideale Menschenbild der Renaissance durch das Gute, Wahre und Schöne als Ideal christlicher Bildung

Die Stanza della Segnatura gilt als Höhepunkt der Malerei Raffaels und wurde zum größten Teil von ihm selbst gemalt.

Die Schule von Athen: In der Erkenntnis des Wahren sind die größten Philosophen aller Zeiten versammelt. Im

Zentrum stehen Plato (mit den Gesichtszügen von Leonardo da Vinci) und Aristoteles als Vertreter der beiden wichtigsten Geistesrichtungen. Plato zeigt nach oben in die geistige Welt der Ideen, während Aristoteles mit seiner Ethik auf die Materie und das praktische Tun verweist. Unter den Philosophen sind die Mathematiker Pythagoras und Euklit (mit den Gesichtszügen Bramantes), der Kyniker Diogenes, Sokrates, der Lehrer Platos, der Kartograph Ptolemäus, der Religionsstifter Zarathustra und der Philosoph Epikur. Auf der Treppe sitzt grübelnd und isoliert von den anderen Heraklit, ein Portrait Michelangelos, der unter großen körperlichen Strapazen und allein zeitgleich in der Sixtinischen Kapelle die Deckenfresken malte. In der rechten unteren Ecke hat sich Raffael (mit schwarzer Kopfbedeckung) mit seinem Malerkollegen Sodoma porträtiert, den Blick des Betrachters suchend. Das Gebäude im Hintergrund lässt den Entwurf Bramantes für den Neubau von St. Peter erkennen. Der Blick auf den Himmel ist offen – Hinweis auf eine höhere Wahrheit, die den menschlichen Geist übersteigt und nur von Gott her geoffenbart werden kann. Diese ist auf der gegenüberliegenden Wand dargestellt.

Die Disputa des Altarsakraments mit der Verherrlichung der irdischen und der himmlischen Kirche: Alles ist auf die Monstranz mit der konsekrierten Hostie zentriert. Sie ist die Verbindung zwischen Himmel und Erde. Über ihr schwebt die Taube des Heiligen Geistes und segnend Gottvater mit der Weltkugel. Sie umgeben Maria und Johannes den Täufer in Gemeinschaft mit der himmlische Kirche: Adam, David, die Propheten und Patriarchen des Alten Testaments, dazu zahlreiche Heilige. Im unteren Bereich ist um den Altar mit der Monstranz die irdische Kirche versammelt im geistlichen Gespräch (disputa) und in der Anbetung: Kirchenlehrer wie Augustinus und Gregor der Große (als Julius II.),

Päpste wie Sixtus IV. und die Kardinäle G. Medici und A. Farnese (die späteren Päpste Leo X. und Paul III.), der Dichter Dante, der Maler und Dominikaner Fra Angelico, der große Theologe Thomas von Aquin und der Dominikanermönch Savonarola, der 1492 auf Betreiben Papst Alexander VI. (1492 – 1503) auf dem Scheiterhaufen verbrannt worden war.

Der Parnass, Sitz der schönen Künste: Im Rückgriff auf die antike Mythologie verkörpert der griechische Gott Apoll mit der Lyra die Schönheit. Er ist der Gott der Künste und der Musik. An seinem Wohnsitz, dem Parnass als idealem Ort, versammeln sich die neun Musen und alle Dichter von Rang und Namen wie Homer, Sappho, Vergil, Ariovist und Dante.

Die Übergabe des weltlichen und kirchlichen Rechts: Damit das Wahre, Gute und Schöne auch zum Tragen kommen kann, muss Gerechtigkeit herrschen. Das wird durch das für alle verbindliche Recht gewährleistet. So übergibt der römische Rechtsgelehrte Trebonian dem bedeutendsten oströmischen Kaiser Justinian (527 – 565)

Governatoratspalast

den Codex iuris civilis (Zivilrecht) und Gregor IX. (1227 – 1241) erhält das kirchliche Recht. Gregor IX. trägt die Gesichtszüge Julius II., ihm zur Seite stehen seine Nachfolger Leo X. (1513 – 1521) und Paul III. (1534 – 1549) noch als Kardinäle. Zusammengefasst ist das Wahre, Gute und Schöne in den vier Kardinaltugenden (Tapferkeit, Klugheit, Mäßigung und Gerechtigkeit) und den drei göttlichen Tugenden (Glaube, Hoffnung und Liebe), die Raffael in Allegorien in den Lünetten platzierte. Wer sich an sie hält, ist fähig, Philosophie, Theologie, Kunst in ihren vielen Facetten zu betreiben und Gerechtigkeit zu üben, wie es die Wandbilder und die allegorischen Gestalten an der Decke zeigen.

Stanza dell'Incendio di Borgo (Zimmer des Brandes im Borgo): die Verherrlichung der Leo-Päpste

In den Leo-Päpsten auf allen Fresken ließ sich auch hier Leo X. verewigen, der wie seine Namensvorgänger bemüht war, die Grenzen des Kirchenstaates und seine geistliche und weltliche Macht gegenüber den Begehrlichkeiten weltlicher Herrscher zu sichern.

Benannt ist das ehemalige Speisezimmer nach dem historischen **Brand im Borgo** im Jahr 847. Leo IV. (847 – 855) steht auf der Loggia der Peterskirche und bringt mit seinem Gebet und Segen den Brand im Borgo zum Stillstand. Historisch interessant ist die Darstellung der alten Petersbasilika unmittelbar vor ihrem Abriss. Links am Bildrand ist das brennende Troja zu sehen. Aeneas trägt seinen alten Vater auf den Schultern und rettet ihn zusammen mit seinem Sohn Askanus und seiner Frau Kreusa aus der brennenden Stadt. Damals verließ mithilfe der heidnischen Götter Aeneas die brennende Stadt und wurde zum Stammvater der Römer. In dieser Tradition gewährt der Papst mithilfe des einzig wahren Gottes der Stadt Rom Schutz und Hilfe.

Der Sieg Papst Leo IV. bei Ostia: Im Jahr 849 besiegte Leo IV. die ungläubigen Sarazenen, eine Anspielung auf den Fall Konstantinopels (1453), das sich vom Papst und der Kirche lossagte und unterging und die Europa bedrohenden Türken, die nur im Bündnis mit dem Papst zurückgedrängt werden können.

Die Kaiserkrönung Karls des Großen: Am Weihnachtstag des Jahres 800 kniete Karl der Große (als zeitgenössischer französischer König Franz I.) demütig vor dem Altar in St. Peter, um von Papst Leo III. (795 – 816) die Kaiserkrone zu empfangen.

Der Reinigungseid Leo III.: Am Vorabend zum Heiligen Abend 800 sollte sich Papst Leo III. gegenüber mehreren weltlichen Anklägern rechtfertigen, als eine Stimme in der Petersbasilika ertönte: *„Gott allein steht es zu über den Papst zu richten, keinem Menschen."* Der Papst hat keiner weltlichen Macht (Anspielung auf die Ansprüche Frankreichs) Rechenschaft abzulegen, er ist allein Gott verantwortlich.

Die Sixtinische Kapelle (Sixtina)

Als päpstliche Hauskapelle ließ Papst Sixtus IV. (1471 – 1484) die nach ihm benannte Kapelle im Apostolischen Palast errichten. Die rechteckige Halle mit dem Tonnengewölbe entspricht genau den Maßverhältnissen des Allerheiligsten im **Salomonischen Tempel** von Jerusalem: 40,9 Meter Länge, 13,4 Meter Breite und 20,7 Meter Höhe). Als erster Zyklus entstand an den Wänden das Leben von Mose und Jesus (1482/83), dann die Deckenfresken (1508 – 1512) und zuletzt das Jüngste Gericht an der Altarwand (1536 – 1541). Es empfiehlt sich, die Malereien nicht in der Reihenfolge ihrer Entstehung zu betrachten, sondern in ihrer heilsgeschichtlichen Abfolge: von der Schöpfung als Beginn der Heilsgeschichte zum alttestamentlichen Gottesvolk und zur Mitte der Zeit in Christus. Das biblische Geschehen findet in Jesus Christus seinen Höhepunkt und setzt sich dann bis zum Ende der Geschichte in der Kirche fort, deren Oberhaupt der Papst in der Nachfolge des Apostels Petrus ist (daher die zentrale Position der Schlüsselübergabe an Petrus bei den Wandfresken): eine heils- und weltgeschichtliche Gesamtschau.

Die Deckenfresken:
die Schöpfung als Beginn der Heilsgeschichte

In neun Bildern führt Michelangelo in drei Schwerpunkten den absoluten Anfang vor Augen: Schöpfung – Erschaffung des Menschen – Leben des Noach. Die Bilder beginnen über der Altarwand.

Die Schöpfung:

1. Die Trennung von Licht und Finsternis
    „Gott sprach: Es werde Licht. Und es wurde Licht ... Gott schied das Licht von der Finsternis, und Gott nannte das Licht Tag und die Finsternis nannte er Nacht" (Gen 1,3-5). Allein durch sein machtvolles Wort bringt Gott, der fast den gesamten Bildraum einnimmt, die Schöpfung ins Leben; mit seiner Rechten verbannt er die Finsternis und erschafft das Licht als Voraussetzung allen Lebens.

2. Die Erschaffung von Sonne, Mond und Gestirnen
    „Gott machte die beiden großen Lichter, das größere, das über den Tag herrscht, das kleinere, das über die Nacht herrscht, auch die Sterne. Gott setzte die Lichter an das Himmelsgewölbe, damit sie über die Erde hin leuchten, über Tag und Nacht herrschen und das Licht von der Finsternis scheiden" (Gen 1,16f). Sonne und Mond sind keine Götter, sondern Geschöpfe des wahren und einzigen Gottes. Er ist der alleinige Herr,

nur durch sein Wort existiert alles. Die Nacht verbirgt sich in den Gewandfalten Gottes. Der Schöpfergott ist auf dem Bild zweimal dargestellt: Rechts bei der Erschaffung der Gestirne und auf der linken Seite bei der Entstehung der Pflanzen. In Erinnerung an das alttestamentliche Bilderverbot und das Erscheinen Gottes am Sinai ist er nur von hinten zu sehen: *„Du wirst meinen Rücken sehen. Mein Angesicht aber kann niemand sehen"* (Ex 33,23).

3. Die Trennung von Wasser und trockenem Land
   „Ein Gewölbe entstehe mitten im Wasser und scheide Wasser von Wasser … und Gott nannte das Gewölbe Himmel. Das Trockene nannte Gott Land und das angesammelte Wasser nannte er Meer" (Gen 1,6.8.10). Die Hände wie zum Segen ausgebreitet schwebt Gott über dem fruchtbaren Land, das auf sein Wort hin Tiere und Pflanzen in Fülle hervorbringen wird.

Höhepunkt der Schöpfung: die Erschaffung des Menschen als Ebenbild Gottes

1. Die Erschaffung Adams
   „Da formte Gott, der Herr, den Menschen aus Erde vom Ackerboden und blies in seine Nase den Lebensatem. So wurde der Mensch zu einem lebendigen Wesen" (Gen 2,7). Michelangelo malt die Erschaffung Adams in dem Moment, als Adam noch kraftlos am Boden liegend, von Gott den Lebensatem empfängt. Gott schaut den Menschen direkt an, den er nach seinem Bild und Gleichnis geschaffen hat (vgl. Gen 1,26) und dem er Leben in Fülle schenkt. Der Finger Gottes und der Adams kommen sich ganz nahe, doch bei der Größe Gottes ein unendlicher Abstand, den der Mensch nie überwinden kann, auch wenn er sich anmaßt, Gott gleich zu sein.

2. Die Erschaffung Evas

   „Da ließ Gott, der Herr, einen tiefen Schlaf auf den Menschen fallen, so dass er einschlief, nahm eine seiner Rippen und verschloss ihre Stelle. Gott der Herr baute aus der Rippe, die er vom Menschen genommen hatte, eine Frau und führte sie dem Menschen zu" (Gen 2,21f). Im Schutz Gottes ruht Eva schon bei der Erschaffung Adams an der Seite Gottes, denn *„als Mann und Frau schuf er den Menschen"* und beide sind sein Abbild und von Anfang an in ihm geborgen.

3. Der Sündenfall und die Vertreibung aus dem Paradies

   „Von den Früchten der Bäume dürfen wir essen; nur von den Früchten des Baumes, der in der Mitte des Gartens steht, hat Gott gesagt: Davon dürft ihr nicht essen ... Darauf sagte die Schlange zur Frau: ... ihr werdet wie Gott und erkennt Gut und Böse ... Sie nahm von seinen Früchten und aß; sie gab auch ihrem Mann, der bei ihr war und auch er aß" (Gen 3,2-6). Der Baum der Erkenntnis, um den sich die Schlange windet, teilt das Bild in zwei Teile mit üppiger Paradieslandschaft und Kargheit auf der linken, die künftige Lebenswirklichkeit des schuldig gewordenen Menschen auf der rechten Seite. Sündenfall und Vertreibung stehen in unmittelbarem Zusammenhang. Der Baumstumpf deutet auf die Vergänglichkeit. Auffällig ist, dass Adam und Eva gleichzeitig nach dem Apfel greifen; beide werden von der Schlange verführt. Nach ihrem Sündenfall stehen Adam und Eva nicht nur in einem anderen, öden Umfeld, sondern sie haben sich auch selbst verändert. Sie sind nicht mehr jung und kraftvoll, sondern die Sünde hat sie altern lassen, schwach und sterblich gemacht. Das Paradies ist ihnen für immer verschlossen. Michelangelo bringt hier zum Ausdruck, dass die wahre Schönheit des Menschen immer im Zusammenhang mit seiner Haltung zu Gott

steht. Adam und Eva altern infolge ihrer Sünde, während die Gottesmutter Maria in zeitloser Schönheit bleibt (vgl. Pietà in St. Peter).

Das Leben Noachs

1. Das Dankopfer Noachs und der Bundesschluss

   „Dann baute Noach dem Herrn einen Altar, nahm von allen reinen Tieren und von allen reinen Vögeln und brachte auf dem Altar ein Brandopfer dar" (Gen 8,20). *„Dann sprach Gott zu Noach und seinen Söhnen, die bei ihm waren: Hiermit schließe ich meinen Bund mit euch und mit euren Nachkommen und mit allen Lebewesen bei euch"* (Gen 9, 8-10). In der Reihenfolge übernahm Michelangelo nicht die biblische Abfolge der Ereignisse, wo Noach sein Dankopfer erst nach der Sintflut Gott darbrachte. Indem Michelangelo die Trunkenheit Noachs und den Spott seiner Söhne an das Ende des Zyklus stellte, deutet er an, dass die Menschheit durch die Sintflut nicht wirklich geläutert ist.

2. Die Sintflut

   „Da sprach Gott zu Noach: Ich sehe das Ende aller Wesen aus Fleisch ist da; denn durch sie ist die Erde voller Gewalttat. Nun will ich sie zugleich mit der Erde verderben. Mach dir eine Arche aus Zypressenholz" (Gen 6,13f). Die Arche ist klein im Hintergrund, doch sie ist inmitten des Chaos, in dem Gott seine wohlgeordnete Schöpfung wieder aufhebt, ein Ort der Sicherzeit und Hoffnung. Überall versuchen Menschen sich zu retten. Sogar in der Aussichtslosigkeit der Flut klammern sie sich an ihre wertlosen Schätze, die angesichts der Bedrohung nur unnützer Tand sind.

3. Die Verspottung des trunkenen Noach

   „Noach wurde der erste Ackerbauer und pflanzte

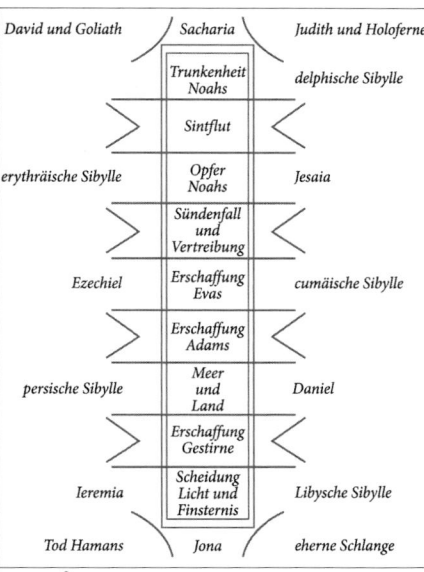

David und Goliath	Sacharia	Judith und Holofernes
	Trunkenheit Noahs	delphische Sibylle
	Sintflut	
erythräische Sibylle	Opfer Noahs	Jesaia
	Sündenfall und Vertreibung	
Ezechiel	Erschaffung Evas	cumäische Sibylle
	Erschaffung Adams	
persische Sibylle	Meer und Land	Daniel
	Erschaffung Gestirne	
Ieremia	Scheidung Licht und Finsternis	Libysche Sibylle
Tod Hamans	Jona	eherne Schlange

Sixtina: Aufbau des Deckengemäldes

einen Weinberg. Er trank von dem Wein, wurde davon betrunken und lag entblößt in seinem Zelt" (Gen 9,20f). Ham, der zweite Sohn Noachs, macht sich über seinen hilflosen Vater lustig, statt ihm zu helfen und ihm die Schande zu ersparen. Die Geschichte der Menschheit als eine Geschichte von Versagen, Schuld und Scheitern geht weiter. Von allein kann sich der Mensch nicht aus seinen Verstrickungen befreien. Er braucht göttliche Hilfe, und die Zeit der Erwartung eines Erlösers beginnt.

Zum zentralen Schöpfungszyklus malte Michelangelo an den Rändern **fünf Sibyllen und sieben Propheten**. Die biblischen Propheten verkündeten den Juden den Heilsplan Gottes: Jesaia, Jeremia, Ezechiel, Daniel, Joel, Sacharia und Jona. Die Sibyllen brachten den Heidenvölkern die göttlichen Botschaften und interpretierten sie, denn Gott offenbart sich in der Geschichte der ganzen Schöpfung: die delphische Sibylle in Griechenland, die erythräische in Kleinasien, die persische in Asien, die libysche in Afrika und die cumäische im Umfeld Roms.

In den Ecken der Kapelle steht **Gott rettend** denen bei, die sich zu ihm bekennen und auf ihn vertrauen:

- Mose und das Heilszeichen der ehernen Schlange in der Wüste (Num 21,8)
- David, der künftige König Israels besiegt den Riesen Goliath (1 Sam 17,41-51)
- Judith tötet Holofernes, den Anführer der assyrischen Streitkräfte und wird zur Retterin ihres Volkes (Jud 13,8-10)
- Bestrafung Hamans, des Beraters des Perserkönigs Ahasver, der alle deportierten Juden zu ermorden plante (Est 7)

Die vierzehn Personengruppen in den Lünetten über den Fenstern stellen die Vorfahren Jesu dar, wie sie im 1. Kapitel des Matthäusevangeliums aufgelistet sind. Es sind nur noch die Vorfahren ab Amminadab erhalten, die von Abraham bis Aram entfernte Michelangelo wieder, um Platz für das Jüngste Gericht zu schaffen. Die Vorfahren Jesu bilden die Verbindung von Altem und Neuem Testament mit der langen Zeit des Wartens Israels auf den verheißenen Messias. Die **zwanzig nackten Jünglinge** (Ignudi) tragen Eichenblätter, eine Anspielung auf den Auftraggeber Papst Julius II. aus der Familie della Rovere (rovere = Eiche). Im nackten Menschen sah Michelangelo ein Gleichnis Gottes, der den Menschen nach seinem Abbild formte. *„Die Sixtinische Kapelle ist das Heiligtum der Theologie des menschlichen Körpers und ein Zeugnis für die Schönheit des Menschen, den Gott als Mann und Frau erschaffen hat"* (Johannes Paul II. zur Wiedereröffnung der Sixtinischen Kapelle am 9. April 1994).

Die Seitenwände: die Zeit des Gesetzes und der Gnade

„Das Neue Testament ist im Alten verborgen und das Alte Testament wird im Neuen offenbar", so schreibt der Kirchenvater Augustinus über die Zusammengehörigkeit der beiden Teile der Heiligen Schrift. In der Sixtina sind entsprechende Bilder aus Altem und

Neuem Testament einander gegenübergestellt. Sie führen eine *„sacra conversatione"* (heiliges Zwiegespräch), in der sie sich gegenseitig deuten. Durch Mose hat Gott Großes an seinem Volk gewirkt, doch das wird überboten durch seine Offenbarung in Jesus Christus. Er ist die Erfüllung und Überbietung des Alten Testaments. Die bedeutendsten toskanischen und umbrischen Maler wirkten an den beiden Zyklen mit, für deren Einheitlichkeit S. Botticelli und P. Perugino verantwortlich waren. Als theologische Vorlage dienten ihnen die ersten fünf Bücher des Alten Testaments und das Matthäusevangelium.

Nordwand: **Die Zeit des Gesetzes unter Mose, dem Vorläufer Jesu Christi**

Südwand: **Die neue Zeit der Gnade durch Jesus Christus**

Vorgeschichte

P. Perugino: **Wanderung des Mose mit seiner Frau Zippora nach Ägypten und Beschneidung seiner Söhne** (nach Ex 4): Der Engel Gottes bestraft Moses, weil er sich der Beschneidung seiner Söhne widersetzt; rechts die Beschneidung, im Hintergrund der Abschied des Mose.

P. Perugino: **Taufe Jesu** (Mt 3,13-17) und **Predigt zu seinen Jüngern**: Über Jesus schwebt seine Göttlichkeit bestätigend die Taube des Heiligen Geistes und in einem Medaillon von Engeln umgeben Gottvater.

Vorbereitung der Sendung und Berufung

S. Botticelli: **Episoden aus dem Leben des Mose** bei denen er seine Berufung und Sendung für das Gottesvolk findet (Ex 2 und 3): Tötung eines Ägypters, der die Israeliten misshandelte; Flucht in die Wüste Sinai; Begegnung mit den Töchtern des Jethro am Brunnen; Gottesoffenbarung im brennenden Dornbusch; Aufbruch nach Ägypten.

S. Botticelli: **Versuchungen Jesu** (Mt 4,1-11) und **Heilung eines Aussätzigen**: Das Gebäude entspricht dem von Papst Sixtus IV. gestifteten Pilgerhospiz von Santo Spirito in Sassia. Der Teufel trägt eine Franziskanerkutte, Anspielung auf Sixtus IV., der Franziskaner war und die Künstler schlecht bzw. gar nicht bezahlte.

Entstehung des alten und neuen Gottesvolkes

C. Roselli: **Zug durch das Rote Meer** (Ex 14,23-30): Das Volk Israel konstituiert sich unter der Führung des Mose und findet als Gottes Volk in seinen Weisungen den Weg in die Freiheit. Miriam, die Schwester des Mose, stimmt für den Herrn im Namen des Volkes ein Danklied an (Ex 14,1-20).

D. Ghirlandaio: **Berufung der ersten Apostel Petrus und Paulus** (Mt 4,18-22). Im Hintergrund warten im Boot schon die Brüder Jakobus und Johannes auf ihre Berufung durch Jesus. Die Apostel werden zu den bleibenden Säulen des neuen Gottesvolkes, der Kirche.

Das Gesetz des Alten und Neuen Bundes

B. di Antonio Tucci: **Am Sinai** wird Moses zum Vermittler zwischen Gott und dem Volk Israel: Übergabe der Gesetzestafeln an Mose (Ex 23,12-15), während das Volk Israel um das goldene Kalb tanzt; Zorn des Mose mit Zerstörung der Gesetzestafeln und Bestrafung der Götzenanbeter (Ex 32,1-19).

C. Roselli: **Bergpredigt** (Mt 5 - 7) und **Krankenheilung** (Mt 8,1-4): Die Bergpredigt ist das Gesetz des neuen Gottesvolkes, die *„Magna Charta"* des Christentums, für jeden Christen verpflichtend. Jesus erweist seine Vollmacht und göttliche Herkunft, indem er Kranke heilt.

Bevollmächtigung durch Gott

S. Botticelli: **Bestrafung der Rotte Korach** (Num 16): Gott zeigt seine Wirkmacht, indem er die bestraft, die sich seinen Gesandten widersetzen. Im Hintergrund ist der Titusbogen zu sehen als Zeichen menschlicher Macht, wobei Gott sich als der Stärkere erweist, wie die Inschrift bestätigt: *„Niemand darf sich Ehre anmaßen, wenn er nicht wie Aaron von Gott berufen ist".*

P. Perugino: **Schlüsselübergabe an Petrus** (Mt 16,19): Der Schlüssel ist Zeichen der Vollmacht und der an Petrus übertragenen Binde- und Lösegewalt; im Papst als Nachfolger des Apostels ist sie weiterhin wirksam. Die Triumphbögen im Hintergrund ähneln dem Konstantinsbogen. Die Inschrift auf dem linken Bogen rühmt Sixtus IV. als größeren Baumeister als Salomon. Vor dem linken Bogen entrichtet Jesus die Tempelsteuer, rechts eine versuchte Steinigung Jesu.

Testament und Vermächtnis

L. Signorelli: **Testament und Tod des Mose** (Dt 33f): Moses segnet sein Volk und übergibt die Führung des Volkes an Josua. Ein Engel weist dem Volk den weiteren Weg ins gelobte Land, das gerecht unter den zwölf Stämmen Israels verteilt wird. Die Darstellung des Todes von Mose entspricht nicht Deuteronomium 34, wo Mose allein auf dem Berg Nebo stirbt und dort an einem unbekannten Ort begraben wird.

C. Roselli: **Letztes Abendmahl** (Mt 26,20-29) als Vermächtnis Jesu: *„Tut dies zu meinem Gedächtnis"* (Lk 22,19). Im Vordergrund stehen noch die Wasserkrüge und Schalen von der Fußwaschung. Auch sie ist Teil von Jesu Auftrag: die Jünger sollen einander lieben und dienen nach Jesu Vorbild. Judas ist schon aus ihrem Kreis ausgeschieden. Dunkel gekleidet sitzt er Jesus und der Jüngergemeinschaft gegenüber, der Teufel hat bereits auf seinen Schultern Platz genommen. Hund und Katze symbolisieren den Kampf zwischen Gut und Böse, der mit der Auslieferung Jesu seinem Höhepunkt zusteuert. Am Rande stehen Zuschauer, so als ob sie noch nicht wüssten, wo ihr Platz in dieser Geschichte ist.

Die drei Fenster geben den Blick frei auf die kommenden Ereignisse: Jesu Gebet am Ölberg während die Jünger schlafen; der Verrat des Judas und das Eingreifen des Petrus; die Kreuzigung Jesu.

Das letzte Bilderpaar mit dem Thema *„vom Tod zum ewigen Leben"* wurde beim Einsturz der Wand zerstört und erst 60 Jahre später neu gemalt: H. van den Broeck schuf den Kampf des Erzengels Michael um den Leichnam des Mose und M. D'Aleccio die Auferstehung Jesu zu ewigem Leben.

Foto: Musei Vaticani

Das Jüngste Gericht

Ab 1536, mehr als zwanzig Jahre nach dem Deckengemälde, malte Michelangelo das Jüngste Gericht, ein ungewöhnliches Thema für einen Altar. An den ca. 390 zum Teil überlebensgroßen Figuren auf 200 Quadratmetern arbeitete er mehr als vier Jahre allein. Entgegen früheren Künstlern brach Michelangelo mit der traditionell statischen Darstellung und entwickelte seine Bilddynamik spiralenförmig von der Mitte her, ausgehend von Christus, dem göttlichen Richter. Seit der Entstehung des Schöpfungszyklus hatte sich die Welt verändert. Die Ereignisse der jüngsten Vergangenheit flossen in die Thematik ein. Der Sacco di Roma von 1527 wurde von vielen Zeitgenossen als göttliches Strafgericht für das ausschweifende und verweltlichte Rom gesehen. Die Plünderung Roms und die Flucht des Papstes, während die Bevölkerung schutzlos ausgeliefert war, bedeuteten einen gewaltigen Macht- und Ansehens-

Sixtina: Jüngstes Gericht

verlust für das Papsttum. Eine zweite einschneidende Erfahrung war die Reformation mit der Kirchenspaltung. Das alles warf für den gläubigen Michelangelo Zweifel und Fragen auf: Wie wird der Mensch vor Gott gerechtfertigt? Welche Bedeutungen haben die Werke und Taten des Menschen? Was ist die Rolle Marias und der Heiligen? Wie steht es mit der Freiheit des Menschen, in der er sich für oder gegen Gott entscheiden kann? Im Jüngsten Gericht versucht Michelangelo eine Synthese zwischen den überkommenen Glaubenswahrheiten im Licht der anbrechenden Neuzeit und den Herausforderungen der Reformation. Dazu kam: Michelangelo hielt sich nicht für einen Maler (*„dafür tauge ich nicht!"*). Er war Architekt und vor allem Bildhauer. Unter dem Druck des Papstes musste er sich beugen und den Auftrag für die Ausmalung der Sixtina annehmen. Neben der Unzufriedenheit über die Qualität seiner Malerei plagten Michelangelo körperliche Beschwerden. Die häufigen Streitigkeiten mit wichtigen Kardinälen und Zeitgenossen, die seine Arbeit ablehnten und eher *„für eine Taverne oder ein Badehaus"* angemessen empfanden, belasteten Michelangelo. So verewigte er einen seiner heftigsten Kritiker, den Humanisten und Schriftsteller P. Aretino im Apostel Bartholomäus mit einem Messer in der Hand und dem Gesicht eines finsteren Mannes. Aretino hatte ihm durch seine ständige Kritik quasi die *„Haut abgezogen"*. Deshalb trägt die abgezogene Haut (der Apostel wurde bei lebendigem Leib gehäutet) das Gesicht mit dem Selbstportrait Michelanglos: ein verzerrtes Gesicht mit einer knolligen Nase, die Folge eines Hiebes bei einem Streit. B. da Cesena, der päpstliche Zeremonienmeister, der Michelangelo wegen seiner ständigen Kritik missfiel, wurde in die tiefste Hölle verbannt. Er ist ganz unten auf dem Bild zu sehen als Minos, dem König der Unterwelt, in den Fängen einer Schlange.

Auffällig ist zunächst das dominante lichte Blau, das dem Bild eine eigenartige Stimmung verleiht: *„Die Sonne decke ich zu mit Wolken, der Mond lässt sein Licht nicht mehr leuchten"* (Ez 32,7), so die apokalyptische Schilderung des Propheten Ezechiel. Dazu das gleißende Licht, in das Jesus Christus und Maria eingehüllt sind, dessen Ursprung unbekannt ist. Die Gestirne sind vergangen. Nach dem Gericht werden der neue Himmel und die neue Erde sein und Gott wird inmitten der Menschen wohnen (vgl. Offb 21). Die meisten Figuren sind nackt, denn beim Jüngsten Gericht zählt kein irdischer Besitz mehr, jeder steht nackt und unverstellt vor seinem Richter. Nichts bleibt im Verborgenen. Wie Adam und Eva einst vor Gott standen, wird es am Ende wieder sein, wenn den Gerechten das Paradies offen steht. Erst der Sündenfall machte die Nacktheit anstößig und verdunkelte die Gottesebenbildlichkeit des menschlichen Körpers. Schon kurz nach Michelangelos Tod wurden die als anstößig empfundenen nackten Körper übermalt. Der damit beauftragte Maler D. da Volterra erhielt den Spottnamen *„braghettone"* (Hosenmaler). Bei der letzten Renovierung von 1980 – 1994 wurden die meisten dieser Übermalungen wieder entfernt, einige als (kunst-)historische Zeitzeugnisse belassen.

Im Zentrum des Bildes steht **Christus als Weltenrichter**. Er sitzt nicht unbeteiligt auf seinem Thron, sondern ist der alleinig Handelnde. Der göttliche Richter im machtvollen Gestus ist bereit, das letzte Wort zu sprechen. Von Christus geht eine Bewegung aus, die die Ereignisse unwiderruflich in Gang setzen. **Maria** ist ihrem Sohn am nächsten. Aber jetzt steht alles unabänderlich fest. Sie kann keine Fürsprache mehr einlegen. Alles ist in den *„Büchern des Lebens"* festgeschrieben, die zwei Engel in Händen halten, bereit, sie zu öffnen. Maria schaut mitleidig auf die Betrachter. Das Geschick von

Welt und Mensch liegt nun bei dem richtenden und richtigen Wort Jesu. Die Spannung ist fühlbar zwischen dem gerechten Urteil des Richters und der Barmherzigkeit und Vergebung. Christus hat allein die Gewalt, alles ist jetzt Gnade, wie der Reformator M. Luther in paulinischer Tradition immer wieder betonte. Alle Menschen bedürfen dieser göttlichen Barmherzigkeit, selbst die Heiligen und die Gottesmutter Maria. Wie am Anfang der Zeit Gott durch sein Wort die Schöpfung ins Leben rief, so wird er in Jesus Christus am Ende der Zeit das Wort sprechen, das die neue Schöpfung entstehen lässt. Der Blick auf das Jüngste Gericht erinnert auch daran, dass der Schiedsspruch Gottes anders als der eines menschlichen Richters nicht vorläufig und begrenzt ist, sondern ein endgültiger. Kein Mensch kann ihm entrinnen.

Von Christus her ist das Entscheidende bereits geschehen: Über Christus zeigen Engel die *Leidenswerkzeuge*. Christus hat *„Friede gestiftet am Kreuz und durch sein Blut"* (Kol 1,20) und er hat den Schuldschein der Sünde *„dadurch getilgt, dass er ihn an das Kreuz geheftet hat"* (Kol 2,14). Es steht in der Freiheit des Menschen, dieses Erlösungsangebot anzunehmen, so wie es die **Heiligen** bereits getan und durch ihr Leben und Martyrium bestätigt haben: Johannes der Täufer, Petrus mit den Schlüsseln, Andreas mit dem Kreuz, Simon der Zelot mit der Säge, Laurentius mit dem Rost, Katharina mit dem zerbrochenen Rad, Sebastian mit den Pfeilen, Blasius mit den Eisenkämmen und viele andere. Die Mehrheit der Personen trägt die Gesichtszüge bekannter zeitgenössischer Persönlichkeiten (z. B. Petrus die des regierenden Papstes Paul III.): In Gott ist alles Gegenwart, und die Zusagen Gottes sind zeitlos gültig, und die Taten des Menschen sind für immer ins Buch der Lebens eingeschrieben.

Engel blasen zur **Auferstehung des Fleisches**. Die Menschen klettern aus ihren Gräbern, zeitlich versetzt in verschiedenen Phasen der Auferstehung, von den Skeletten bis zum vollkommen wiederhergestellten menschlichen Körper. Den Verdammten stehen die Geretteten gegenüber, die von den Engeln ins Paradies geleitet werden. In der linken Bildmitte findet sich ein Hinweis auf das **Rosenkranzgebet**, das von den Reformatoren in Frage gestellt bzw. abgelehnt wurde: Mit dem Rosenkranz wird ein Mensch buchstäblich *„nach oben"* gezogen. Das Gebet hilft auf dem Weg ins Paradies, nicht im häufigen Aufsagen, sondern durch die Meditation des Lebens Jesu mit Maria als Begleiterin. Es *„zieht"* den Menschen aus der Tiefe in den göttlichen Bereich. Wie in einem Wirbel steigen die **Geretteten** ins Paradies, während die **Verdammten** unweigerlich in den Abgrund stürzen. Auf der rechten Bildseite herrscht Verzweiflung und Schrecken: Die im Gericht nicht bestehen, *„werden hinausgeworfen in die äußerste Finsternis; dort werden sie heulen und mit den Zähnen knirschen"* (Mt 8,12). Jeder Versuch, der Verdammnis zu entkommen, wird von Engeln und Dämonen vereitelt, das Urteil ist endgültig und unwiderruflich. Charon, der in der griechischen Mythologie die Toten in die Unterwelt bringt, stößt mit Hilfe von Dämonen die Verdammten in das Feuer der Hölle.

Das große Thema des Jüngsten Gerichts ist aber nicht die Verdammnis, sondern die **Hoffnung auf Gottes Gerechtigkeit**, die getragen ist von seiner Liebe zum Menschen und seinem Erbarmen. Im Glauben kann der Mensch beim letzten Gericht bestehen. Ihm wird ewiges Leben geschenkt, denn auf diese *„Hoffnung hin sind wir gerettet. Nur Gott kann Gerechtigkeit schaffen und zugleich gibt uns der Glaube die Gewissheit: Er tut es. Das Bild des Letzten Gerichts ist zuallererst nicht eine Schreckensbild, sondern Bild der Hoffnung"* (Benedikt

XVI., Spe Salvi 44). Und als Bild der Hoffnung ist das Jüngste Gericht notwendig ein **Bild der Verantwortung** im Hinblick auf menschliches Handeln. *„Und hier zu Füßen dieser grandiosen Malerei der Sixtina versammeln sich die Kardinäle – die Gemeinschaft derer, die Verantwortung tragen für das Erbe der Schlüssel des Himmelreiches"* (Johannes Paul II., Epilog, Römisches Triptychon 2005). In dieser Hinsicht ist es bedeutsam, dass die **Wahl des Papstes** vor dem Jüngsten Gericht in der Sixtinischen Kapelle stattfindet. Die Kardinäle sollen sich bewusst machen, dass auch sie irgendwann vor diesem Gericht Rechenschaft ablegen werden. Jeder Kardinal ist allein seinem Gewissen verpflichtet. *„Es ist wichtig, dass die Vision des Michelangelo zu ihnen spricht. ‚Con-clave': gemeinsame Sorge um das Erbe der Schlüssel des Himmelreiches ... Und so sehen sie sich zwischen dem Anfang und dem Ende, zwischen dem Tag der Erschaffung und des Gerichts"* (Johannes Paul II., a. a. O). Die Wahl ist geheim. Die Stimmzettel werden nach jedem Wahlgang verbrannt in dem Ofen, der dazu eigens in der Sixtina aufgestellt wird (hinter der marmornen Chorschranke). Den Stimmzetteln werden Chemikalien beigemischt, die den Rauch weiß oder schwarz färben. Schwarzer Rauch bedeutet einen ergebnislosen Wahlgang, weißer Rauch die Wahl eines neuen Papstes. Der Neugewählte zieht sich nach seiner Zustimmung zur Wahl für einige Zeit in das sog. *„Tränenzimmer"* zurück, bekleidet sich dann mit der weißen Soutane und nimmt die persönlichen Treueversprechen der Kardinäle entgegen. Anschließend verkündet der päpstliche Zeremonienmeister vom Balkon der Peterskirche aus: *„Annuntio vobis gaudium magnum, habemus Papam"* – *„Ich verkünde euch eine große Freude, wir haben einen Papst!"* Es folgt der Name des neuen Oberhauptes der katholischen Kirche, der sich nun erstmals der Öffent-

Engelsbrücke mit St. Peter

lichkeit zeigt und der Stadt und dem Erdkreis (urbi et orbi) seinen päpstlichen Segen erteilt.

Zum Konklave bemerkte der damalige Kardinal J. Ratzinger in seinem Vorwort zum Römischen Triptychon von Johannes Paul II.: *„Den Schlüssel nicht wegzunehmen, sondern mit ihm zu öffnen, damit man hineingehen könne durch die Tür – dazu mahnt Michelangelo."* Und er verließ das Konklave nach dem Tod von Johannes Paul II. im April 2005 als Papst Benedikt XVI.

Zusammenfassend lässt sich sagen, dass das große Thema des Jüngsten Gerichts und der Sixtinischen Kapelle der Mensch und seine Beziehung zu Gott ist: *„Sahen wir zuerst vom Menschen her Gott, so lernen wir nun von Gott her den Menschen zu sehen: gegenseitiges sich Schenken und Beschenkt-Werden, dazu ist der Mensch bestimmt; wenn er dazu findet, dann entschleiert sich der Zusammenhang von Anfang und Ende"* (J. Kardinal Ratzinger a. a. O.).

> *„Ich muss nach Rom"*
> (Paulus)

Paulus, *„ein Mann, klein von Gestalt, mit krummen Beinen, einer edlen Haltung, zusammengewachsenen Augenbrauen und einer etwas hervor tretenden Nase."* So beschreiben die apokryphen Paulusakten, die Ende des 2. Jahrhunderts in Kleinasien entstanden sind, den Apostel. Seither bestimmt diese Beschreibung das Paulusbild wie auf einer der ältesten Darstellungen in den Domitilla-Katakomben zu sehen. Obwohl Paulus den irdischen Jesus nicht kannte, hat er wie kein zweiter das Christentum nicht nur geprägt, sondern ihm seinen weltweiten, katholischen Charakter gegeben. Der gebildete Jude Paulus, ein *„Eiferer für das jüdische Gesetz"* besaß von seinen Eltern her das römische Bürgerrecht.

Auf dem Weg nach Damaskus erfuhr er das Licht und die verändernde Kraft des auferstandenen Christus, die ihn zum Apostel machten. Der Christenverfolger Paulus fand den Weg der Gnade, und er ging hinaus, allen Völkern die frohe Botschaft Jesu Christi zu verkünden. Das Bild Caravaggios in der **Cerasi-Kapelle von Santa Maria del Popolo** zeigt dieses Ereignis in dramatischer Weise: Paulus liegt mit geschlossenen Augen am Boden. Seine Bekehrung ist nicht Folge des Sturzes, sondern vollzieht sich in seinem Inneren und umfasst sein ganzes Menschsein. Er wurde sprichwörtlich vom Saulus zum Paulus.

Paulus wurde bekennender Christ und erkannte, dass nicht eigene Leistung oder das Einhalten von Gesetzen uns vor Gott rechtfertigt, sondern allein die durch den Erlösungstod Jesu Christi geschenkte Gnade. Christus selbst sendet ihn zur Missionierung der Heiden (Apg 22,17-21). Mit dieser Beauftragung kann Paulus sagen: *„Ich, Paulus, Knecht Jesu Christi, berufen zum Apos-*

tel, auserwählt das Evangelium Gottes zu verkünden… Durch ihn, Jesus Christus, haben wir Gnade und Apostelamt empfangen, um in seinem Namen alle Heiden zum Gehorsam des Glaubens zu führen" (Röm 1,1.5).

Sein sehnlichster Wunsch ist *„in Rom das Evangelium zu verkünden"* (Röm 1,15). Mit dieser Berufung zog er durch das römische Weltreich, gründete Gemeinden und blieb lebenslang in Verbindung mit ihnen durch Besuche, Briefe oder Schüler, die er als Gemeindeleiter einsetzte. Paulus formulierte den Glauben so, dass ihn auch die Heiden verstehen konnten. Seinen Lebensunterhalt verdiente er sich als Zeltmacher, das Handwerk, das er von seinem Vater in Tarsus gelernt hatte. Mehr als 30.000 Kilometer legte er zurück, den größten Teil zu Fuß. Mehrmals wurde er eingesperrt und misshandelt, zweimal erlitt er Schiffbruch. *„Man wird euch festnehmen und euch verfolgen. Man wird euch um meines Namens willen ins Gefängnis werfen … Dann werdet ihr Zeugnis ablegen können"* (Lk 21,12f).

Paulus – Lehrer der Völker

Paulus hat diesen Auftrag Jesu angenommen, der ihn schließlich um das Jahr 59 nach Rom führte, das Zentrum des römischen Weltreiches. Er war zuvor in Jerusalem verhaftet worden und hatte sich als römischer Bürger darauf berufen, seine Sache dem Kaiser in Rom vorzutragen. Darin sah Paulus ein Zeichen der Vorsehung: *„Wie du in*

Jerusalem Zeugnis für mich abgelegt hast, so sollst du auch in Rom Zeugnis geben" (Apg 23,11).

Im jüdischen Umfeld hatten sich in Rom bereits erste christliche Hausgemeinden gebildet. Als sich die Kunde verbreitete, dass Paulus auf dem Weg in die Stadt war, gingen ihm die römischen Christen nach altem Brauch der Gastfreundschaft entgegen, um ihn über die Via Appia antica in die Stadt zu geleiten: *„Und so kamen wir nach Rom. Von dort waren uns die Brüder, die von uns gehört hatten, bis Forum Appii und Tres Tabernae entgegen gereist. Als Paulus sie sah, dankte er Gott und fasste Mut"* (Apg 28,15). Tres Tabernae ist das südlich von Rom gelegene Tre Taverne bei Cisterna. Die Römer ehrten in Paulus seinen Glauben und seine Begeisterung für Christus, die er an sie weitergab.

Zwei Jahre stand Paulus in Rom *„unter leichter Gefangenschaft"*, einer Art Hausarrest mit Bewachung. Er durfte sich frei bewegen, predigen, Briefe schreiben und unterrichten (vgl. Apg 18,23). Während dieser Zeit ist er wohl Petrus begegnet. Trotz unterschiedlicher Herkunft und anfänglicher Differenzen über die Aufnahme von Heiden, hatten sie alle Hindernisse überwunden und sich gemeinsam in den Dienst des christlichen Glaubens gestellt. *„Wie Gott die beiden Gestirne Sonne und Mond nicht trennt, die er geschaffen hat, so wird er euch nicht trennen, nicht Petrus von Paulus, nicht Paulus von Petrus"* (Pseudo-Marcellus). Nach seinem Freispruch verließ Paulus Rom und reiste möglicherweise nach Spanien, wie er in seinem Brief an die Römer angedeutet hatte, den er um das Jahr 56 in Korinth verfasst hatte (Röm 15,24).

Als sich Paulus im Jahr 64 abermals in Rom aufhielt, geriet er nach dem Brand von Rom erneut in Gefangenschaft und wurde im Mamertinischen Staatsgefängnis zu Füßen des Kapitols eingekerkert. Trotz unmenschlicher

Haftbedingungen bewahrte er sich sein Vertrauen: *„Der Herr wird mich allem Bösen entreißen, er wird mich retten und in sein himmlisches Reich führen"* (2 Tim 4,18). Mit Petrus wartete er auf seine Hinrichtung, und gemeinsam gingen sie ihren letzten Weg. An der Via Ostiense 106, beim ehemaligen Elektrizitätswerk (heute das Museum Montemartini) erinnerte bis zu ihrem Abbruch im 19. Jahrhundert die **Cappella della separazione** (Kapelle der Trennung) an den Ort, wo Petrus und Paulus vor ihrer Hinrichtung am 29. Juni 67 voneinander Abschied nahmen. Paulus hatte als römischer Bürger das Recht, nicht gekreuzigt, sondern mit dem Schwert hingerichtet zu werden. Seine letzten Worte sind im 2. Timotheusbrief überliefert, Ausdruck des tiefen Vertrauens in Christus: *„Ich habe einen guten Kampf gekämpft, den Lauf vollendet, die Treue gehalten. Schon jetzt liegt für mich der Kranz der Gerechtigkeit bereit"* (2 Tim 4,7f). Beim dritten Meilenstein an der Via Laurentina, beim heutigen Trappistenkloster Tre Fontane, wurde er enthauptet. Clemens (88 – 97), der dritte Nachfolger des Petrus als Bischof von Rom, schrieb in einem Brief an die Gemeinde von Korinth: *„Paulus hat vor den Machthabern Zeugnis abgelegt und wurde durch das Schwert aus der Welt genommen."* Eine Matrone namens Lucina und Mitglieder der christlichen Gemeinde bestatteten seinen Leichnam im nahegelegenen Friedhof an der Via Ostiense, dort, wo sich die Kirche St. Paul vor den Mauern erhebt.

Paulus starb den Märtyrertod, aber durch seine Verkündigung wurde das Christentum so bekannt, dass es nicht mehr untergehen konnte. In Rom erinnern mehrere Orte und Kirchen an den Völkerapostel Paulus. Auf seinen Spuren durch diese Stadt zu gehen, ist ein Weg zu den jüdischen Wurzeln des Christentums und seine Aufnahme in den römischen Kulturkreis.

Unter Hausarrest: San Paolo alla Regola (St. Paul im Sand)

„Nach unserer Ankunft in Rom erhielt Paulus die Erlaubnis, für sich allein zu wohnen, zusammen mit dem Soldaten, der ihn bewachte" (Apg 28,16). An die zwei Jahre, von 59 – 61, hielt sich Paulus in sog. „custodia militaris", in leichter Haft, in Rom auf. Dann endete der Prozess vor dem römischen Kaiser mit einem Freispruch für Paulus.

Paulus durfte während der Haft eine eigene Wohnung anmieten, Besuche empfangen und seine Botschaft verkünden. Während dieser zwei Jahre entstanden die

Briefe an die Epheser, an seine Lieblingsgemeinde Philippi, an die Kolosser und an Philemon. In Rom gab es seit dem 2. Jahrhundert v. Chr. eine beträchtliche Anzahl von Juden, die während der Makkabäerherrschaft Palästina verlassen und sich am Tiber angesiedelt hatten. Am Fuße des Gianicolo, dem heutigen Trastevere, und am gegenüberliegenden Tiberufer hatten sie sich niedergelassen, dort, wo heute die Hauptsynagoge Roms steht. Damals hatte Rom ca. 30.000 jüdische Einwohner. Sie unterhielten Thoraschulen, ca. 12 Synagogen und hatten das Recht einer eigenen Gerichtsbarkeit. Gleich nach seiner Ankunft lud er die führenden Männer der Juden ein.

„Sie [die führenden Männer der Juden] *vereinbarten mit ihm* [Paulus] *einen bestimmten Tag, an dem sie in noch größerer Zahl zu ihm in die Wohnung kamen. Vom Morgen bis in den Abend hinein erklärte und bezeugte er ihnen das Reich Gottes und versuchte ... sie für Jesus zu gewinnen"* (Apg 28,23). Es scheint, dass die Streitigkeiten zwischen Juden und Christen noch nicht bis nach Rom vorgedrungen waren, denn die jüdischen Gemeindeführer bestätigten: *„Wir haben über dich weder eine schriftliche Nachricht aus Judäa erhalten, noch ist einer von den Brüdern gekommen und hat etwas Übles über dich berichtet oder erzählt. Doch möchten wir deine Ansicht näher kennen lernen. Denn von dieser Sekte ist uns nur bekannt, dass sie überall Widerspruch findet"* (Apg 28,21f).

„Er [Paulus] *blieb zwei volle Jahre in seiner Mietwohnung und empfing alle, die zu ihm kamen. Er verkündete das Reich Gottes und trug ungehindert und mit allem Freimut die Lehre über Jesus Christus, den Herrn, vor"* (Apg 28,30f). Mit diesen Worten schließt die Apostelgeschichte. Die weiteren Aussagen über das Schicksal des Paulus entstammen apokryphen Schriften und römischen Überlieferungen.

Möglicherweise wechselte Paulus in Rom seinen Wohnsitz. Eine Tradition führt ins jüdische Viertel am Tiber im Umfeld der Via Arenula, zur Kirche **San Paolo alle Regola**. Der Namenszusatz „*regola*" verweist auf „*arenula*", was soviel wie „*feiner Sand*" bedeutet, der am Tiberufer angeschwemmt wurde.

Rechts neben der Kirche ist der Zugang zu den „*casae Romanae*", römischen Wohnhäusern, die zur Zeit des Paulus bereits standen in einem dichtbesiedelten Handwerkerviertel, in dem Gerber, Färber und Zeltmacher lebten, die für ihre Arbeit auf fließendes Wasser angewiesen waren. Unter ihnen waren viele Juden, obwohl das eigentliche jüdische Viertel damals auf der anderen Tiberseite lag. Da Paulus sich auch während der Gefangenschaft seinen Lebensunterhalt selbst verdiente, ist es wahrscheinlich, dass er sich in diesem Umfeld aufhielt. Schon im 2. Jahrhundert erinnerte ein kleines Oratorium an den Völkerapostel. Papst Silvester (314 – 335) erbaute eine erste Kirche, die mehrfach erweitert und umgestaltet wurde. Ein Neubau im 17. Jahrhundert wurde nötig, weil die alte Kirche angesichts des Pilgerstroms zu klein geworden war. Seit 1619 betreuen sizilianische Franziskaner des Dritten Ordens das angeschlossene Kolleg und die Pilgerkirche, die sich heute in barocker Ausstattung zeigt.

San Paolo alla Regola: Petrusaltar

PROPTER·SPEM
ENIM·ISRAEL
CATENA·HAC
CIRCUMDATUS
SUM

SED·VERBUM
DEI·NON·ES
ALLIGATUM

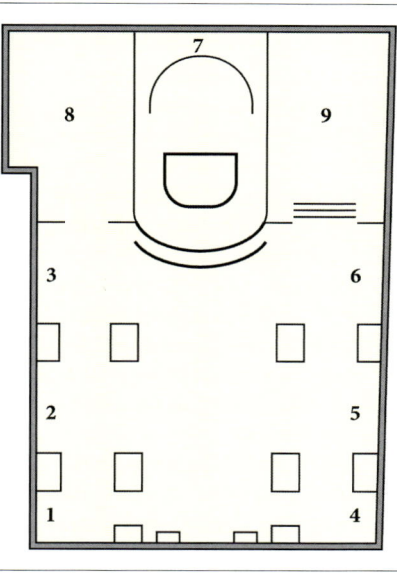

**Grundriss
San Paolo alla
Regola**

1 Antoniuskapelle
2 Annakapelle
3 Marienkapelle mit
   Madonna delle Grazie
4 Rosaliakapelle
5 Franziskuskapelle
6 Kreuzkapelle
7 Apsis mit Paulusfres-
   ken
8 Sakristei
9 Oratorium (Wohnstätte
   des Paulus)

Auf dem zentralen **Fresko hinter dem Hauptaltar** stellte L. Garzi um 1700 die Bekehrung des Paulus dar, zwischen Bildern mit der Predigt des Apostels in Rom (links) und seiner Enthauptung (rechts).

Am Ende des rechen Seitenschiffs liegt etwas tiefer als die heutige Kirche ein **Oratorium**, das Papst Damasus (366 – 384) stiftete, die *„Wohn- und Lehrstätte des hl. Apostels Paulus"*, so die lateinische Inschrift. Ein modernes **Altarmosaik** (um 1900 von E. Cisterna) zeigt einen nachdenklich gewordenen Kerkermeister mit dem gefesselten Paulus bei der Verkündigung des Evangeliums. Zu beiden Seiten erläutern Worte aus der Heiligen Schrift das Geschehen und fassen das Leben des Paulus und sein Werk zusammen. Links: *„Denn um der Hoffnung Israels willen trage ich diese Fesseln"* (Apg 28,20) und rechts: *„Aber das Wort Gottes ist nicht gefesselt"* (2 Tim 2,9).

Neben der Erinnerung an Paulus wird in dieser Kirche ein Fresko der **Madonna delle Grazie** (Mutter der Gnaden) besonders verehrt: eine stillende Madonna aus dem 14. Jahrhundert. Zahlreiche silberne Votivherzen zeigen die besondere Wertschätzung. Das **Deckenfresko der angrenzenden Sakristei** schuf der bayerische Barockmaler I. Stern im 18. Jahrhundert: Der Apostel Paulus empfiehlt den hl. Johannes Chrysostomus der Gottesmutter. Chrysostomus hatte einen Kommentar über das Leben und Werk und mehrere Lobreden auf das Wirken des Apostels verfasst. *„Paulus hat keine Bretter zusammengefügt, um eine Arche zu bauen; statt Holzlatten miteinander zu verbinden, hat er Briefe verfasst und so nicht zwei, drei oder fünf Mitglieder seiner eigenen Familie den Fluten entrissen, sondern die gesamte Welt, die unterzugehen drohte"* (Johannes Chrystosomus, zitiert nach Benedikt XVI. bei der Generalaudienz am 4. Februar 2009).

Zu Gast bei Freunden: Santa Prisca all'Aventino (St. Prisca auf dem Aventin)

Als es im Jahr 49 zu Unruhen kam, hatte Kaiser Claudius die Juden aus Rom verbannt: *„Die Juden, die durch einen gewissen Chrestos [Christus] aufgehetzt, andauernd Unruhe stifteten, ließ er aus Rom vertreiben"* (Sueton, Leben des Claudius 25,4). Dies bestätigt auch die Apostelgeschichte: *„Hierauf verließ Paulus Athen und ging nach Korinth. Dort traf er einen aus Pontus stammenden Juden namens Aquila, der vor kurzem aus Italien gekommen war, und dessen Frau Priszilla. Claudius hatte nämlich angeordnet, dass alle Juden Rom verlassen müssten. Diesen beiden schloss er sich an, und da sie das gleiche Handwerk betrieben, blieb* *er bei ihnen und arbeitete dort. Sie waren Zeltmacher von Beruf"* (Apg 18,1-3).

Zwischen Juden und Christen wurde noch nicht unterschieden. So mussten auch Aquila und Prisca (Priscilla ist die Verkleinerungsform) Rom verlassen, ein Ehepaar, das der Überlieferung nach von Petrus getauft worden war. In Korinth lernten sie Paulus kennen, wurden seine Mitarbeiter und Freunde. Sie begleiteten ihn später nach Syrien und Kleinasien (Apg 18,18ff). In Ephesus trennten sie sich in freundschaftlicher Verbundenheit von ihm, um bei der Gemeinde zu bleiben und sie zu stärken (1 Kor 16,19). Paulus spricht mehrfach in seinen Briefen von den beiden (z. B. 1 Kor 16,19; 2 Tim 4,19). Nach dem Tod des Claudius waren sie wieder nach Rom zurückkehrt. Im Römerbrief lässt Paulus sie ausdrücklich grüßen: *„Grüßt Prisca und Aquila, meine Mitarbeiter in Christus Jesus, die für mich ihr eigenes Leben aufs Spiel gesetzt haben"* (Röm 16,3). In ihrem Haus versammelten sich Christen, die von Petrus und später wohl auch von Paulus besucht wurden. Santa Prisca ist somit einer der Ursprungsorte der christlichen Gemeinde von Rom. Funde von Öllampen aus den ersten Jahrhunderten trugen das Christusmonogramm Chi-Rho (☧).

Über dem **Oratorium** des 2. Jahrhunderts wurde im 5. Jahrhundert eine Kirche erbaut, die zunächst Aquila und Prisca geweiht war. In Prisca als Patronin sind verschiedene Überlieferungsstränge vereint:

– Prisca, die Frau des Aquila in der Paulustradition.
– Prisca, die erste römische Märtyrerin, die von Petrus getauft als 13-jährige das Martyrium erlitt, eventuell die Tochter von Aquila und Prisca. Der **Taufbrunnen** hinten links im Baptisterium ist ein ausgehöhltes Kapitell, am dem Petrus taufte.
– Prisca aus der Familie der Acilier (vgl. Ähnlichkeit zu Aquila), Stifterin der nach ihr benannten Katakomben an der Via Salaria.

Das frühchristliche Oratorium liegt unter dem heutigen Bau. Die Kirche, einer der ältesten christlichen Orte Roms, steht über einem römischen Privatpalast (vielleicht der des Kaiser Traian), einem Nymphäum und einem Mithräum. Das **Mithräum** wurde unmittelbar neben dem Haus von Aquila und Prisca erbaut und war bis zu Beginn des 3. Jahrhunderts parallel zur Hauskirche in Gebrauch. Die **Malereien und Reliefs** geben Aufschluss über die sieben Einweihungsgrade des Mithraskults und seine kultischen Praktiken.

Paschalis II. (1099 – 1118) ließ die Kirche neu erbauen. Anlässlich des Heiligen Jahres 1600 wurde sie von C. Lombardi barock umgebaut und aus statischen Gründen verkleinert. Die **Fresken in der Apsis** von A. Fontebuoni haben das Martyrium und Begräbnis der hl. Prisca zum Thema und die Übertragung ihrer Gebeine auf den Aventin durch Papst Eutychianus (275 – 283). Sie

ruhen heute in der **Krypta** aus dem 9. Jahrhundert. Die dortigen Fresken bringen das Leben Priscas mit dem Apostel Petrus in Verbindung.

Zur Zeit der napoleonischen Besetzung Roms 1798 wurde die Kirche schwer beschädigt und nach Jahren des Verfalls von den Augustinereremiten des benachbarten Klosters wieder instand gesetzt und seither betreut. In den Jahren 1953 – 1958 war Santa Prisca die Titelkirche von Angelo Roncalli, dem späteren Johannes XXIII. (1958 – 1963).

St. Paul v. d. M.: Christus als Pantokrator (Apsismosaik)

Rückkehr nach Rom: Santa Maria in Via Lata

Im historischen Zentrum, an der Via del Corso, liegt die Kirche Santa Maria in Via Lata, eine der schönsten Barockkirchen Roms mit einer fast 2000-jährigen Geschichte. Sie erzählt vom zweiten Romaufenthalt des Paulus. Nach seinem Freispruch verließ Paulus zunächst Rom. Möglicherweise reiste er erneut zu seinen Gemeinden nach Griechenland und Kleinasien, oder er setzte sein Vorhaben um, in Spanien zu missionieren, was schon lange sein Wunsch war: *„Ich habe mich seit vielen Jahren danach gesehnt, zu euch* [nach Rom] *zu kommen, wenn ich einmal nach Spanien reise; auf dem Weg dorthin hoffe ich, euch zu sehen und dann von euch für die Weiterreise ausgerüstet zu werden, nachdem ich mich einige Zeit an euch erfreut habe"* (Röm 15,23f). Im Jahre 64 kam er nach Rom zurück, dem Jahr, als die Stadt brannte. Rund um die Via Lata, wie schon der Name sagt, eine breite Straße, erstreckte sich ein Wohngebiet mit Läden und Tavernen. Die Tradition lokalisiert hier das Haus des Evangelisten Lukas, wo er die Apostelgeschichte verfasste. Eingerahmt von Barockengeln und vier Alabastersäulen (nach einem Entwurf von G. L. Bernini) ist am Hauptaltar eine **byzantinische Marienikone** barock inszeniert. Der Evangelist Lukas soll sie in seinem Haus gemalt haben. Sie wird unter dem Titel *„Quelle des Lichts, Stern des Meeres"* verehrt. Paulus schreibt, dass *„nur Lukas noch bei ihm ist"* (2 Tim 4,11). Neben seiner Missionstätigkeit verfasste Paulus die beiden Briefe an Timotheus und den an Titus. In diesen Pastoralbriefen mahnt er mit unermüdlichem Eifer: *„Verkünde das Wort, tritt dafür ein, ob man es hören will oder nicht weise zurecht, tadle, ermahne, in unermüdlicher und geduldiger Belehrung"* (2 Tim 4,2). Vermutlich hatte Paulus in dieser Zeit Kontakt zu seinem früheren Begleiter, dem Evangelisten Johannes Markus, der sich als Dolmetscher für Petrus in Rom aufhielt.

Das Haus an der Via Lata war schon früh ein Versammlungsort der christlichen Gemeinde mit einem **Oratorium**. Eine **Inschrift** an den Treppen zu den unterirdischen Räumen, die allerdings erst um 1600 hier angebracht wurde, erzählt davon: *„Oratorium des hl. Apostels Paulus, Lukas des Evangelisten und des Märtyrers Martial, wo auch das Bild der Jungfrau Maria aufgefunden wurde und stand – eines von sieben, das der Evangelist Lukas malte."*

Sergius I. (687 – 701) ließ eine Diakonie zur Versorgung und Aufnahme der Armen einrichten. 1049 erbaute Leo IX. (1049 – 1054) eine Kirche über den frühchristlichen Bauten, die damit zur **Krypta** wurden und in Vergessenheit gerieten. Erst im 17. Jahrhundert wurden sie wiederentdeckt. Über eine Treppe in der Vorhalle gelangt der Besucher in die Räume der ehemaligen **Diakonie**, die P. da Cortona entsprechend der Paulustradition restaurierte, zusammen mit den **Überresten der antiken Wohnhäuser**, in denen teilweise Kapellen eingerichtet wurden. Die sechs Räume (weitere sind noch nicht ausgegraben) waren im frühen Mittelalter mit **Fresken** geschmückt, die unterschiedlich gut erhalten sind bzw. teilweise zu ihrem Schutz in das Museum der Crypta Balbi gebracht wurden.

Im Raum I steht eine **Granitsäule**, an der Paulus angekettet war mit der Inschrift: *„Das Wort Gottes ist nicht gefesselt"* (2 Tim 2,9). Raum II und V wurden zu einer **Kapelle** verbunden. Das **Altarrelief** vergegenwärtigt die Begegnung von Petrus und Paulus, Lukas und dem Zenturio Martial an diesem Ort.

Der **achteckige Taufbrunnen** fasst eine Quelle, die auf das Gebet des Paulus hin entsprang, damit er Martial und die hl. Sabina mit ihren Kindern taufen konnte.

Verurteilt: San Pietro in Carcere (St. Peter im Gefängnis): Die mamertinischen Kerker (Carcere Mamertino) mit Tullianum

„Ich, Paulus, ein alter Mann, der jetzt für Christus im Kerker liegt" (Phlm 1,9)

Das sicherste Staatsgefängnis von Rom bestand aus zwei übereinanderliegenden Räumen. Der Obere, das Mamertinum, war benannt nach dem sabinischen Gott Mamers, der dem römischen Kriegsgott Mars entspricht. Der untere Raum war das Tullianum, nach dem römischen König Servius Tullius oder nach einer Zisterne (lat. tullius) benannt, die in ein Gefängnis umgewandelt war.

Das ältere **Tullianum** war ein niedriger, dunkler und schmutziger Raum, der fast ständig unter Wasser stand. Dort hinein wurden Verurteilte geworfen, die zusammengepfercht auf ihre Hinrichtung warteten, meist politische oder Kriegsgefangene, die vorher beim Triumphzug mitgeführt wurden, wie der gallische Stammesführer Vercingetorix. An prominenter Stelle gelegen, am Fuße des Kapitols dicht beim Forum Romanum, war es ein düsteres und weithin sichtbares Mahnmal, wie erbarmungslos Rom mit seinen Feinden verfährt. Durch ein Loch wurden die Gefangenen ins Tullianum hinabgestoßen und durch ein weiteres Loch im Boden konnten Verstorbene direkt in die Cloaca Maxima, den großen Abwasserkanal, beseitigt werden.

Nach dem großen Feuer im Jahr 64 wurden die Christen von Kaiser Nero als Brandstifter verfolgt. Zahlreiche mussten den Weg ins Martyrium gehen. Von Petrus und Paulus wird überliefert, dass sie im Zuge dieser Verfolgung im Mamertinum eingekerkert waren, zu lesen über dem Eingang: *„Gefängnis der hl. Apostel Petrus und Paulus"*. Die apokryphen Märtyrerakten des Prozessus und Martinianus aus dem 6. Jahrhundert wissen: *„Der hochmütige Nero lieferte die seligen Apostel Petrus und Paulus dem Senator Paulinus aus, der sie in das Mamertinum warf."* Mit anderen Gefangenen warteten sie auf ihr Urteil. Eine Legende erzählt, dass Petrus an der engen Treppe auf dem Weg hinunter stürzte und sich den Kopf anschlug: *„An diesen Stein stieß Petrus mit dem Kopf von den Wächtern gedrückt und das Zeichen blieb zurück"*, so die **Inschrift**. Die Vertiefung im Fels gilt als **Kopfabdruck des Petrus**. Angesichts der üblen Zustände und der Kälte im Gefängnis bat Paulus seinen Freund Timotheus: *„Wenn du kommst, bring den Mantel mit, den ich in Troas bei Karpus gelassen habe"* (2 Tim 4,13).

Unter Papst Silvester (314 – 335) wurde das Gefängnis in zwei Kapellen umgewandelt mit dem Namen *„St. Peter im Gefängnis"*. Erst im 16. Jahrhundert entstand darüber die Barockkirche **San Giuseppe dei Falegnami** (hl. Josef, Patron der Bauleute). In der **oberen Kapelle** stehen zwei **Büsten von Petrus und Paulus**. Der Altarsockel im ehemaligen Tullianum trägt das Petruskreuz, Hinweis, dass der Apostel mit dem Kopf nach unten gekreuzigt wurde. Über dem Altar erinnert ein **Bronzerelief** von J. Bonnassieux von 1842 an die Gefangenschaft der beiden Apostel. Während Paulus die Hände zum Gebet erhebt, tauft Petrus ihre Bewacher Processus und Martinianus, die sie zum Christentum bekehrt hatten. Das Wasser für die Taufe stammt aus einer Quelle, die auf das Gebet der Apostel hin auf wunderbare Weise entsprungen

St. Paul v. d. M.: Paulusstatue in der Sakramentskapelle

war (am Altar vor dem Fußboden sichtbar): *„Der selige Petrus schlug das Zeichen des Kreuzes ... und ab diesem Moment floss Wasser"* (Märtyrerakten des Prozessus und Martinianus). Von Petrus wird erzählt, dass die bekehrten Wächter ihm zur Flucht verhalfen. Die zurückgelassenen **Ketten** werden in der Kirche **San Pietro in Vincoli** (St. Peter in Fesseln) in einem Glasreliquiar aufbewahrt.

Paulus wurde vom Mamertinischen Kerker hinausgeführt zu seiner Hinrichtung, vorbei am Circus Maximus bis zur Via Laurentina *„ad aquas salvias"* (heute Tre Fontane), wo er mit dem Schwert hingerichtet wurde. *„Bei meiner ersten Verteidigung ist niemand für mich eingetreten; alle haben mich verlassen"* (2 Tim 4,16). Dennoch blieb er zuversichtlich: *„Der Herr wird mich allem Bösen entreißen, er wird mich retten und in sein himmlisches Reich führen"* (2 Tim 4,14). Dazu passt das **Fresko unter der Treppe** zum Tullianum (8. Jahrhundert), wo die Rechte Gottes den Siegeskranz darreicht.

Martyrium: Die Abtei San Paolo alle Tre Fontane (St. Paul zu den drei Quellen)

„Denn ich werde nunmehr geopfert, und die Zeit meines Aufbruchs ist nah ... nun liegt für mich der Kranz der Gerechtigkeit bereit" (2 Tim 4,6.8). In einer apokryphen Schrift aus dem 6. Jahrhundert ist über das Martyrium des Paulus zu lesen: *„Der Präfekt Agrippa sagte: Ich halte es für gerecht, dass Paulus der Kopf abgeschlagen wird, weil er gottlos ist. Nero antwortete: Du hast gut geurteilt. Paulus wurde gefesselt hinaus geführt, zirka drei Meilen außerhalb der Stadt. So wurde es bei Aquae Salviae bei der Pinie ausgeführt... Der Weg der heiligen Apostel Petrus und Paulus endete am 29. Juni"* (Pseudo-Marcellus 79). In der Antike hieß der Ort an der Via Laurentina *„ad aquas salvias"* wegen der

dortigen Heilquellen. Nach einer anderen Deutung geht der Name auf die Familie Salvia zurück, der das quellenreiche Gebiet im 1. Jahrhundert gehörte. Zur Abschreckung von Verbrechern war die Vollstreckung von Strafen ein öffentliches Schauspiel. Hinrichtungsorte lagen oft an den großen Konsularstraßen, über die viele Fremde in die Stadt kamen. Die Via Ostiense war die wichtige Verbindung nach Ostia, dem Hafen Roms. Als Träger des römischen Bürgerrechts, hatte Paulus das Privileg, nicht am Kreuz zu sterben, sondern mit dem Schwert hingerichtet zu werden. Dort, wo sein Kopf dreimal am Boden aufschlug, entsprangen der Legende nach drei Quellen. Im Gedächtnis des paulinischen Martyriums wurde das Gelände in *„tre fontane"* (drei Quellen) umbenannt: *„Ort des Martyriums des hl. Apostels Paulus, wo auf wunderbare Weise drei Quellen entsprungen sind"* (Inschrift über dem Portal). Eine erste Kirche wurde im 5. Jahrhundert erbaut. Um 1600 gab G. della Porta dem Heiligtum seine heutige Gestalt.

Die **Abtei Tre Fontane**, eine Oase der Stille, liegt inmitten eines Eukalyptuswaldes, den die Trappisten im 19. Jahrhundert zur Entwässerung des Malaria verseuchten Sumpfgebiets angelegt hatten. Das ehemals einsam gelegene Gebiet liegt heute im Vorort EUR.

Die letzte Wegstrecke zum Ort der Hinrichtung führt über eine original **römische Straße**, die Paulus auf seinem letzten Weg gegangen ist. Die **Kapelle der Enthauptung** (Cappella della Decollazione) mit den **drei Quellen**, führt über einen Vorraum mit den **Marmorreliefs der Martyrien von Petrus und Paulus** in ein Querschiff. Den **antiken Fußboden** aus Ostia Antica mit den Personifikationen der vier Jahreszeiten stiftete Pius IX. (1846 – 1878). Der Altar am rechten Ende mit dem Bild von B. Passerotti (1605) lässt die **Enthauptung des Paulus** und das Aufbrechen der drei Quellen erkennen. Neben dem

Altar steht hinter einem Gitter der **Säulenstumpf**, an den Paulus bei seiner Enthauptung angekettet war. Am gegenüber liegenden Ende des Querschiffs illustriert das Altargemälde die **Kreuzigung des Petrus**, eine Kopie G. Renis Bild in den Vatikanischen Museen. An der Längsseite der Kirche schuf G. della Porta eine **Umfassung der drei Quellen**. Die jeweiligen Reliefs zeigen den Kopf des Paulus in den verschiedenen Stadien der Hinrichtung.

Während der letzten großen Christenverfolgung unter Kaiser Diocletian (284 – 305) waren der **Tribun Zeno und 10.000 christliche Soldaten** zur Zwangsarbeit in den Thermenanlagen des Kaisers verurteilt und anschließend in Tre Fontane hingerichtet worden. Sie wurden unter der heutigen Kirche **Santa Maria Scala Coeli** (hl. Maria von der Himmelsleiter) beigesetzt. In der **Krypta** ist die **Gefängniszelle** erhalten, wo Paulus mit anderen Verurteilten die Nacht vor der Hinrichtung eingekerkert war. Neben dem Altar von Paulus und Zeno geben zwei vergitterte Fenster einen Blick in den winzigen Raum frei.

Der Name der Kirche geht auf den hl. Bernhard von Clairvaux zurück. Als er mit Innozenz II. (1130 – 1143) hier eine Messe feierte, sah er in einer Vision eine Leiter, auf der Engel die Seelen aus dem Fegfeuer in den Himmel geleiteten. Innozenz II. übertrug die Betreuung des Ortes, den bisher die Benediktiner von Cluny in ihrer Obhut hatten, dem hl. Bernhard und seinen Zisterziensern. Erster Zisterzienserabt war B. Paganelli, der 1145 als Eugen III. (1145 – 1153) den päpstlichen Thron bestieg. G. della Porta renovierte auch diese Kirche um 1600. Auf die beiden Gründer der Zisterzienser Robert von Molesme und Bernhard von Clairvaux und ihre große Marienverehrung macht das Kuppelmosaik aufmerksam.

Die **Klosterkirche San Vincenzo e Anastasio** spiegelt den strengen und einfachen Baustil der Zisterzienser des

12. Jahrhunderts, am Übergang von der Romanik zur Gotik: eine dreischiffige, schmucklose Basilika mit kurzem Querschiff und rechteckigem Chor. Das Patrozinium ehrt den persischen Märtyrer Anastasius, dessen Gebeine armenische Mönche mitbrachten, die sich im 7. Jahrhundert im Kloster von Tre Fontane niederließen. Das Kloster errichtete Honorius I. (625 – 638) zu Beginn seines Pontifikats. 1370 wurden die Reliquien des hl. Vinzenz von Saragossa in die Kirche übertragen und das Patrozinium auf beide Heilige ausgeweitet. Seit 1868 betreuen Trappisten das Kloster mit seiner Kirche. Der bekannteste Mönch war der Österreicher Franz Pfanner, der Tre Fontane wieder aufbaute. Später gründete er in Südafrika das Kloster Mariannhill, aus dem die Mariannhiller Missionare und die Missionsschwestern vom Kostbaren Blut hervorgingen.

„Paulus von Tarsus ist mit seinem Lebenslauf und mit der weiterführenden Legende zu einem ‚römischen Brunnen‘ geworden … Die eigentliche, unerschöpfliche

St. Paul vor den Mauern: Fassade

Quelle aber, aus der das lebendige Wasser entspringt, ist Jesus Christus" (Prof. Dr. O. Schwankel zu den Ansprachen Benedikt XVI. bei den Audienzen im Paulusjahr 2008/09).

Letzte Ruhestätte: San Paolo fuori le Mura (St. Paul vor den Mauern)

Der Namenszusatz *„vor den Mauern"* zeigt an, dass sich die Kirche außerhalb der Aurelianischen Stadtmauern befindet; nahe dem 2. Meilenstein der Straße nach Ostia erhebt sie sich im Südwesten Roms, direkt am Tiber. *„Paulo Apostolo Mart"* – *„Paulus, Apostel und Märtyrer"* ist auf einer **Marmorplatte aus dem 4. Jahrhundert** eingraviert, die beim Brand der Basilika (1823) über dem Grab des Apostel Paulus gefunden wurde. Diese Marmorplatte gilt neben dem Zeugnis des Presbyters Gaius als früher Beleg für das Paulusgrab an dieser Stelle. Durch die zwei Löcher in der Platte wurden das Grab inzensiert, persönliche Gegenstände der Gläubigen und die *„brandea"* (weiße Tücher) zum Grab hinab gesenkt. Sie galten dann als Berührungsreliquien. Die *„brandea"* wurden in kleinen Stücken an die Pilger verteilt.

Als Paulus auf dem Friedhof an der Straße nach Ostia in einem Armengrab bestattet wurde, errichteten Gläubige bald eine **Memoria**, eine kleine Gedenkstätte, von der der Presbyter Gaius erzählt: *„An der Straße nach Ostia wirst du dort das Tropaion des Paulus finden."* In den unruhigen Zeiten der Valerianischen Verfolgung Mitte des 3. Jahrhunderts wurden die Gebeine des Paulus mit denen des Petrus vorübergehend in den Sebastianskatakomben in Sicherheit gebracht. Nach dem Ende der Gefahr legte man sie wieder in ihre ursprünglichen Gräber. Kaiser Konstantin gab den Auftrag zum Bau einer

Basilika. Sie wurde am gleichen Tag wie St. Peter eingeweiht. Vorbild war die Basilika Ulpia auf dem Traians-Forum. Ende des 4. Jahrhunderts erweiterten die Kaiser Valentinian II., Theodosius und Arcadius St. Paul auf seine heutige Größe. Bis zum Neubau von St. Peter im 16. Jahrhundert war es die größte Kirche der Christenheit, mit dem Grab des Völkerapostels im Zentrum.

Um 600 wurde ein **Kloster** angebaut, das seit dem 8. Jahrhundert in der Obhut der Benediktiner liegt. Mehrmals wurde die Basilika durch Plünderungen oder Naturkatastrophen – wie zwei Erdbeben – schwer beschädigt und anschließend restauriert. Im 13. Jahrhundert ließ sie Honorius III. (1216 – 1227) grundlegend renovieren und prächtig ausgestalten.

Die größte Katastrophe ereilte die Basilika in der Nacht vom 15. auf den 16. Juli 1823. Ein Arbeiter hat eine Schale mit glühenden Kohlen auf dem Dach vergessen, die umfiel und den Dachstuhl in Brand setzte. St. Paul brannte bis auf die Grundmauern nieder. Nur das Paulusgrab mit dem Triumphbogen und einigen Fresken, Teile des Querschiffs und der Kreuzgang blieben verschont.

Sofort begann unter dem Architekten L. Poletti der Wiederaufbau *„in pristinum"*, in alter Größe und Schönheit und unter Einbeziehung der erhaltenen Überreste. So stammen die zwölf griechischen Säulen vom Portikus des linken Seitenschiffs aus der alten Basilika. Die ganze Welt half mit beim Wiederaufbau. So konnte Pius IX. (1846 – 1878) schon am 10. Dezember 1854 die Basilika im Beisein zahlreicher Kardinäle und Bischöfe einweihen. Deren Namen sind auf den sechs **Marmortafeln in der Apsis** verzeichnet. Die Würdenträger hielten sich in Rom auf, weil sie zwei Tage zuvor an der feierlichen Verkündigung des Dogmas von der Unbefleckten Empfängnis Mariens teilgenommen hatten. St. Paul war der

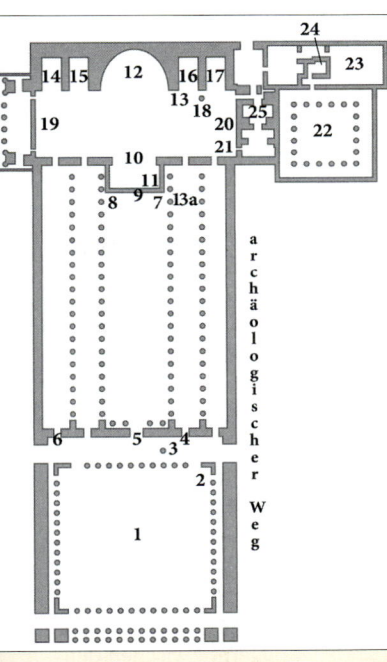

**Grundriss
San Paolo fuori le Mura**

1 Paulus, Lehrer der Völker
2 Lukas, Evangelist und Biograph des Paulus

3 Paulusflamme
4 Heilige Pforte
5 Hauptportal
6 Pauluspforte
7 Petrus
8 Paulus
9 Triumphbogen
10 Paulusgrab mit Papstaltar
11 Osterleuchter
12 Apsis mit Kathedra und Gedenktafeln
13 Petrus, Anfang der Papstmedaillons
13a Benedikt XVI., Franziskus
14 Stephanuskapelle
15 Sakramentskapelle
16 Laurentiuskapelle
17 Benediktkapelle
18 Weihwasserbecken
19 Altar der Bekehrung Pauli
20 Altar der Aufnahme Mariens
21 Zugang zu Kreuzgang und Museum
22 Kreuzgang
23 Museum
24 Reliquienkapelle
25 ökumenische Kapelle

größte Kirchenneubau des 19. Jahrhunderts. Von dort wurden die Benediktinerpatres Maurus und Placidus Wolter nach Deutschland gesandt, um das nach der Säkularisation brach liegende Benediktinertum neu zu etablieren. 1863 gründeten sie Kloster Beuron, das ein bedeutendes Zentrum benediktinischen und liturgischen Lebens wurde. Johannes XXIII. (1958 – 1963) schrieb in St. Paul Kirchengeschichte, als er kurz nach seiner Wahl beim Gottesdienst am 21. Januar 1959 verkündete, ein

Konzil einzuberufen: das Zweite Vatikanische Konzil, das er am 11. Oktober 1962 im Petersdom eröffnen konnte.

Rom ist längst über St. Paul hinausgewachsen. Obwohl inmitten eines Wohnviertels gelegen, ist der **Kirchturm** schon von weitem zu sehen, ein Geschenk nach Argentinien ausgewanderter Italiener. Er ist dem Leuchtturm von Ostia nachempfunden und signalisiert: Christus ist das Licht der Welt, und Paulus erleuchtet mit seiner Verkündigung die Völker der Erde.

Der Blick wird zunächst auf das **Fassadenmosaik** gelenkt, das vom Kreuz überhöht wird. Vor goldenem Hintergrund segnet Christus als Weltenherrscher in der Mandorla, begleitet von Petrus (links) und Paulus (rechts). Darunter ruht das Lamm Gottes auf dem Weltenberg. Aus dem Felsen strömen die vier Paradiesflüsse, auch Hinweis auf die vier Evangelien. Von beiden Seiten kommen je sechs Schafe aus zwei Städten: die Judenchristen aus Jerusalem und die Heidenchristen aus Betlehem. Am Ende der Zeiten werden in der großen Völkerwallfahrt alle zu Christus pilgern. Zwischen den

St. Paul vor den Mauern, Mittelschiff

Fenstern stehen die vier großen Propheten des Alten Testaments: Jesaia, Jeremia, Ezechiel und Daniel. Wie sie mit klaren Worten dem Volk Israel Gottes Willen verkündeten, brachte Paulus der ganzen Welt die Kunde vom gekreuzigten und auferstandenen Jesus Christus.

Sodann betritt der Besucher den **Quatroporticus**, einen quadratischen Vorhof. **46 Granitsäulen** aus dem schweizerischen Baveno säumen ihn ein. In der Frühzeit der Kirche war hier der Aufenthaltsort der Katechumenen, der Taufbewerber. Im Zentrum des Vorhofs steht die **Paulusstatue (1)** aus Carrara-Marmor von G. Obici. Das Schwert in seiner Rechten ist Hinweis auf sein Martyrium und die Klarheit und Schärfe seiner Worte, mit der er das Evangelium verkündete. In der Linken trägt er ein Buch als Ausdruck seiner Gelehrsamkeit. Neben Hebräisch sprach Paulus Griechisch und Lateinisch. Er hatte bei Gamaliel, dem berühmtesten Schriftgelehrten seiner Zeit, studiert. Mehr als die Hälfte des Neuen Testaments besteht aus den paulinischen Briefen. Die Inschrift am Sockel bestätigt: *„Paulus, der Lehrer der Völker und Prediger der Wahrheit"*. In der rechten Ecke schuf Fr. Fabi-Altini eine Statue des **Evangelisten Lukas (2)**. Er war ein Begleiter des Paulus und beschrieb in seiner Apostelgeschichte den Weg der Verkündigung durch Petrus und Paulus von Jerusalem bis ins Zentrum der Welt, nach Rom.

Anlässlich des 2000. Geburtstags von Paulus ließ Benedikt XVI. (2005 – 2013) das Paulusjahr 2008/09 feiern. Seither brennt vor den Eingängen die **Paulusflamme (3)**, die der Papst mit Vertretern verschiedener Konfessionen zur Eröffnung des Jubeljahres am 28. Juni 2008 entzündete: Sinnbild für das Licht des Glaubens, das durch Paulus in den Völkern der Erde entflammt wurde. Als Zeichen der ökumenischen Annäherung wurde die ehemalige, kostbar ausgestattete **Taufkapelle (25)** zur ökumenischen Kapelle umgestaltet, damit auch nicht-katholische Christen nahe dem Paulusgrab einen würdigen Gottesdienstort haben.

Die **Heilige Pforte (4)** wurde im Jahr 2000 von Johannes Paul II. (1978 – 2005) erstmals zusammen mit Vertretern anderer christlicher Kirchen und Gemeinschaften geöffnet, darunter der ökumenische Patriarch Bartolomaios von Konstantinopel und der anglikanische Erzbischof von Canterbury. Die Bronzetür gestaltete E. Manfrini im Hinblick auf die paulinische Botschaft des Heiligen Jahres und Johannes Paul II., den Stifter: (von oben nach unten)

Biblisches Ereignis im Licht der paulinischen Botschaft:	Umsetzung der biblischen Botschaft in die Gegenwart:
– Gott, der barmherzige Vater, der seinen einzigen Sohn nicht schont, uns zu erlösen (vgl. Röm 3,25f)	– Johannes Paul II. sorgt für Arme und Kranke
– Geistsendung an Pfingsten: *„Ihr habt den Geist empfangen, der euch zu Söhnen macht, den Geist, in dem wir rufen: Abba, Vater"* (Gal 4,6)	– Verkündigung des Evangeliums
– Weltweite Verkündigung der Botschaft Jesu Christi: *„Wir verkünden Christus, den Gekreuzigten"* (1 Kor 1,23)	– Verkündigung heute

Unten: *„Den vielen, die zum Heiligtum des Paulus kommen, sei Friede und ewiges Heil".*

Die Innenseite der Heiligen Pforte ist eine **byzantinische Bronzetür** aus Konstantinopel, das ehemalige Hauptportal der alten Basilika. Um 1070 stiftete sie ein gewisser Pantaleone aus Amalfi für Gregor VII. (1073 –

1085), der vor seiner Papstwahl Abt von St. Paul war. Die
54 Bronzetafeln mit Silber- und Emaile-Einlagen er-
schließen Szenen aus dem Neuen Testament, dazu die
Apostel und Propheten mit erläuternden lateinischen
und griechischen Inschriften.

Ein versilbertes Kreuz mit den Symbolen der Evangelisten auf den Quer- und den Aposteln auf den Längs-
balken überstrahlt das Bronzetor von A. Maraini (1931)
am **Hauptportal (5)**. Mit Weinlaub verziert wird es zum
Lebensbaum. Die wichtigsten Glaubenszeugnisse aus
dem Aufenthalt von Petrus und Paulus in Rom sind in
je vier Bildern dargestellt, dazu im Zentrum die Beauftragung und Berufung durch Jesus Christus.

Von oben nach unten:

Links: **Petrus**

- Petrus tauft in den Kata-
komben
- Verkündigung in Rom
- **Jesus übergibt Petrus die
Schlüssel**
- Quo vadis, domine

- Kreuzigung

Rechts: **Paulus**

- Ankunft als Gefangener in
Rom
- Verkündigung in Rom
- **Bekehrung vor Damaskus**

- Bekehrung des Kerker-
meisters
- Hinrichtung

Der Besucher betritt die Kirche ganz links durch die
Pauluspforte (6), die Benedikt XVI. (2005 – 2013) zu Beginn des Paulusjahres feierlich eröffnete: Die Gläubigen
sollen motiviert werden, über Leben und Botschaft des
Apostels nachzudenken, sie zu verinnerlichen und in unsere Zeit hineinzutragen. Innen öffnet sich eine **klassi-
sche fünfschiffige Basilika** mit erhöhtem Mittelschiff. Die
vergoldete Kassettendecke trägt die Wappen von Gregor
XVI. (1831 – 1846) und Pius IX. (1846 – 1878); sie bauten
die Basilika nach dem verheerenden Brand wieder auf.
Die **80 Granitsäulen** stammen vom Berg Montorfano am
Lago Maggiore. *„Die Sonne der Gerechtigkeit fällt durch*

muslimische Fenster" (J. P. Abrahamowicz, Prior von St. Paul), denn beim Neubau stiftete der ägyptische Vizekönig Fuad I. den **Alabaster für die 56 Fenster**, die die Basilika in ein gedämpftes Licht tauchen. Pius IX. ließ von bedeutenden Künstlern zwischen den Fenstern 36 **Szenen aus dem Leben des Paulus** malen, von der Steinigung des Stephanus vor den Toren Jerusalems bis zum Weg ins Martyrium (beginnend rechts von der Apsis über dem Medaillon des Petrus).

Vor dem **spätantiken Triumphbogen** (**9**) am Ende des Mittelschiffs stehen die Statuen des **Petrus mit dem Schlüssel** (**7**) und des **Paulus mit dem Schwert** (**8**). Auf dem Bogen sind die beiden Apostel nochmals zu sehen. Durch ihr Zeugnis für Jesus Christus sind sie in die himmlische Herrlichkeit eingegangen und haben die Siegespalme erhalten. Die Inschrift lautet: *"Theodosius begann, Honorius vollendete den Bau, der durch den Leib des Paulus, dem Lehrer der Völker, geheiligt ist"*. Placidia setzte das Werk unter Leo d. Gr. (440 – 461) fort, indem sie den Bogen mit **Mosaiken** verzieren ließ. Im Zentrum ein streng blickender **Christus in der Sonnengloriole**: ein Versuch, die Majestät der Gottheit Jesu mit seiner Menschheit in Einklang zu bringen. Ihn umgeben zwei **Engel und die 24 Ältesten der Geheimen Offenbarung** in weißen Gewändern und mit Kronen in den Händen, darunter vor blauem Hintergrund **Petrus und Paulus**. An seinem Grab steht Paulus an der – von Christus aus gesehen – wichtigeren rechten Seite und zeigt hinunter auf sein Grab. Ganz oben die **Symbole der vier Evangelisten**: (von links nach rechts) der Stier für Lukas, der Mensch für Matthäus, der Löwe für Markus und der Adler für Johannes. Die **Rückseite des Triumphbogens** entstand nach Vorlagen von P. Cavallini zu Beginn des 14. Jahrhunderts. Ursprünglich an der Fassade der Basilika, wurden die erhalten gebliebenen Fragmente hierher versetzt: Christus im Zentrum, flankiert von Engeln und dem Symbol des Evangelisten Lukas, Paulus auf dem Thron (von Christus aus gesehen rechts) und dem Symbol des Evangelisten Markus mit Petrus auf dem Thron (von Christus aus gesehen links). Der Evangelist Markus war der Begleiter und Dolmetscher des Petrus.

Drei Stufen führen hinauf zum **Papstaltar (10)**, über dem sich der **gotische Baldachin** von A. di Cambio (um 1285) erhebt, getragen von vier **Porphyrsäulen**. An den Ecken stehen Petrus und Paulus zum Langhaus hin, Timotheus und der Mönchsvater Benedikt zur Apsisseite. Der Baldachin ist eines der seltenen gotischen Kunstwerke in Rom. In der **Confessio**, zu der zwei Treppen hinab führen, liegt das **Grab des Paulus**, das in ungebrochener Tradition hier verehrt und nie verlegt wurde. Der Friedhof wurde zerstört, das Grab blieb unangetastet. Der einfache **Steinsarkophag** aus Marmor steht direkt unter dem Papstaltar in einer Nische. Dort befand sich in der konstantinischen Basilika die Apsis, deren Reste unter dem Glasboden zu sehen sind. Auf dem Sarkophag lag die Marmorplatte mit dem Namen des Apostels Paulus, die den Ort als authentisches Grab ausweist. Eine Kopie der Platte befindet sich im Museum der Basilika. Hinter dem Gitter ist der Sarkophag sichtbar, und Benedikt XVI. bestätigte nach intensiven wissenschaftlichen Untersuchungen am 28. Juni 2009, dass es sich *„tatsächlich um die sterblichen Überreste des Apostels Paulus"* handelt. Über dem Grab sind in einem Glasreliquiar die **Ketten** zu sehen, mit denen Paulus während seiner Haft in Rom gefesselt war.

Ein besonderes Kunstwerk und Glaubenszeugnis ist neben der Confessio der romanische **Osterleuchter (11)** des 12. Jahrhunderts von P. Vassalletto und N. d'Angelo aus der Cosmatenfamilie. Der 5,60 Meter hohe Leuchter, auf dem in der Osternacht die Osterkerze entzündet wird, greift das Motiv der römischen Ehrensäule auf. Mit seinen Ornamenten wird er zum Lebensbaum mit dem Weg der Erlösung durch Jesu Passion und Auferstehung. In der Sockelzone drängen sich Fabelwesen mit Menschenköpfen, die noch unerlösten Bereiche der Schöpfung, die das Heil in Jesus Christus noch nicht erkannt haben. Den größten Teil des Schaftes nehmen **Szenen aus der Passion** Jesu ein:

– Jesus vor dem Hohenpriester Kaiphas, mit dem verzerrten Gesicht des Judas im Hintergrund.

– Die Verspottung Jesu: Das Bild strahlt Ruhe aus, wenn auch auf dem Gesicht Jesu der Schmerz zu erahnen ist, den er erduldet.

– Jesus vor Pilatus: Pilatus trägt einen Heiligenschein, eine Anspielung auf Joh 18,37f, wo er das Königtum Jesu erkennt: *„Also bist du doch ein König? Jesus antwortete: Du sagst es"*.

– Bei der Kreuzigung halten Maria und Johannes das Kreuz mit dem toten Jesus, eine Gebärde ihres Mitleidens und Geste ihrer Solidarität mit dem Gekreuzigten.

– Der Auferstandene überwindet den Tod, er entsteigt mit dem Siegeskranz dem Grab.

– In der Mitte triumphiert der Auferstandene in himmlischer Glorie, segnend und mit dem Buch des Lebens in seiner Linken.

Den oberen Teil des Leuchters zieren verschlungene Ornamente, Zeichen der Unendlichkeit. Ganz oben halten Fabeltiere die Schale für die Osterkerze, Sinnbild für den auferstandenen Christus: Alle Kreatur dient Christus und erkennt ihn als Sieger und wahres Licht an.

In der **Apsis (12)** steht die **Marmorkathedra des Papstes**. Das vergoldete Relief an der Rückenlehne deutet die Schlüsselübergabe an Petrus als Beauftragung, die Schafe Christi zu weiden. Das riesige **Apsismosaik** im byzantinischen Stil schuf eine venezianische Künstlergruppe im 13. Jahrhundert. Christus sitzt als **Pantokrator** (Weltenherrscher) auf dem Thron, das aufgeschlagene Evangelienbuch in der Linken: *„Kommt ihr, die ihr von meinem Vater gesegnet seid, nehmt das Reich in Besitz, das seit der Erschaffung der Welt für euch bestimmt ist"* (Mt 25,34). Mit der Rechten segnet Christus: Die drei gestreckten Finger bekennen den dreifaltigen Gott und die beiden zum Kreis geschlossenen die untrennbare Einheit von göttlicher und menschlicher Natur in Jesus Christus. Die winzige Gestalt zu Füßen Christi ist Papst Honorius III. (1216 – 1227), der das Mosaik in Auftrag gab: *„Ich bin es nicht wert, mich zu bücken, um ihm die Schuhe aufzuschnüren"* (Mk 1,7). Auf einer Blumen übersäten, paradiesischen Wiese weisen links **Paulus und Lukas** auf Jesus und rechts die Brüder **Petrus und Andreas**. Die **Schriftrollen** in ihren Händen enthalten christologische Bekenntnisse:

– Petrus: *„Du bist der Messias, der Sohn des lebendigen Gottes"* (Mt 16,16).
– Andreas: *„Der selige Andreas hing am Kreuz und betete zum Herrn Jesus Christus".*
– Paulus: *„Damit alle im Himmel und auf der Erde und unter der Erde ihre Knie beugen vor dem Namen Jesu"* (Phil 2,10).

– Lukas: *„Saulus aber trat umso kraftvoller auf und brachte die Juden in Verwirrung, weil er ihnen bewies, dass Jesus der Messias ist"* (Apg 9,22).

In der Zone unter Christus steht der Edelstein geschmückte **Thron Christi**. Er ist noch leer und in Erwartung der Wiederkunft Christi am Ende der Zeiten. Engel präsentieren die Leidenswerkzeuge, durch die das Erlösungswerk in Christus bereits vollzogen ist. Die Entscheidung des Einzelnen steht noch aus, es anzunehmen. Die zwölf Personen zu beiden Seiten sind auf Christus und den Thron ausgerichtet. Es sind die **restlichen Apostel mit dem Evangelisten Markus und Barnabas**, einem Weggefährten des Paulus. Ihre Schriftrollen verkünden den großen Lobpreis Gottes, das Gloria, einen festen Bestandteil der kirchlichen Liturgie. Die Engel eröffnen den Hymnus, ein Anklang an ihren Lobpreis bei der Geburt Jesu (Lk 2,14):

Engel rechts:	*„Ehre sei Gott"*
Engel links:	*„und Friede den Menschen seiner Gnade"*
Jakobus d. Ä.:	*„Wir loben dich"*
Johannes d. Ev.:	*„Wir preisen dich"*
Bartholomäus:	*„Wir beten dich an"*
Philippus:	*„Wir rühmen dich"*
Thomas:	*„Wir danken dir, denn groß ist deine Herrlichkeit"*
Matthäus:	*„Herr und Gott, König des Himmels"*
Simon:	*„Gott, allmächtiger Vater"*
Jakobus d. J.:	*„Herr, eingeborener Sohn, Jesus Christus"*
Matthias:	*„Herr und Gott, Lamm Gottes, Sohn des Vaters"*
Judas Thaddäus:	*„Du nimmst hinweg die Sünde der Welt, erbarme dich unser"*
Markus:	*„Du nimmst hinweg die Sünde der Welt, nimm an unser Gebet"*

Barnabas: *„Du sitzt zur Rechten des Vaters, erbarme dich unser"*

Die Apostel unter der Führung des Petrus haben das Evangelium von Jesus Christus als seine Zeugen empfangen und für alle Zeiten den Grund gelegt. Die Päpste als Nachfolger Petri in ununterbrochener apostolischer Nachfolge (Sukzession) haben diesen Glauben bis in die Gegenwart getragen. In 267 **Medaillons** für Petrus (**13**) und seine 266 Nachfolger sind sie lückenlos aufgeführt – eine Tradition, die Leo d. Gr. (440 – 461) begründete. Von den ursprünglichen Medaillons haben 41 die Brandkatastrophe von 1823 überlebt. Beim Wiederaufbau wurden alle Portraits nach Malvorlagen der Päpstlichen Akademie San Luca von den Vatikanischen Mosaikwerkstätten hergestellt. Über jedem Medaillon steht der Name des jeweiligen Papstes und darunter seine Regierungszeit (sed): a = Jahre; m = Monate; d = Tage. Der Volksglaube sagt, wenn alle Medaillons besetzt sind, wird die Welt untergehen.

Parallel zur Apsis sind vier Kapellen: (von links nach rechts)
– **Stephanuskapelle** (**14**)

Der Diakon Stephanus ist der erste Märtyrer des Christentums. Die Bilder veranschaulichen die Rede des Stephanus vor der jüdischen Führung, dem Sanhedrin, und seine Steinigung im Beisein des Paulus als Vertreter der jüdischen Behörden: *„Die Zeugen legten ihre Kleider zu Füßen eines jungen Mannes nieder, der Saulus hieß. So steinigten sie Stephanus ... Saulus aber war mit dem Mord einverstanden"* (Apg 7,58; 8,1).

– **Sakramentskapelle** (**15**)

Das **hölzerne Kruzifix** (14. Jahrhundert von Tino di Camaino) ist ein *„sprechendes Kreuz"*. Die hl. Brigitta von Schweden hielt sich 1350 zu den Feierlichkeiten des Heiligen Jahres in Rom auf. Sie wollte den Papst um Anerkennung ihres Ordens zu bitten. Dafür betete sie vor diesem Kreuz. Es neigte sich ihr zu, und ihr wurden mehrere Visionen zuteil. Die Statue der Heiligen schuf St. Maderno, der Bruder von C. Maderno, von dem die Fassade der Peterskirche stammt. Das byzantinische Mosaik aus dem 13. Jahrhundert (links vom Altar) ist die **Hodegetria-Madonna**, die Gottesmutter als Wegweiserin, die allen den Weg zu ihrem Sohn zeigt. Vor diesem hochverehrten Bild bekräftigten am 22. April 1541 Ignatius von Loyola und seine ersten Gefährten das Gelübde, eine Gemeinschaft zu schaffen, die in Gehorsam gegenüber dem Papst für den wahren Glauben und die Missionierung der Völker eintritt: ein wichtiger Schritt auf dem Weg zur Gesellschaft Jesu (Jesuiten). Die **hölzerne Paulusstatue** aus dem 14. Jahrhundert ist stark beschädigt durch den Brand und die Pilger. Sie stand ursprünglich in der Confessio. Die Pilger kratzten Splitter ab, die als *„Reliquien"* vom Paulusgrab begehrt waren. Gläubige verehren die Statue, weil sie in ihr eine authentische Darstellung des Paulus sehen.

– **Laurentiuskapelle (16)**
  Die Kapelle wurde zum Heiligen Jahr 1625 von C. Maderno barock umgestaltet. Hier finden täglich die Eucharistiefeier und das Chorgebet der Benediktiner statt. Als ehemalige Sakramentskapelle greifen die Bilder **eucharistische Themen aus dem Alten und Neuen Testament** auf, darunter der Mannaregen in der Wüste und das Letzte Abendmahl.

– **Benediktkapelle (17)**
  Hinter dem Altar blickt Benedikt auf die Gläubigen herab. Der Mönchsvater mit Abtstab und seiner Klosterregel wurde von Paul VI. (1963 – 1978) zum Patron Europas ernannt.

  Das **Weihwasserbecken (18)** vor der Benediktskapelle von P. Galli zeigt den Teufel als gefallenen Engel, der vor einem Kind zurückschreckt, das seine Hand in das Weihwasser taucht.

Das **Querschiff** beschließen zwei Altäre, zu denen Zar Nikolaus I. von Russland Malachit und Lapislazuli stiftete. Der **Altar der Bekehrung des hl. Paulus (19)** mit dem Bild von V. Camuccini wird eingerahmt von den Statuen **Gregor d. Gr.** (590 – 604), dem ersten Benediktiner auf dem Papstthron, und des **Bernhard von Clairvaux**, dem großen Reformer des Ordens. Den **Altar der Aufnahme Mariens in den Himmel (20)** illustriert ein Mosaik nach einem Gemälde von Raffael, umgeben von den Statuen **Benedikts** und seiner Zwillingsschwester **Scholastika**.

Der **Zugang zum Kreuzgang (21)** erfolgt über die ehemalige **Märtyrerkapelle** mit Fresken aus dem 12. und 13. Jahrhundert. Der **Kreuzgang (22)** ist ein Meisterwerk der Kosmatenkunst des 13. Jahrhunderts und gilt als der schönste Roms. Er stammt aus der Werkstatt der Vassaletto-Familie. Die Doppelsäulen aus weißem Marmor sind unterschiedlich gewunden und teilweise mit bunten und goldenen Mosaiksteinchen verziert, die Kapitelle mit Tier-und Pflanzendarstellungen. Eine **Inschrift über dem Eingang** erklärt den Sinn des Kreuzgangs: Hier, im abgeschlossenen Bereich der Klausur, versammelten sich die Mönche zu ihren Prozessionen und zum Gebet. An den Wänden sind zahlreiche **heidnische und christliche Grabinschriften** ausgestellt, Funde vom antiken Friedhof und Überreste der konstantinischen Basilika. Im **Museum (23)** und der **Reliquienkapelle (24)** werden die Schätze des Benediktinerklosters aufbewahrt: Reliquiare, Gemälde, Dokumente aus der Geschichte der Basilika und des Klosters, sakrale Kunst.

Der **archäologische Weg** hinaus führt vorbei an Mauerresten, Säulenteilen und Kapitellen der Vorgängerbauten.

> *„Geh nach Rom, dort wirst du den kürzesten Weg ins Paradies finden."* (BRIGITTA VON SCHWEDEN)

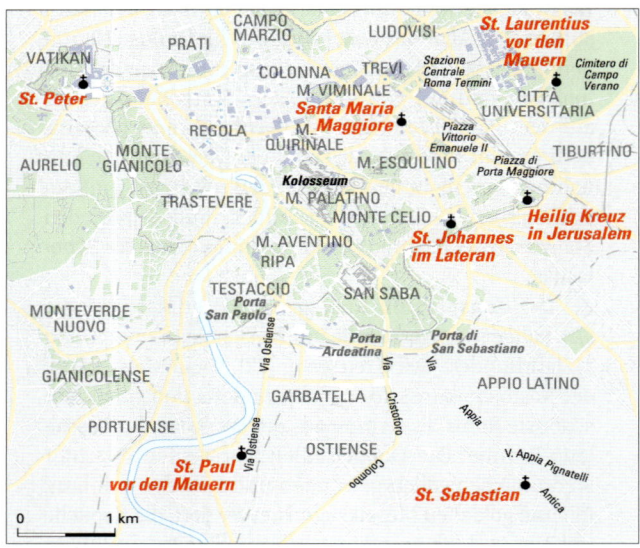

Unter den **sieben Hauptkirchen** versteht man jene römischen Kirchen, zu denen seit der Frühzeit des Christentums bevorzugt gepilgert wird, wegen ihres Alters und der dort aufbewahrten Reliquien und Heiligengräber. **Philipp Neri** (1515 – 1595) belebte im 16. Jahrhundert diese alte Tradition wieder, die sich bis heute v. a. – aber nicht nur – in den Heiligen Jahren erhalten hat. Mit dem Besuch der Kirchen waren und sind Ablässe verbunden.

Der Weg (ca. 23 Kilometer) wird zu Fuß und in der Regel an einem Tag zurückgelegt. Traditioneller Ruheplatz für die Pilger ist seit Philipp Neri der **Park der Villa Celimontana** zwischen Lateran und San Sebastiano, ein Park mit Brunnen, antiken Ruinen und einem kleinen

Obelisken aus der Zeit von Pharao Ramses II. (13. Jahrhundert v. Chr.). Die Pilger rasten und stärken sich dort in Erinnerung an Papst Gregor d. Gr. (590 – 604), der in seinem nahegelegenen Wohnhaus täglich Arme und Bedürftige speiste. Die Pilgerfahrt ist ein Ausdruck des Glaubens, der über die Jahrhunderte hinweg in Gemeinschaft mit den Aposteln, Märtyrern und Bekennern Zeugnis für den gemeinsamen Glauben der Kirche an Jesus Christus ablegt.

Zur Siebenkirchenwallfahrt gehören die vier päpstlichen Basiliken (*„basilicae maiores"* oder *„basilicae papales"*, ranghöchste Basiliken) **St. Peter**, **St. Paul vor den Mauern**, **St. Johannes im Lateran** und **Santa Maria Maggiore**. Die weiteren drei Kirchen der römischen Wallfahrt sind **St. Sebastian** mit dem Grab des Märtyrers, der *„Memoria Apostolorum"* und den Katakomben, **Heilig Kreuz in Jerusalem** mit den Passionsreliquien und **St. Laurentius vor den Mauern** mit dem Grab des hl. Laurentius und des Erzmärtyrers Stephanus.

Nach den bereits beschriebenen Patriarchalkirchen St. Peter und St. Paul vor den Mauern sollen im folgenden die weiteren fünf Kirchen der Wallfahrt beschrieben werden, zunächst die beiden päpstlichen Basiliken.

San Giovanni in Laterano (St. Johannes im Lateran)

Der Name *„Lateran"* stammt von der römischen Familie der Laterani, die sich an einer Verschwörung gegen Kaiser Nero beteiligte. Die Verschwörung wurde aufgedeckt und der Besitz zugunsten des Kaisers eingezogen. Später wurde auf dem Gelände eine Kaserne gebaut.

Zum Lateran gehören außer der Basilika mit dem Kreuzgang noch der **Lateranpalast**, die ehemalige päpstliche Privatkapelle **Sancta Sanctorum**, Reste des **Tric-**

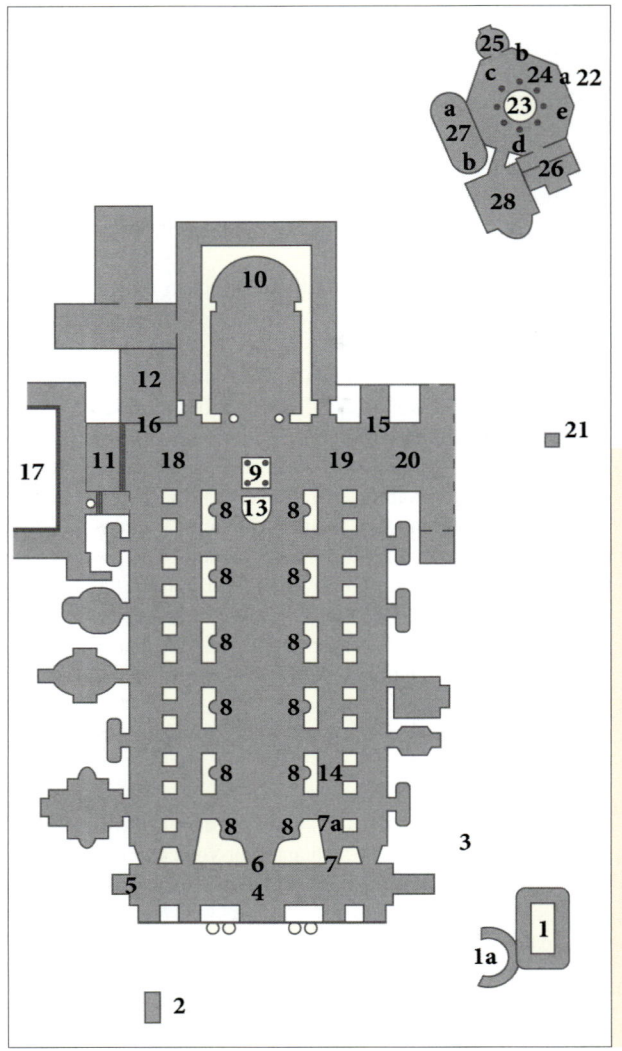

linium und das **Baptisterium San Giovanni in Fonte**. Nach den lateinischen Inschriften an der Fassade ist die Basilika *„Haupt und Mutter aller Kirchen der Stadt und des Erdkreises"*, die **römische Hauptkirche** und **Sitz des Papstes als Bischof von Rom**. Jeder neugewählte Papst nimmt in einer eigenen Feier seine Kathedra als Bischof von Rom in Besitz.

Bis zum Exil der Päpste in Avignon (1309 – 1377) residierten die Päpste im benachbarten Lateranpalast. Nach ihrer Rückkehr war der Palast durch einen Brand zerstört und verfallen, die Kirche dem Verfall preisgegeben. Die Päpste siedelten in den besser erhaltenen Apostolischen Palast bei St. Peter über. Der Lateran blieb Verwaltungssitz der Diözese von Rom.

Grundriss der Basilika San Giovanni in Laterano

1	Sancta Sanctorum mit Hl. Stiege	**17**	Kosmatenkreuzgang
1a	Triclinium	**18**	Fresken aus dem Leben Konstantins
2	Franziskusdenkmal	**19**	Fresken aus der Geschichte der Basilika
3	Lateranpalast	**20**	Ausgang rechtes Seitenschiff
4	Narthex (Vorhalle)	**21**	Obelisk
5	Kaiser Konstantin	**22**	Baptisterium San Giovanni in Fonte
6	Hauptportal	**23**	Taufbecken
7	Hl. Pforte	**24**	Szenen aus dem Leben Konstantins:
8	Apostel		**a** Kreuzesvision
9	Papstaltar		**b** Schlacht an der Milvischen Brücke
10	Apsis mit Kathedra		**c** triumphaler Einzug in Rom
11	Sakramentsaltar		**d** Verherrlichung des Kreuzes
12	Sakristei		**e** Konzil von Nicäa
Papstgräber:		**25**	Kapelle Johannes d. T.
13	Krypta mit Grab Martin V.	**26**	Kapelle Johannes d. Ev.
14	Silvester II.	**27**	Urspr. Eingang und Kapelle der Hl. Rufina und Secunda
15	Innozenz III.	**27a**	Altar der Hl. Cyprian und Justina
16	Leo XIII.	**27b**	Altar der Hl. Rufina und Secunda
		28	Kapelle des hl. Bischof Venantius

Nach seinem Sieg an der Milvischen Brücke (312), den Konstantin dem christlichen Gott zuschrieb, schenkte er der christlichen Gemeinde das ehemalige Gelände der Laterani, das zu seinem Privatbesitz gehörte und am Rande Roms lag. Einer Legende zufolge – sie ist in der Silvester-Kapelle des nahegelegenen Klosters Quattro Coronati dargestellt – wurde Kaiser Konstantin vom Ausschlag geheilt, nachdem er sich zum Christentum bekehrt und von Silvester (314 – 335) hatte taufen lassen. Zum Dank schenkte er dem Papst (311 – 314) das Gelände der Laterani und die Geldmittel für den Bau einer Kirche. Auf den Fresken des 16. Jahrhunderts im Querschiff der Basilika sind rechts Episoden aus dem Leben Konstantins (18), darunter seine Taufe im Baptisterium des Lateran und links die Geschichte der Basilika von der Grundsteinlegung bis zur Weihe der Kirche, bei der über der Apsis ein Christusbild erschien (19). Ursprünglich war die Kirche dem göttlichen Erlöser Christus (Salvator) geweiht. Der Weihetag der Lateranbasilika wird als Gedenktag am 9. November weltweit in der katholischen Kirche gefeiert.

Die Kirche wurde 455 von den Vandalen geplündert und 896 durch ein Erdbeben schwer beschädigt. Sergius III. (904 – 911) ließ sie wieder aufbauen und weihte sie dem Evangelisten Johannes; Lucius II. (1144 – 1145) fügte Johannes den Täufer als Patron hinzu. **Fünf Konzile** fanden zwischen 1123 und 1512 im Lateran statt. **Franziskus** erhielt 1210 von Innozenz III. (1198 – 1216) die Bestätigung seiner Ordensregel. Eine Inschrift im Gang zur Sakristei der Basilika berichtet davon, ebenso wie über den vorausgehenden Traum des Papstes Innozenz III. (1198 – 1216), in dem er Franziskus die einstürzende Lateranbasilika stützen sah. Gegenüber der Basilika stellt eine Bronzeplastik den Besuch des Franziskus und seiner zwölf Gefährten (**2**) im Lateran dar. Sechs Jahre später gestattete Honorius III. (1216 – 1227) **Dominikus** seine Ordensgemeinschaft. Beide Ordensgründer sind in einem Relief der Lünette über dem Sarkophag Innozenz III. (15) dargestellt. Bonifaz VIII. (1294 – 1303) verkündete von der Loggia des Lateranpalastes 1300 das erste Heilige Jahr. Trotz des Umzugs der Päpste in den Vatikan im 14. Jahrhundert behielt der Lateran seine Bedeutung. Martin V. (1417 – 1431) ließ die Basilika von Grund auf restaurieren, ihre heutige Gestalt erhielt sie im 17. Jahrhundert durch F. Borromini.

Vom alten Lateranpalast mit gewaltigen Ausmaßen, der 1589 abgerissen wurde, sind nurmehr die päpstliche Kapelle Sancta Sanctorum mit der hl. Stiege und **Reste des Speisesaals** (Triclinium) erhalten. Sehenswert ist das **Mosaik** in der Apsis des ehemaligen Speisesaals nach Originalen aus dem 8. Jahrhundert (**1a**). Es macht eine Aussage über die Bedeutung und das Verhältnis von geistlicher und weltlicher Macht. Christus auf dem Weltenberg sendet die zwölf Apostel aus. Rechts übergibt Christus die Schlüssel der geistlichen Gewalt an Papst Silvester (314 – 335) und die Fahne der weltlichen Herrschaft an Kaiser Konstantin. Auf der anderen Seite erhält

Franziskusdenkmal vor dem Lateran

Ehemaliger Lateranpalast: Apsismosaik des Triclinum

Leo III. (795 – 816) von Petrus das Pallium und Karl der Große die Fahne Roms. Geistliche und weltliche Gewalt stammen von Gott, aber der Papst als legitimer Nachfolger des Petrus steht über der weltlichen und verleiht sie.

Der **neue Lateranpalast** von D. Fontana (**3**) nach dem Vorbild des Palazzo Farnese grenzt unmittelbar an die Basilika. Er ist Sitz der Diözesanverwaltung Roms und beherbergt Teile der Vatikanischen Museen. 1929 wurden hier die **Lateranverträge** zwischen dem italienischen Staat und dem Vatikanstaat geschlossen, die Aussöhnung zwischen Italien und der Kirche, manifest in der Via della Conziliazione vom Tiber direkt zum Petersplatz.

Die päpstliche Kapelle Sancta Sanctorum und die hl. Stiege

„Es gibt keinen heiligeren Ort auf der Welt" steht in goldenen Buchstaben über dem Altarraum der päpstlichen Privatkapelle (**1**). *„Sancta Sanctorum"* meinte ursprünglich das Allerheiligste im Jerusalemer Tempel. Seit dem 9. Jahrhundert wurde die päpstliche Kapelle wegen der zahlreichen hier verehrten Reliquien so bezeichnet. Die meisten wurden inzwischen in den Vatikan übertragen.

Noch in der kosmatesk ausgestalteten Kapelle befindet sich eine der meistverehrten Ikonen Roms: das *„nicht von Menschenhand gemachte"* (acheiropoieton) Bild Christi, des Erlösers. *„Es wurde vom Evangelisten Lukas entworfen und vom Engel des Herrn auf wunderbare Weise fertig gestellt"*, lautet die Überlieferung. Es stammt vermutlich aus Konstantinopel und ist seit dem 8. Jahrhundert in Rom bezeugt. Innozenz III. stiftete den vergoldeten Silbermantel und die Türen, die das Bild verdecken. Es wurde nur zu besonderen Zeiten wie zu Weihnachten, in der Karwoche und der Osterzeit, in Heiligen Jahren oder zu außergewöhnlichen Ereignissen gezeigt. Eine wichtige Rolle spielte das Christusbild in der Liturgie der Passionszeit. Hier zelebrierten die Päpste am Gründonnerstag die Feier der Fußwaschung. Am Karfreitag und an Christi Himmelfahrt wurde die Ikone

nach Maria Maggiore getragen, wo sie auf dem Weg der Marienikone Salus Populi Romani begegnete: Betrachtung der Begegnung Marias mit ihrem Sohn am Kreuzweg und Erinnerung, dass sie ihm bis zu seiner Himmelfahrt zur Seite stand. In Krisenzeiten wurde es in feierlicher Prozession durch Rom getragen.

Neben den zahlreichen Reliquien suchten die Pilger den Ort wegen der **Scala Santa**, der hl. Stiege auf. Das ist die

Sancta Sanctorum: Heilige Stiege

Treppe aus dem Prätorium des Pilatus in Jerusalem, über die Jesus vor und nach seiner Verurteilung ging. Kaiserin Helena brachte sie 326 nach Rom. Die 28 Stufen sind zum Schutz mit Holz verkleidet.

Unten stimmen **Marmorskulpturen** auf das Geschehen der Passion ein: Jesus am Ölberg, der Judaskuss, Jesus vor Pilatus (*„Ecce homo"*), Jesus an der Geißelsäule, die Kreuzabnahme.

Als Solidarisierung mit dem leidenden Christus steigen die Pilger die Stufen nur kniend hinauf. Viele beten dabei den Rosenkranz oder das Vaterunser. Zu beiden Seiten der hl. Stiege führen Treppen zur Sancta Sanctorum, die stehend begangen werden dürfen. Oben steht der Pilger vor dem Fresko des Gekreuzigten. Darunter gibt ein vergittertes Fenster den Blick auf die Sancta Sanctorum und die Christusikone frei.

Eine alte Andachtsform gedenkt auf jeder Stufe eines Ereignisses aus der Passion Jesu:

1. Abschied Jesu von Maria
2. Verlassenheit Jesu in Getsemani
3. Verrat des Judas
4. Jesus wird als Verbrecher durch die Straßen Jerusalems geführt
5. Jesus wird vom Gerichtsdiener geschlagen
6. Verspottung und Misshandlungen in der Nacht der Gefangennahme
7. Jesu Mühen beim Auf- und Absteigen der Treppe zum Prätorium
8. Jesus schweigt zur Anklage der falschen Zeugen

Sancta Sanctorum: Christusikone

9. Verspottung durch Herodes
10. Schmerz der Geißelung
11. Schmerz über die Erniedrigung
12. Dornenkrönung
13. Verspottung als König der Juden
14. Das Volk wendet sich von Jesus ab und will seinen Tod
15. Wahl des Barabbas
16. Kreuztragung nach Golgota
17. Begegnung Jesu mit seiner Mutter auf dem Kreuzweg
18. Last des Kreuzes
19. Trank aus Essig und Galle
20. Jesus wird seiner Kleider beraubt
21. Jesus wird ans Kreuz geschlagen
22. Jesus verzeiht seinen Peinigern
23. Zuwendung zum rechten Schächer; Maria wird Johannes anvertraut
24. Todeskampf Jesu
25. Qualen Jesu am Kreuz
26. Jesus gibt seinen Geist auf
27. Jesu Leib wird von der Lanze durchstochen
28. Der tote Jesus wird in den Schoß seiner Mutter gelegt.

Basilika San Giovanni in Laterano (St. Johannes im Lateran)

Die Geschichte der Basilika ist ein Spiegel der Geschichte Roms in den Phasen des Niedergangs, der Restaurierung und des Neubeginns. Die ursprüngliche Basilika, deren Vorbild die Maxentiusbasilika auf dem Forum Romanum war, wurde mehrfach verändert. Bedeutende Architekten wie **D. Fontana** und **G. della Porta** arbeiteten hier und die verschiedensten Stilepochen hinterließen seit der Antike ihre Spuren. Die bedeutendste Renovierung führte **F. Borromini** anlässlich des Heiligen Jahres 1650 durch. Diese barocke Umgestaltung prägt bis heute die Basilika.

Lateranbasilika: Fassade

Die spätbarocke **Travertin-Fassade** stammt von A. Gallilei, einem Schüler des englischen Architekten Sir Christopher Wren, des Schöpfers der Londoner St. Pauls Cathedral. Von der Balustrade segnet in der Mitte der auferstandene Christus, an seiner Seite die Kirchenpatrone Johannes der Täufer und Johannes der Evangelist und je sechs lateinische und griechische Kirchenlehrer: Hinweis auf die Überlieferung der christlichen Lehre und die Einheit der Kirche.

In der **Vorhalle** (**4**), dem Narthex, ehrt die Statue Konstantins (**5**) aus dem 4. Jahrhundert den ersten christlichen Kaiser, der die Jahrhunderte der Christenverfolgung beendete und durch seine Schenkung den Bau der Kirche ermöglichte. Die Vorhalle war in der alten Kirche der Ort für diejenigen, die nicht zum Gottesdienst zugelassen waren: die Katechumenen (Taufbewerber) und Büßer, die (zeitweise) von der Gemeinde ausgeschlossen waren. Von hier aus wurden sie wieder in die Gemeinschaft zurückgeführt.

Für das **Hauptportal (6)** ließ Alexander VII. (1655 – 1667) die antike Bronzetür von der Kurie am Forum Romanum in den Lateran bringen. Da sie zu klein war, wurde sie mit einem Bronzeband vergrößert, das mit Sternen verziert war – Hinweis auf das Wappen des Papstes.

Nach einem alten Aberglauben berühren Frauen den rechten Türgriff, um männliche Nachkommen zu bekommen, ein Brauch, der sich in jüngster Zeit auf die **Heilige Pforte (7)** übertragen hat. Dort zeigt das Bronzerelief Christus am Kreuz, umgeben von Sternen und darunter Maria mit dem Jesuskind, stellvertretend für die ganze Menschheit. Die lateinische Inschrift *„Christus gestern, heute und immer"* greift das Motto des Heiligen Jahres 2000 auf, zu dem Johannes Paul II. das Portal stiftete. *„Möge die Porta Santa ein Zeichen und Symbol einer neuen Annäherung an Christus sein, den Retter der Menschen"* (Johannes Paul II. bei der Öffnung der Heiligen Pforte in St. Peter). Das Tor als bewusster Durchgang: Mit Maria als Wegweiserin führt es in den Raum der Kirche, wo Christus in seinem Wort und den eucharistischen Gestalten inmitten seiner Gemeinde gegenwärtig ist.

Am ersten Pilaster im rechten Seitenschiff zeigt ein **Giotto** zugeschriebenes Fresko **(7a)** die Verkündigung des ersten Heiligen Jahres 1300 von der Loggia des Lateranpalastes durch Papst Bonifaz VIII. (1294 – 1303).

Beim Eintritt in die 122 Meter lange Basilika öffnet sich eine weite Halle, die im Kern noch die fünfschiffige konstantinische Basilika spiegelt. Die antiken Säulen wurden von F. Borromini paarweise zu Pfeilern verstärkt, um das Dach zu tragen. Die vergoldete Holzdecke gab Pius IV. (1559 – 1565) in Auftrag. Nach Entwürfen von D. da Volterra entstand dieses Meisterwerk der Renaissance mit Darstellungen der *„arma Christi"* (Waffen Christi), der Leidenswerkzeuge.

Im Mittelschiff wiederholt sich die Torsymbolik: Zu beiden Seiten führen die **Apostel** (**8**) ins Zentrum der Kirche, zum Papstaltar. Ihre Statuen, von Bernini-Schülern im 17. Jahrhundert geschaffen, stehen vor Toren: Die Kirche baut auf das Zeugnis der Apostel, das die Tür zum Glauben an Jesus Christus eröffnet. Über den Aposteln sind deutende Reliefs (von A. Algardi, einem der Hauptmeister des römischen Barocks) mit Szenen aus dem Alten und Neuen Testament einander zugeordnet: Darstellungen aus dem Leben Jesu, die bereits im Alten Testament vorgeprägt sind, darüber die Gemälde alttestamentlicher Propheten, die mit ihren Prophezeiungen die Ankunft des Erlösers vorhersagten.

Links: **Altes Testament**
Simon mit der Säge – *Jona mit dem Walfisch* – Prophet Micha
Bartholomäus mit abgezogener Haut und Messer – *Durchzug durch das Rote Meer* – Prophet Obadia
Jakobus d. J. mit Buch und Stock – *Josef wird verkauft* – Prophet Joel
Johannes mit Evangelium und Adler – *Opfer Abrahams* – Prophet Daniel
Andreas mit Schrägkreuz – *Sintflut* – Prophet Baruch

Petrus mit Schlüssel – *Vertreibung aus dem Paradies* – Prophet Jesaia

Rechts: **Neues Testament**
Thaddäus mit der Lanze – *Auferstehung Jesu* – Prophet Nahum
Matthäus mit Evangelium – *Christus in der Vorhölle* – Prophet Jona
Philippus mit Kreuz und Drache – *Gefangennahme Jesu* – Prophet Amos
Thomas mit Winkelmaß und Kreuz – *Jesus fällt unter dem Kreuz* – Prophet Hosea
Jakobus d. Ä. mit Pilgerstab – *Taufe Jesu* – Prophet Ezechiel
Paulus mit Schwert und Buch – *Kreuzigung Jesu* – Prophet Jeremia

Der **Papstaltar** (**9**), um den sich das Volk zum Gottesdienst versammelt, steht im Zentrum der Kirche, dort, wo sich Längs- und Querschiff schneiden. In den Altar ist der Überlieferung nach ein Teil des Holztischs eingearbeitet, an dem Petrus im Haus von Senator Pudens Gottesdienst feierte und nach ihm die Päpste bis zu Silvester (312 – 335).

Über dem Papstaltar werden in einem gotischen Ziborium von G. di Stefano hinter einem vergoldeten Gitter die Reliquienbüsten mit den **Häuptern von Petrus und Paulus** gezeigt, die Urban V. (1362 – 1370) in den Lateran übertragen ließ. Darunter weisen zwölf Gemälde von Barna da Siena auf das Erlösungswerk Jesu hin, im Zentrum die Kreuzigung.

In der **Apsis** (**10**) steht die eigentliche **Kathedra** des Papstes als Bischof von Rom, ein Marmorstuhl in Kosmatenarbeit aus dem 12. Jahrhundert.

Das **Apsismosaik** wurde im 13. Jahrhundert von dem Franziskaner J. Torriti unter Einbeziehung von Elementen aus dem 4. und 9. Jahrhundert erneuert. Im Mittelpunkt steht die **Dreifaltigkeit**: Christus, der Erlöser, umgeben von Engeln, darüber die Rechte Gottvaters und die Taube des Hl. Geistes. Das Bild des Erlösers stammt aus der Zeit Konstantins. *„Auf wunderbare Weise ist das heilige Antlitz des Erlösers an diesem Ort auf wunderbare Weise dem römischen Volk*

Lateranbasilika: Reliquiar über dem Papstaltar mit den Häuptern von Petrus und Paulus

erschienen." Darunter ist das Edelstein geschmückte Kreuz auf dem Weltenberg errichtet, aus dem die vier Paradiesflüsse strömen. Zwei Hirsche laben sich an den Wassern: *„Wie der Hirsch lechzt nach frischem Wasser, so lechzt meine Seele, Gott, nach dir"* (Ps 42,2). Die Hirsche wie das blumen- und früchtereiche Land und der Jordan voller Fische darunter machen das Paradies und die Taufe mit ihren Gnaden kund.

Links vom Kreuz stehen die Gottesmutter Maria, die schützend ihre Hand über Nikolaus IV. (1288 – 1292), den Stifter des Mosaiks, hält und mit der anderen auf das Triumphkreuz zeigt, das Siegeszeichen des auferstandenen Christus. Dann kommen die Apostelfürsten Petrus und Paulus. Rechts zeigen auf das Kreuz die Kirchenpatrone Johannes d. T. und Johannes d. Ev., und der erstberufene Apostel Andreas, der Bruder des Petrus. Etwas kleiner eingefügt sind Franziskus von Assisi (links neben Maria) und Antonius von Padua (rechts neben dem Täufer). Nikolaus IV. war der erste Franziskaner auf dem Papstthron; auf seinen Wunsch hin wurden die beiden Franziskanerheiligen in das Mosaik eingefügt.

Die anderen neun Apostel stehen in der Fensterzone zwischen Palmen. Die Palme (griechisch *„phoenix"*, wie der Vogel, der aus der Asche zu neuem

Lateranbasilika: Apsismosaik

Lateranbasilika: Sakramentsaltar

Leben erwacht) ist Symbol der Auferstehung und des ewigen Lebens.

Im linken Seitenschiff steht der **Sakramentsaltar (11)**. Der tempelförmige Tabernakel wird eingerahmt von den Marmorstatuen des Mose und Elias (rechts) und der Priester Aaron und Melchisedech (links): Die Eucharistie ist der neue Bund, der aus dem alten hervorgeht. Die vier vergoldeten Bronzesäulen enthalten Überreste des Jupitertempels auf dem Kapitol. Jetzt dienen die Säulen des höchsten römischen Gottes dem Gott der Christen.

Darüber erinnert ein vergoldetes Bronzerelief von A. Buonvicino an die Einsetzung der Eucharistie im Abendmahlssaal. Hinter dem Relief wird ein Teil des Tisches aufbewahrt, an dem Jesus mit seinen Jüngern dieses Mahl feierte.

28 Päpste wurden in der Lateranbasilika bestattet, darunter:

- In der Confessio ruht **Martin V.** (1417 – 1431) **(13)**, dessen Wahl die große Kirchenspaltung beendete. Er führte das Papsttum nach 100 Jahren des Exils und der Spaltung geeint wieder nach Rom zurück. Sein Grab verschließt eine Bronzeplatte des Florentiner Künstlers G. Ghini mit dem Abbild des Papstes.
- **Silvester II.** (999 – 1003) **(14)**, der erste französische Papst, war ein gelehrter Wissenschaftler, den das Volk der Zauberei beschuldigte. Eine Gedenktafel erwähnt die Krönung Stefans zum ersten christlichen König Ungarns während Silvesters Pontifikat.
- **Innozenz III.** (1198 – 1216) **(15)** ist in einem Grabmal von G. Lucchetti (1891) beigesetzt. Mit 37 Jahren zum Papst gewählt, weitete er den Kirchenstaat aus und war der politisch mächtigste Papst der Geschichte. Unter seiner Leitung legte 1215 das 4. Laterankonzil die Grundlagen der Eucharistielehre und erließ Vorschriften gegen die Ketzerei. Er erkannte den Orden der Franziskaner an und war der Erzieher des späteren Stauferkaisers Friedrich II. In seine Regierungszeit fiel auch der von ihm initiierte und von den Venezianern nach Byzanz umgeleitete 4. Kreuzzug, der zum endgültigen Bruch mit dem Osten führte.
- Über dem Eingang zur *Sakristei* liegt **Leo XIII.** (1878 – 1903) **(16)**, der große Sozialreformer und Arbeiterpapst. Seine Sozialenzyklika *„Rerum Novarum"* begründete die kirchliche Soziallehre und ist bis in die Gegenwart Richtung weisend. Das Grabmal von G. Tadolini zeigt den Papst in segnender Haltung, links ein Arbeiter mit dem Rosenkranz und rechts eine Allegorie des Glaubens in tiefer Trauer über den Tod des Papstes.

Der **Kreuzgang der Basilika (17)** gilt als einer der schönsten Roms und wurde zu Beginn des 13. Jahrhunderts von P. und G. Vassalletto im Kosmatenstil gearbeitet. Im 12. bis 14. Jahrhundert wurden ca. 60 Familien als *„Kosmaten"* bezeichnet. Einige Vertreter trugen den Vornamen *„Kosmas"*, oder die Bezeichnung kommt von dem griechischen Wort *„kosmos"*, was Schmuck und Ordnung bedeutet. Nach antiken Vorbildern und geometrischen Mustern gestalteten sie mit Marmor, antiken Bauresten und verschiedenfarbigen Steinen Mosaikfußböden, Kreuzgänge, Chorschranken und Altäre. Neben zahlreichen Fragmenten aus der alten Basilika und Grabsteinen steht im Kreuzgang eine **Kathedra** aus dem 5. Jahrhundert, die älteste in Rom. Der sog. *„Brunnen der Samaritanerin"* stammt aus dem 9. Jahrhundert.

Der Ausgang unter der Barockorgel, der ältesten Roms, im rechten Querschiff **(20)** führt zur Piazza S. G. in Laterano. Der **Obelisk (21)** ist mit 32 Metern (mit Sockel 47 Meter) der höchste Roms und dazu der älteste. Er wurde um 1500 v. Chr. für den Tempel im ägyptischen Karnak geschaffen. Eine der Inschriften am Sockel erinnert daran, dass Konstantin ihn ursprünglich nach Konstantinopel, dem *„neuen Rom"* bringen wollte. Erst nach dessen Tod ließ ihn sein Sohn Constantius II. von Alexandria ins *„alte Rom"* transportieren, wo er ihn im Circus Maximus aufstellte. 1588 verlegte ihn Sixtus V. (1585 – 1590) an seinen heutigen Platz. Das ägyptische Symbol des Sonnengottes wurde zum Hinweis auf Christus, die wahre Sonne und seinen Sieg über die heidnischen Götter, Symbol für Größe und Macht des Papsttums. Eine weitere Inschrift erzählt von Konstantin und seiner Kreuzesvision vor der Schlacht an der Milvischen Brücke: *„Durch das Kreuz Sieger, der hier von Silvester getauft wurde und des Kreuzes Ruhm verbreitete"*. Die Legende, dass Konstantin von Papst Silvester (314 – 335) vom Aus-

Obelisk auf der Piazza San Giovanni in Laterano

satz geheilt, sich taufen ließ und aus Dankbarkeit dem Papst die Herrschaft von Rom übertrug („*Konstantinische Schenkung*"), stammt erst aus dem 8. Jahrhundert. Karl d. Gr. allerdings empfing hier im Jahr 774 das Sakrament der Taufe.

Auf der anderen Straßenseite sieht man noch die Überreste der **Aquae Claudiae**, eines römischen Aquädukts aus dem 1. Jahrhundert, das die kaiserlichen Paläste auf dem Palatin mit Wasser versorgte.

Das Baptisterium S. Giovanni in Fonte (St. Johannes an der Quelle)

„*Dies ist die Quelle des Lebens, die den ganzen Erdkreis durchströmt, von der Wunde Christi nimmt sie ihren Ausgang.*" (aus dem Distychon Sixtus III. am Architrav im Baptisteriums)

Der Ziegelbau wurde zur Zeit Konstantins über einem Nymphäum erbaut, ein Ort mit „*lebendigem Wasser*" – daher der Beiname „*in Fonte*" (an der Quelle). Sie ist die älteste Taufkapelle der Christenheit und wurde zum Vorbild für zahlreiche Nachbauten. Bis heute wird in ihr getauft. Die ursprünglich runde Taufkirche ließ Sixtus III. (432 – 440) zu einem Oktogon umbauen. Stufen führen hinab zum marmornen **Taufbecken** im Zentrum (**23**), wo in der frühen Kirche erwachsene Täuflinge nach langer Vorbereitungszeit das Sakrament durch Untertauchen in fließendem Wasser empfingen. Im Becken steht eine antike Wanne aus grünem Basalt, die als Taufbecken verwendet wurde, als die Kindertaufe allgemeine Praxis geworden war. Die beiden Hirsche sind ein Geschenk Pauls VI. (1963 – 1978).

Den zentralen Taufbereich umgeben **acht Porphyrsäulen** aus dem konstantinischen Palast mit korinthischen Kapitellen. In den Architrav darüber sind acht lateinische Distychen (= Zweizeiler) eingraviert, in denen Sixtus III. die Gnaden des Taufsakraments preist (beginnend bei der Kapelle der Rufina und Secunda, dem ursprünglichen Eingang).

Die **Malereien in der Kuppel** erzählen in acht Bildern über Johannes d. T. von der Erscheinung des Engels vor seinem Vater Zacharias bis zu seiner Enthauptung. Die Fresken an den Wänden (24) stammen aus dem 17. Jahrhundert und schildern Szenen aus dem Leben Konstantins (beginnend rechts vom heutigen Eingang):

– Kreuzesvision mit der Zusage *„in diesem Zeichen wirst du siegen"* (**a**)
– Schlacht an der Milvischen Brücke im Jahr 312 (**b**)
– Konstantins triumphaler Einzug in Rom (**c**)
– Verherrlichung des Kreuzes (**d**)
– Konstantin leitet das Konzil von Nicäa (325) (**e**)

Seit dem 5. Jahrhundert wurden an das Baptisterium vier weitere Kapellen angebaut. Die ältesten sind die Johanneskapellen. Rechts vom Eingang liegt die **Johannes d. T. (25)**, die Papst Hilarius (461 – 468) in Erfüllung eines Gelübdes erbauen ließ. Bei der sog. Räubersynode von Ephesus (449), als fanatische Anhänger der Gegenpartei Hilarius nach dem Leben trachteten, gelobte er den Bau der Kapellen. Die Bronzetür ist eine *„singende Tür"*.

Sie erzeugt beim Öffnen und Schließen einen eigentümlichen Klang. Nach der Beschreibung Dantes in seiner Göttlichen Komödie ist es das Seufzen der armen Seelen im Fegefeuer, die um das Gebet bitten. Die Statue des Täufers stammt von L. Valadier aus dem 18. Jahrhundert. Der Heilige in mahnender Geste ruft auf, dem Herrn den Weg zu bereiten (Inschrift auf dem Sockel).

Am Türbalken der zeitgleich entstandenen **Kapelle Johannes d. Ev. (26)** dokumentiert eine lateinische Inschrift die Rettung des Hilarius und die Einlösung seines Gelübdes. Das Deckenmosaik aus dem 5. Jahrhundert mit dem Lamm Gottes inmitten von Blumen und Vögeln verheißt das Paradies am Ende der Zeit, wenn das Lamm auf dem Throne erscheinen wird, wovon Johannes d. Ev. in seiner Geheimen Offenbarung berichtet.

Gegenüber vom heutigen Eingang haben sich in der **Doppelkapelle der Heiligen Rufina und Secunda (27)** noch Mosaikreste aus dem 5. Jahrhundert erhalten mit dem Lamm Gottes in einem Kreis von Weinranken und Pflanzenornamenten. Auf dem **linken Altar (27a)** ist der Tod der Heiligen Cyprian und Justina abgebildet, die in der letzten großen Christenverfolgung unter Diokletian 304 das Martyrium erlitten und unter dem Altar beigesetzt waren. Der **rechte Altar (27b)** ist den Titelheiligen der Kapelle Rufina und Secunda geweiht, die 260 für ihren Glauben starben und deren sterbliche Überreste hier verehrt werden.

Die **Kapelle des hl. Bischof Venantius aus Dalmatien (28)** wurde als würdige Grablege für den Bischof und die Märtyrer aus dem dalmatischen Salona von Johannes IV. (640 – 642) angebaut. Die Holzdecke mit Maria stammt aus dem 16. Jahrhundert und wurde möglicherweise von Michelangelo entworfen. Christus als Erlöser bekennen die Mosaike der Apsis in Anlehnung an die Darstellung in der Lateranbasilika. Die Symbole der vier Evangelisten führen zum Leben Jesu hin. Die zwei Städte Betlehem und Jerusalem vertreten Anfang und Ende seines Lebens. Darunter steht die Gottesmutter in Gebetshaltung zwischen den Heiligen Petrus, Johannes d. T. und Bischof Domnius von Salona (rechts) und Paulus, Johannes d. Ev. und Bischof Venantius (links), an den Seiten weitere Heilige. Einige tragen auf ihrem Gewand den Buchstaben „*H*", das griechische „*Eta*". Dies ist der 8. Buchstabe des Alphabets und entspricht auch diesem Zahlenwert. Die **Acht** hat im christlichen Glauben einen wichtigen Stellenwert. Sie bedenkt die Auferstehung Jesu, denn der 1. Tag, der Sonntag, an dem Jesus von den Toten auferstanden ist, ist zugleich auch der 8. Tag. Die Neugetauften trugen acht Tage lang ihre weißen Taufkleider, denn sie sind – wie am Vorbild der Heiligen und Märtyrer sichtbar wird – hineingenommen in die Auferstehung und das neue Leben in Christus: *„Das Himmelreich erhoffen die aus dieser Quelle Wiedergeborenen ..."* (aus dem Distychon Sixtus III.)

Lateran: Basilika und Palast

Santa Maria Maggiore

Unter den mehr als 80 Marienkirchen Roms ist Santa Maria Maggiore auf dem Esquilin – wie schon der Name sagt – die größte und wohl auch die älteste. Als „Basilica maior" steht sie im Rang einer päpstlichen Basilika. Im Hinblick auf ihre Entstehung ist die Kirche unter mehreren Namen bekannt:

– **Santa Maria ad Nives** (Maria im Schnee) nach der Gründungslegende
– **Basilika Liberiana** nach Papst Liberius (352 – 366), den die Legende als Gründer nennt
– **Santa Maria ad Praesepe** (Maria von der Krippe) nach den in der Basilika aufbewahrten Reliquien der Krippe Jesu, deretwegen sie auch *„römisches Betlehem"* genannt wird.

Schon im 5. Jahrhundert feierten die Päpste die Mitternachtsmesse am 24. Dezember bei den Krippenreliquien, die in einer unterirdischen Kapelle verwahrt wurden, einer Nachbildung der Geburtsgrotte von Betlehem. Sie übernahmen damit den Brauch der Jerusalemer Christen, die in der Nacht vor Epiphanie an der Geburtsgrotte von Betlehem Gottesdienst feierten.

Mit dem letzten Namen ist auch das Hauptthema der Kirche angesprochen: die **Menschwerdung des göttlichen Wortes in Maria**: Maria wird auf besondere Weise verehrt, weil sie die Mutter Jesu, des Gottessohnes ist: *„… von ihr* [Maria] *wurde Jesus geboren, der Christus genannt wird"* (Mt 1,16). Im Liber Pontificalis, dem Buch der Päpste, wird Sixtus III. (432 – 440) als Gründer der Kirche genannt. Er war ein entschiedener Verfechter des **Konzils von Ephesus** (431), das Jesus Christus als wahren Gott und wahren Menschen in einer Person bekannte und erklärte: *„Maria ist theotokos, Gottesgebärerin."* Das **Hochfest der Gottesmutter Maria** feiert die Kirche am 1. Januar. Schon unmittelbar nach dem Konzil von Ephesus nahm die Marienfrömmigkeit stark zu. Der Gottesmutter wurden zahlreiche Kirchen geweiht, so auch die Marienkirche auf dem Esquilin. Es war die erste Basilika Roms, die nicht im Auftrag des Kaisers, sondern des Papstes erbaut wurde. Doch die Legende verlegt die Gründung bereits in das Jahr 352, als Liberius Papst war. Damit wäre Maria Maggiore die älteste Marienkirche Roms. In Rom lebte damals ein reicher Kaufmann namens Johannes. In der Nacht zum 5. August erschien ihm im Traum die Gottesmutter. Sie bat ihn, ihr dort eine Kirche zu erbauen, wo er am nächsten Tag Schnee fände – trotz des heißen Augusts. Johannes befragte Papst Liberius, der in der Nacht denselben Traum hatte. Als sie sich auf den Weg machten, fanden sie tatsächlich auf dem Esquilin eine dünne Schneeschicht. Der Papst zeichnete mit seinem Stab die Umrisse der Kirche ein, und Johannes stellte die Mittel für den Bau zur Verfügung. In Erinnerung an das Wunder der Kirchengründung

Santa Maria Maggiore: Fassade

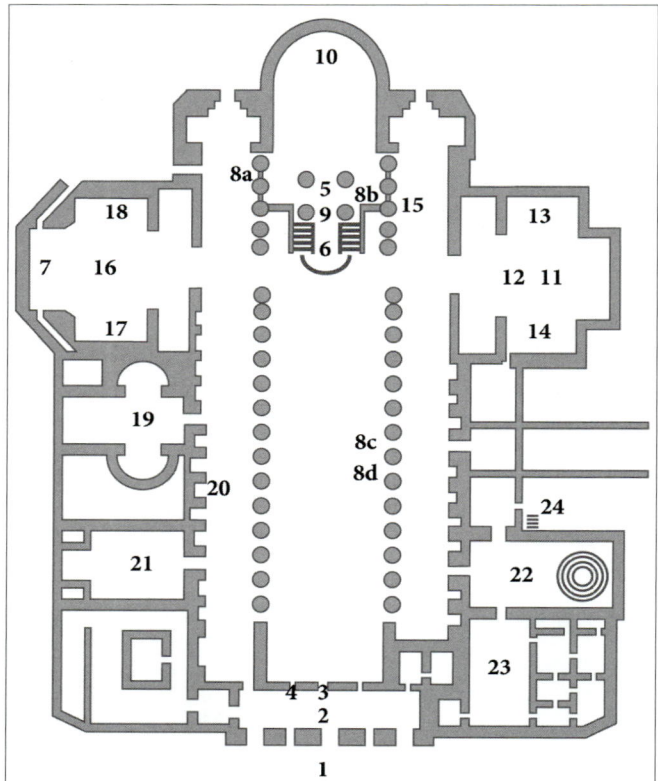

Grundriss Santa Maria Maggiore

1 Mariensäule
2 Narthex mit Benediktionsloggia
3 Hauptportal
4 Heilige Pforte
5 Papstaltar mit Baldachin
6 Confessio
7 Gnadenbild „Salus Populi Romani"
8a Abraham und Melchisedech

8b Mose vor Pharaos Tochter
8c Gesetzgebung am Sinai
8d Ankunft im Gelobten Land
9 Triumphbogen
10 Apsis mit Mosaik der Marienkrönung
   und Szenen aus dem Marienleben
11 Sakramentskapelle (= Sixtinische
   Kapelle)

„*schneit*" es jedes Jahr beim Gottesdienst am 5. August weiße Blütenblätter von der paulinischen Kapelle (**16**). Der Schnee mit seiner weißen Farbe bekundet die Reinheit und Jungfräulichkeit Marias. Im heißen Sommer ergänzt der Schnee das Bild des Blühens im Winter: Maria hat den Menschen „*mitten im kalten Winter das Blümlein Jesus*" gebracht, wie es in einem alten Weihnachtslied heißt.

Ob tatsächlich schon im 4. Jahrhundert auf dem Esquilin eine Kirche stand, ist nicht mehr nachweisbar. Der heutige Bau wurde unmittelbar nach dem Konzil von Ephesus (431) begonnen. Seither ist Maria Maggiore die einzige Kirche Roms, in der über einen solch langen Zeitraum täglich Gottesdienst gefeiert wurde, sogar in schwierigen Zeiten. Der Innenraum ist eine ca. 70 Meter lange Halle im Stil einer frühchristlichen Basilika, die durch 40 antike Marmorsäulen von der Insel Paros in drei Schiffe geteilt wird. Im Laufe der Zeit wurde die Kirche mehrfach umgebaut und erweitert. Im 13. Jahrhundert wurde die Apsis angefügt. Anlass für den Bau des 75 Meter hohen romanischen **Glockenturms** war 1377 die Rückkehr der Päpste aus Avignon. Er ist der höchste Kirchturm Roms und seine Lage auf dem Esquilinhügel eingerechnet der höchste Punkt der Stadt. Zu beiden Seiten der Basilika wurden Wohnräume für die Kanoniker und Priester angebaut. Im 16. und 17. Jahrhundert folgte unter den Päpsten Sixtus V. (1585 – 1590) und Paul V. (1605 – 1621) der Einbau der Querschiffkapellen. Sixtus V. war es auch, der 1587 den Obelisken auf der Apsisseite (Piazza dell'Espquilino) errichten und ein Netz von Straßen anlegen ließ, das sternförmig auf die Basilika zuläuft.

Auf dem Platz vor der Basilika steht die einzige noch erhaltene **Marmorsäule** (**1**) aus der Maxentius-Basilika des Forum Romanum. Paul V. ließ die fast 15 Meter hohe Säule hierher bringen und auf ihr eine **bronzene Marienstatue** errichten. Am Sockel der Säule spendet ein **Brunnen** von C. Maderno Wasser. In der lateinischen Inschrift *„spricht"* die Säule von ihrer neuen Aufgabe und rühmt Paul V.: *„Eine große Säule, die lange vor dem unheiligen Tempel des Friedens stand, werde ich von dir, Paul, nie schweigen, weil ich jetzt mit Freude die Mutter Gottes tragen darf."* Die **spätbarocke Fassade mit der Benediktionsloggia** (**2**) setzte F. Fuga 1750 vor die alte. Durch die offenen Bögen der Loggia sind die **Mosaike des 13. Jahrhunderts** zu erkennen: ein segnender Christus auf dem Thron mit der Gottesmutter Maria und Heiligen zu beiden Seiten. Darunter sind der hl. Hieronymus und der Evangelist Matthäus, deren Reliquien in der Basilika bewahrt werden. Der untere Teil des Mosaiks erläutert das Schneewunder der Gründungslegende.

Fünf Portale führen in das Innere der Basilika. Das **Haupt-**

Madonna auf der Piazza di S. Maria Maggiore

portal (**3**) von L. Pogliaghi (1949) enthält Szenen aus dem Leben Marias, dazu Propheten und Evangelisten und Frauen aus dem Alten Testament, die Maria präfigurierten. Ganz links ist die **Heilige Pforte** (**4**) von L. Mattei. Das Bronzeportal stifteten die Ritter des Heiligen Grabes (darum ihr Wappen im unteren Teil) dem großen Marienverehrer Johannes Paul II. (1978 – 2005) anlässlich des Heiligen Jahres 2000. Der Wahlspruch des Papstes (oben in der Mitte) bestätigt seine Hingabe an Maria: *„Totus tuus"* – *„ganz der Deine".* Die sechs Reliefs führen wie in einer Zusammenfassung die Bedeutung Marias vor Augen: *„Denn einen wunderbaren Tausch hast du vollzogen, dein göttliches Wort wurde ein sterblicher Mensch, und wir sterblichen Menschen empfangen in Christus dein göttliches Leben"* (aus der Weihnachtspräfation):

Die **Verkündigung**: Maria wird zur *„theotokos"* – *„mater dei"* – *„Mutter Gottes"*	Die **Geistsendung** an Pfingsten mit Maria inmitten der Apostel: Maria wird zur *„mater ecclesiae"* – *„Mutter der Kirche"*
Maria – als *„Heil des römischen Volkes"*, zeigt auf Jesus, ihren Sohn; zugleich ist sie die jungfräuliche Braut Christi, die an ihrer rechten Hand den *„Verlobungsring"* trägt	Der **auferstandene Christus** (dargestellt wie auf dem Grabtuch von Turin) zeigt seine Wundmale, die zum Zeichen der Erlösung geworden sind
Konzil von Ephesus (431): Maria ist *„theotokos", „Gottesgebärerin"*	**Zweites Vatikanisches Konzil** (1962 – 1965): Maria ist *„Mater ecclesiae", „Mutter der Kirche"*

Die **vergoldete Kassettendecke** des Mittelschiffs entstand Ende des 15. Jahrhunderts nach Plänen von G. Sangallo. Die 105 Kassetten mit den Rosetten (jede hat einen Durchmesser von einem Meter) wurden mit dem ersten Gold verziert, das aus der neuen Welt nach Europa kam. Das spanische Königspaar Ferdinand und Isabella schenkte das Gold Papst Alexander VI. (1492 – 1503). Er stammte aus der spanischen Familie Borgia, deren Stier-Wappen in der Mitte der Decke zu sehen ist. Der **Fußboden**, der wie ein kostbarer Teppich die Kirche auskleidet, ist eine Kosmatenarbeit aus dem 13. Jahrhundert. Er lenkt den Blick nach vorn zum **Papstaltar** (**5**) aus Porphyr. In ihm liegen die sterblichen Überreste des Stifters der Kirche, Johannes und seiner Frau, die Reliquien des Evangelisten Matthäus, der das Weihnachtsevangelium überliefert, und des hl. Hieronymus, der lange in Betlehem lebte und die Vulgata verfasste, die Übersetzung der Heiligen Schrift ins Lateinische. Die Porphyrsäulen, die den Baldachin von F. Fuga tragen, stammen aus der Hadriansvilla von Tivoli.

Zwei Treppen führen zur **Confessio** (**6**) mit den Reliquien der Krippe Jesu, für die G. Valadier im 19. Jahrhundert einen wiegenartigen Schrein mit dem Jesuskind entwarf. Die monumentale **Marmorstatue** Pius IX. (1846 – 1878) zeigt den betenden Papst vor der Krippe. Pius IX.

ließ die Confessio renovieren. Er ist der Papst, der am 8. Dezember 1854 die Unbefleckte Empfängnis Mariens zum Dogma erhob. Neben zahlreichen anderen Reliquien hatte Kaiserin Helena auch Teile der Krippe von Betlehem nach Rom gebracht. Seit dem Bau von Maria Maggiore ist deren Verehrung hier nachgewiesen. Vor den Krippenreliquien und der hochverehrten Ikone *„Maria, Salus Populi Romani"* feierte

S. Maria Maggiore: Heilige Pforte

S. Maria Maggiore: Jesuskind auf dem Krippenreliquiar in der Confessio

Ignatius von Loyola, der Gründer des Jesuitenordens, 1537 nach seiner Priesterweihe seine erste hl. Messe.

Neben den Krippenreliquien ist die **Marienikone „Salus Populi Romani"** – *„Heil des römischen Volkes"* (**7**) das Ziel von vielen Gläubigen, Römern wie Pilgern. Ursprünglich am Hauptaltar, hängt die Ikone seit 1613 in der eigens für sie angebauten Capella Paolina (paulinische Kapelle). Es ist die meistverehrte Ikone Roms und gilt als **Lukas-Ikone**: Der Legende nach malte der Evangelist das Bild der Gottesmutter auf den Tisch des Hauses von Nazaret, während Maria ihm von Jesus erzählte. Diese Geschichten Marias schrieb Lukas später in seinem Evangelium auf. Durch Kaiserin Helena kam das Bild nach Rom. Im Liber Pontificalis ist zu lesen: *„Papst Liberius wählte ein hochverehrtes Marienbild aus, um es im päpstlichen Oratorium aufzustellen. Es war von der hl. Helena nach Rom gebracht worden."* Am Karfreitag und am 15. August wurde das Bild in feierlicher Prozession zum Lateran getragen, wo es dem dortigen Christusbild begegnete: Jesus hatte seine Mutter am Kreuzweg angetroffen und er war an ihrem Totenbett, um sie in den Himmel aufzunehmen.

Maria hat eine besondere Stellung in der Verehrung durch die Gläubigen, und im Bild wird Maria selbst geehrt. Durch ihre Rolle in der Heilsgeschichte, von ihrer Mutterschaft bis zu ihrer Aufnahme in den Himmel, steht sie wie niemand sonst in immerwährender Nähe zu Christus. Sie ist die *„advocata"*, die Fürsprecherin, die direkt in das Leben der Menschen eingreift. Im Jahr 590 trug **Gregor d. Gr.** (590 – 604) anlässlich einer Pestepidemie bei einer Bußprozession die Ikone durch die Straßen Roms. Als der Papst beim Hadriansmausoleum angekommen war, hörte er Engel das **Regina Coeli** singen, das die Kirche in die Gebetsliturgie der Osterzeit aufgenommen hat:

„Freu dich, du Himmelskönigin, Alleluia –
den du zu tragen würdig warst, Alleluia –
er ist auferstanden, wie er gesagt hat, Alleluia."

Und der Papst fügte ergriffen hinzu:

„Bitte für uns bei Gott, Alleluia."

Das Bild bewahrte Gregor auch vor einem Attentat, das während der Messe auf ihn verübt werden sollte. Der mutmaßliche Mörder war so von dem Bild der Gottesmutter in Bann gezogen, dass er von seinem Vorhaben abließ. Pius V. (1566 – 1572) betete vor dem Bild um einen guten Ausgang für die christliche Liga bei der Seeschlacht von Lepanto (1571). 1899 feierte E. Pacelli seine erste hl. Messe am Altar der Madonna. 1950 konnte er dort als **Papst Pius XII.** (1939 – 1958) das Dogma von der Aufnahme Mariens in den Himmel verkünden. Ignatius von Loyola betete vor der Ikone und gab seine Wertschätzung an seine Gemeinschaft weiter. Sie verehrt das Bild, es wurde ihre *„Jesuitenmadonna"*. Kopien trugen seine Verehrung in die ganze Welt, wo es als *„Maria im Schnee"* bekannt ist. Auch die *„Dreimal wundertätige Mutter"* von Ingolstadt ist eine *„Tochter"* des römischen Bildes oder die chinesische Madonna von Siganfui. Die neugewählten Päpste ehren Maria durch einen persönlichen Besuch und ihr Gebet. Seit dem Pontifikat Johannes Paul II. brennt Tag und Nacht eine Öllampe bei dem Marienbild.

Die ungewöhnlich große **Ikone auf Zedernholz** zeigt Maria im dunkelblauen Mantel mit rotem Gewand. Das Purpurrot war ursprünglich die Farbe der Kaiserin und wurde auf Maria als höchster irdischer Frau übertragen. Das Blau ist die Farbe des Himmels, den sie mit Jesus in sich trug. Maria blickt direkt auf den Betrachter und weist zugleich auf ihren Sohn. Daher tragen Marienbilder dieser Art den Beinamen *„Hodegetria"* – *„Wegweiserin"*. Paul VI. (1963 – 1978) nannte Maria *„die Straße, die immer zu Christus führt"*. Das Jesuskind im rotgoldenen Gewand eines Gelehrten auf dem Arm seiner Mutter hat einen erwachsenen Gesichtsausdruck, in seiner Linken hält er das Evangelienbuch. Er schaut zu seiner Mutter und segnet zugleich die Menschen, die sich ihr anvertrauen.

In einem alten Mariengebet, das sich bis ins 3. Jahrhundert zurückverfolgen lässt, beten die Gläubigen vertrauensvoll: *„Unter deinen Schutz und Schirm fliehen wir, heilige Gottesmutter. Verschmähe nicht unser Gebet in unseren Nöten, sondern errette uns jederzeit aus allen Gefahren."*

Eine Kostbarkeit von Maria Maggiore sind die **Mosaike** über die Geschichte des alten und neuen Gottesvolkes und seiner exemplarischen Vollendung in Maria. Die ältesten stammen aus dem 5. Jahrhundert, der Entstehungszeit der Basilika. Es ist der bedeutendste Mosaikzyklus der Spätantike im naturalistisch-römischen Stil. Sie bilden quasi die heilsgeschichtliche Vorstufe für die Berufung Marias. Noch erhalten sind **27 quadratische Tafeln** an den Längsseiten des Hauptschiffs; einige wurden beim Einbau der Kapellen zerstört. Die Mosaike erzählen den **Weg des alttestamentlichen Gottesvolkes in Begleitung seines Gottes**, der sich ihm zu erkennen gibt und es in die Freiheit des gelobten Landes führt. Mit Abraham beginnt die Glaubensgeschichte Israels. Als der vor den Toren Salems (= Jerusalem) dem Priesterkönig Melchisedech begegnete (**8a**) erkannte er in ihm den Priester des höchsten Gottes. Er schloss mit ihm in den Zeichen von Brot und Wein einen ersten Religionsbund – den Alten Bund, an den Jesus anknüpfte, als er in Brot und Wein sein Lebensopfer vorweg nahm. Sein Kreuzestod wurde der neue Bundesschluss für das neue Gottesvolk, das mit Maria seinen Anfang nahm.

Die linke Seite schildert im Weiteren die Geschichte der Stammväter Abraham, Isaak und Jakob. Mit Mose in Ägypten (**8b**) beginnen die Mosaike der rechten Seite, beim Zug durch die Wüste mit dem Höhepunkt der Gesetzesübergabe am Sinai (**8c**) und der Eroberung des gelobten Landes (**8d**). Der Zyklus endet mit den gemalten Bildern vom Einzug Davids mit der Bundeslade in Jerusalem und dem Bau des Tempels durch seinen Sohn Salomon. Aus dem Hause und Geschlecht Davids wird Jesus geboren werden. Die Zeit des Gesetzes begann mit Mose und endete mit der Ankunft Jesu. Mit seiner Geburt brach die Zeit der Gnade an, die bis zu seiner Wiederkunft andauert. Es ist die **Zeit des neuen Gottesvolkes**, dem Papst Sixtus III. Maria Maggiore widmet, wie über dem Triumphbogen zu lesen ist: *„Xystus Plebis Dei"* (Sixtus dem Volk Gottes).

Die **Mosaike des Triumphbogens** sind etwa zeitgleich mit denen des Langhauses entstanden. Sie bestätigen das Konzil von Ephesus: **Maria ist die Mutter des Gottessohnes Jesus**. Der Scheitel des Triumphbogens weist auf die Endzeit: Die Geburt Jesu ist kein isoliertes Ereignis in der Geschichte, sondern der **Beginn einer neuen Zeit**, die am jüngsten Tag ihre Vollendung findet. Petrus, der Verkünder unter den Judenchristen und Paulus, Missionar bei den Heiden, deuten auf den juwelenbesetzten **Thron mit dem Triumphkreuz**. Der Thron erwartet die **Wiederkunft Christi**. Davor liegt schon die Schriftrolle mit den sieben Siegeln bereit. Um den Thron schweben Engel, Löwe, Stier und Adler. Hier symbolisieren sie nicht die Evangelisten, sondern die **vier apokalyptischen Lebewesen**, die der Prophet Ezechiel in seiner Endzeitvision sieht (Ez 1,5ff).

In übereinander liegenden Bändern wird die **Kindheitsgeschichte Jesu** nach der Heiligen Schrift und apokryphen Überlieferungen dargestellt: Dieses Kind ist Gottes Sohn und steht unter seinem besonderen Schutz:

Verkündigung an Maria (Lk 1,26-38)	Zweifel Josefs (Mt 1,19)	Darbringung im Tempel (Lk 2,21-40)	Aufforderung Josefs zur Flucht (2,13-15)
Huldigung der Magier (Mt 2,10f)			Flucht nach Ägypten: Huldigung durch den ägyptischen König Aphrodisius (Pseudo MT)
Kindermord von Betlehem (Mt 2,16)			Magier bei Herodes (Mt 2,1-8)
Edelsteingeschmücktes Jesusalem (Jes 60,3.12) für die Judenchristen			Edelsteingeschmücktes Betlehem (Jes 60,3.12) für die Heidenchristen

Bemerkenswert ist die **Darstellung der Verkündigung**. Maria sitzt kostbar gekleidet zwischen zwei Häusern. In der Hand hält sie eine Spindel mit purpurrotem Faden, aus dem sie gemäß dem apokryphen Jakobusevangelium einen Vorhang für den Jerusalemer Tempel webt. Die Tür des linken Hauses ist zu, die des rechten weit geöffnet. *„Mit der Geburt Jesu Christi war es so:*

Maria, seine Mutter war mit Josef verlobt; noch bevor sie zusammengekommen waren, zeigte sich, dass sie ein Kind erwartete – durch das Wirken des Heiligen Geistes" (Mt 1,18). Als Verlobte Josefs gehört Maria bereits in sein Haus und das Haus ihrer Eltern (links) war ihr verschlossen. Aber Josef hatte sie zum Zeitpunkt der Verkündigung noch nicht in sein Haus eingeholt. Darum sitzt Maria zwischen beiden Häusern an einem Brunnen. Nach ostkirchlicher Überlieferung fand die Verkündigung am Brunnen von Nazaret statt.

Die **Magier** huldigen dem neugeborenen Jesus, dem schon die vollkommene Gottheit und Weisheit inne wohnt. Deshalb sitzt er, gekleidet wie ein Philosoph, in Herrscherpose auf dem Thron und nimmt die Huldigung der Magier entgegen. Ihnen, die als Heiden von weither kamen – ihrer Kleidung nach aus Persien – wurde als Ersten die Gottheit Jesu offenbar.

Beim **Kindermord von Betlehem** ist eine ältere Frau in einem blauen Kleid zu sehen, die mit ihrem Kind die Flucht ergreift. Es ist Elisabet, die ihren Sohn Johannes vor den Schergen des Herodes rettet.

Eines der frühchristliches Mosaike im Mittelschiff

Die Begegnung mit dem ägyptischen König Aphrodisius stammt nicht aus der Heiligen Schrift, sondern aus dem apokryphen Pseudo-Matthäus und wird in der koptischen Kirche überliefert. Aphrodisius kannte die Weissagung, dass bei der Ankunft des Messias die 365 Götter im Tempel zu Boden stürzen. Er erinnerte sich an das Schicksal des Pharao beim Auszug des Volkes Israel aus Ägypten, der nicht auf den Anruf Gottes hörte. Deshalb eilte er Jesus entgegen, um ihm zu huldigen. Betlehem und Jerusalem im unteren Teil des Triumphbogens stehen für Anfang und Ende des irdischen Lebens Jesu, richten aber zugleich das Augenmerk auf den Jüngsten Tag, an dem die Kirche aus Heiden- und Judenchristen vereint zum himmlischen Jerusalem pilgern wird, denn *„alle Enden der Erde sehen das Heil unseres Gottes"* (Jes 53,10) – dann, wenn Christus wiederkommt und sich auf den bereitstehenden Thron setzen wird.

Die **Mosaike der Apsis** (**10**) führte im 13. Jahrhundert J. Torriti aus. In ihnen fasste er das theologische Programm der Basilika zusammen und führte es zu seinem Höhepunkt: Am Leben Marias wird deutlich, wie Gott den Menschen gedacht hat. Er will ihn zur Vollendung führen, wie er Maria mit Leib und Seele in den Himmel aufgenommen hat – bildlich dargestellt in ihrer **Krönung durch Jesus Christus**. Zwischen den Fenstern sind besondere **Ereignisse aus dem Marienleben**: (von links nach rechts) Verkündigung – Geburt Jesu – Anbetung der Magier – Darbringung im Tempel. Im Zentrum, direkt unter der Marienkrönung hat der Künstler den **Tod Marias** im Beisein aller Apostel und der alttestamentlichen Propheten und Patriarchen als Betrachter eingefügt. Marias Tod ist der Anfang ihres neuen Lebens im Himmel. Hinter der sterbenden Maria steht Christus bereit. Zum Zeitpunkt ihres Todes ist er bei ihr, um ihre Seele (in Gestalt eines kleinen Kindes) in Empfang zu nehmen. Engel begleiten ihn, um Marias Leib in den Himmel zu tragen. Das Bild steht in Relation zur Geburt Jesu. Wie sie damals ihren Sohn Jesus in Armen hielt, nimmt er seine Mutter für ihre himmlische Geburt in Empfang. Die Krönung Marias, die die ganze Apsis einnimmt, vollendet die theologische Aussage, wie es 1950 Pius XII. formulierte: *„Mit der Vollmacht unseres Herrn Jesus Christus, der seligen Apostel Petrus und Paulus und unserer eigenen, erklären und definieren wir, dass es ein von Gott geoffenbartes Dogma ist: Die unbefleckte Gottesgebärerin und immerwährende Jungfrau Maria wurde nach Vollendung ihres irdischen Lebens mit Leib und Seele zur himmlischen Herrlichkeit aufgenommen."* Umgeben von einem **Lebensbaum** aus Akanthusranken voller Tiere und Pflanzen, sitzen Christus und Maria gemeinsam auf dem Thron inmitten eines Sternenhimmels, Sonne und Mond zu ihren Füßen. Ungewöhnlich ist, dass Maria gleich groß ist wie Christus, was ihre einzigartige Bedeutung bestätigt. Das Nacheinander irdischer Zeitabläufe ist in der göttlichen Ewigkeit aufgehoben. Maria ist nicht nur die Mutter Jesu, sondern zugleich seine Braut. Das bestätigt das Buch Christi in Anlehnung an die **Braut des Hohenliedes**: *„Komm meine Auserwählte, ich werde in dir meinen Thron errichten."* Der zeitlose, ewige Gott wird in Maria Mensch und tritt in die Geschichte ein. Frei von jeglicher Erbschuld war Maria die Ersterlöste und mit ihrer Aufnahme in den Himmel ist sie mit Leib und Seele die Ganzerlöste: Vorbild und Ziel jedes Menschseins. Je neun Engel zu beiden Seiten begleiten anbetend das Geschehen zusammen mit Heiligen: links Petrus, Paulus, Franziskus und kleiner dargestellt Papst Nikolaus IV. (1288 – 1292), der erste Franziskanerpapst, der das Mosaik in Auftrag gab; rechts Johannes d. T., Jakobus, Antonius von Padua und parallel zu Nikolaus IV. Kardinal J. Colonna, dessen

Familie den Umbau der Kirche finanzierte. Alle stehen auf einer fruchtbaren Wiese entlang des Jordanflusses voller Fische. Wie die Inschrift sagt, vereint sich die Schöpfung mit den Engeln zum **großen Lobpreis der Jungfrau Maria**, die in den Himmel aufgenommen ist.

Die Mosaike drücken im Bild aus, was die Predigt eines unbekannten Verfassers kurz nach dem Konzil von Ephesus in Worte fasste: *„Wir grüßen dich, Maria, Mutter Gottes ... durch dich wird die Dreifaltigkeit verherrlicht ... durch dich herrscht Jubel im Himmel, es freuen sich Engel und Erzengel ... durch dich wird die gefallene Schöpfung in den Himmel erhoben ... durch dich werden die Völker zur Bekehrung angeleitet.“*

1584 baute D. Fontana im rechten Querschiff die **Sakramentskapelle (11)** an, die nach ihrem Auftraggeber Papst Sixtus V. (1585 – 1590) Sixtinische Kapelle genannt wird. Der **Tabernakel** wiederholt die Architektur der Kapelle. Er symbolisiert die Bundeslade, getragen von vier Engeln. Gott begleitete im Alten Testament sein Volk in der Bundeslade und Christus ist dem neuen Gottesvolk in den eucharistischen Gestalten gegenwärtig.

Santa Maria Maggiore: Apsis

Die **Fresken** der reich mit Stuck und Marmor ausgekleideten Kapelle führen mit den Vorfahren Jesu seinen Stammbaum auf, wie er im ersten Kapitel des Matthäusevangeliums aufgeflistet ist, dazu Geburt und Kindheit Jesu. Eine Treppe führt zum **Oratorium der Krippe** (**12**) unter dem Altar, das wie die Geburtsgrotte von Betlehem gestaltet und schon im 7. Jahrhundert bezeugt ist. Nikolaus IV. ließ die Überreste des alten Oratoriums hierher übertragen. Dort ist er zusammen mit Papst Honorius III. (1216 – 1227) beigesetzt. Für das Oratorium stellte A. di Cambio Ende des 13. Jahrhunderts die älteste erhaltene **Marmorkrippe** her. Die Krippe im gotischen Stil besteht aus sieben Figuren: Maria mit dem Jesuskind im Arm, ein staunender Josef, Ochs und Esel, die das Kind mit ihrem Atem wärmen, und die drei Weisen.

Das **Grab von Sixtus V.** (**13**) an der linken Wand zeigt einen demütig knienden Papst, zusammen mit Franziskus und Antonius von Padua, denn Sixtus V. war Angehöriger des Franziskanerordens. Die Reliefs um das Grab verewigen die kirchenpolitischen Großtaten des Papstes und seine Verdienste bei der Neugestaltung Roms, z. B.

S. Maria Maggiore: Marmorkrippe von A. di Cambio

der Errichtung des Obelisken auf dem Petersplatz. Gegenüber ist der **Dominikanerpapst Pius V. (14)** (1566 – 1572) in segnender Haltung auf seinem Grab dargestellt, begleitet von seinen Ordensheiligen Dominikus und Petrus von Verona, einem Märtyrer des Ordens. Die Reliefs und Inschriften am Grab beziehen sich auf die Seeschlacht von Lepanto (1571). Den Sieg über die Türken schrieb Pius V. dem Eingreifen Marias zu. Zum Dank führte er das Rosenkranzfest ein. Beide Gräber entwarf D. Fontana.

Unweit der Kapelle liegt, von vielen unbeachtet, das Grab des großen **Barockbaumeisters G. L. Bernini**. *„Hier erwartet die vornehme Familie Bernini die Auferstehung"*, steht auf der schmucklosen Bodenplatte. Ein schlichtes Grab für den Künstler, der das barocke Rom prägte. Ganz Rom ist sein Denkmal und hält sein Gedächtnis lebendig.

Gegenüber ließ im Querschiff Paul V. (1606 – 1621) seine Grabkapelle erbauen, die **Paulinische Kapelle (16)**. Die Kapelle wirkt wie ein kostbarer Schrein für das **Gnadenbild „Salus Populi Romani"**. Im **Bronzerelief** über dem Altaraufbau bildete St. Maderno die Ursprungslegende der Basilika ab: Papst Liberius zeichnet mit seinem Stab den Grundriss der Kirche in den Schnee. Über der Lünette mit dem Bronzerelief entwarf der Cavaliere d'Arpino das Fresko mit dem **Sieg Marias über die Irrlehren**: Die Säule, Symbol für das baufällig gewordene Haus Davids, das durch Maria wieder aufgerichtet wurde, teilt das Bild. Links weihen Maria und Johannes d. Ev. Gregor den Wundertäter in das Geheimnis der Dreifaltigkeit ein, während auf der anderen Seite die Irrlehrer in den Abgrund stürzen. Unter den zahlreichen Fresken mit Propheten, Kirchenlehrern und Heiligen markiert das **Kuppelfresko** von L. Cigoli eine Besonderheit: Über den Wolken wird Maria in den Himmel aufgenommen. Sie steht auf dem Mond mit all seinen Kratern. Cigoli war ein Freund von G. Galilei, und er malte das Fresko so, wie Galilei mit seinem Fernrohr die Mondkrater sehen konnte.

Die **Grabmonumente von Paul V. (17)** und **Clemens VIII. (18)** (1592 – 1605) stammen beide von S. di Viggiu, beim Grabmal Clemens VIII. wirkte P. Bernini mit. Die beiden Grabmale entsprechen denen in der Sixtinischen Kapelle: Clemens VIII. thront majestätisch wie Pius V., während Paul V. wie Sixtus V. demütig mit abgelegter Tiara kniend betet. **Karl Borromäus** und **Franziska Romana** sind die Patrone der kleinen Kapellen am Eingang zur Capella Paolina. Die beiden Heiligen wurden während des Pontifikats von Paul V. heilig gesprochen.

Die **Sforza-Kapelle (19)** entwarf Michelangelo kurz vor seinem Tod, ausgeführt wurde sie von G. della Porta. In der Kunstgeschichte wird sie als Übergang von der Renaissance zum Barock angesehen. Die Statue **Maria, Königin des Friedens (20)** (Regina Pacis) stiftete Benedikt XV. (1914 – 1922) zum Dank für das Ende des Ersten Weltkriegs. Benedikt XV. ging als Friedenspapst in die Geschichte ein. Er versuchte während des Weltkriegs zu vermitteln und kümmerte sich um Kriegsopfer. Mit seiner Namenswahl wollte Benedikt XVI. (2005 – 2013) auch an das Werk seines Vorgängers anknüpfen.

Für das persönliche Gebet ist die **Kreuzkapelle (21)** reserviert. Das Holzkruzifix stammt aus dem 14. Jahrhundert.

Im rechten hinteren Seitenschiff gestaltete der Barockarchitekt F. Ponzio einen Raum, der als **Baptisterium (22)** dient. Für das **Taufbecken aus Porphyr** entwarf G. Valadier um 1800 einen Bronzedeckel. Das **Hochrelief der Himmelfahrt Mariens** ist ein Werk des Neapolitaners P. Bernini. Pietro ist der Vater des großen Barockbaumeisters Gianlorenzo Bernini.

Johannes Paul II. eröffnete am 8. Dezember 2001, dem Fest der Unbefleckten Empfängnis, das **Museum** (**24**) unter der Basilika. Es enthält wertvolle Kunstwerke und führt in die Geschichte und Theologie des Ortes ein. Unter den Ausstellungsstücken sind die Krippe von A. di Cambio, Reliquien, liturgische Gegenstände und Gewänder, zahlreiche Geschenke für die Basilika und Bilder über die Geschichte des Gnadenbildes.

Der **Obelisk** vor der rückwärtigen Fassade wurde aus dem ägyptischen Heliopolis nach Rom gebracht und beim Augustus-Mausoleum aufgestellt. D. Fontana brachte ihn im Auftrag Sixtus V. an seine heutige Stelle. Der Papst wollte an allen wichtigen Orten Obelisken aufstellen, die wie Wegweiser die Pilger leiten. Die **Bronzeeinschriften am Sockel** bestätigen, dass sogar Augustus

schon erkannt hatte, dass *„das Kind der Jungfrau größer als er und göttlich ist."* Sie rühmen den Papst, der den Obelisken, der *„traurig am Grab des toten Augustus diente"* an seinen neuen Platz bringen ließ, wo er *„mit größter Freude die Krippe Christi, des in Ewigkeit lebenden Gottes, verehrt".* Damit verbunden ist der Wunsch: *„Christus gewähre dem Volk durch das unbesiegbare Kreuz Frieden, er, der während der Friedenszeit unter Augustus in der Krippe geboren werden wollte."*

Santa Maria Maggiore: Paulinische Kapelle

San Sebastiano ad Catacumbas (St. Sebastian bei den Katakomben)

„Das Blut der Märtyrer ist der Samen für neue Christen" (Tertullian)

„Zunächst danke ich meinem Gott durch Jesus Christus für euch alle, weil euer Glaube in der ganzen Welt verkündet wird" (Röm 1,8), schrieb Paulus um das Jahr 56 in seinem Brief an die römische Gemeinde. Wann das Christentum nach Rom kam, ist unbekannt. Wahrscheinlich brachten jüdische Reisende Kunde von Jesus Christus. Von Anfang an hatten **Petrus und Paulus** eine besondere Stellung inne, Besuche der beiden Apostel bedeuteten ein Anwachsen der Gemeinde. Die ersten Hausgemeinden lagen im jüdischen Umfeld in Trastevere und am linken Tiberufer, wo sich Christen in den Häusern wohlhabender Gemeindemitglieder versammelten.

Mehrheitlich stammten die Christen aus den ärmeren Gesellschaftsschichten der Handwerker und Sklaven. *„Jeder leiste den Trägern der staatlichen Gewalt den schuldigen Gehorsam. Denn es gibt keine staatliche Gewalt, die nicht von Gott stammt; jede ist von Gott eingesetzt"* (Röm 13,1), mahnte Paulus. Nach geltender Meinung griffen die Christen neben ihrer Weigerung, dem Kaiser zu opfern, die bestehende Gesellschaftsordnung an, indem sie die Gleichheit aller vor Gott verkündeten und in ihrer Gemeinschaft lebten: *„Ein Jünger steht nicht über seinem Meister und ein Sklave nicht über seinem Herrn"* (Mt 10,24) und *„der Sklave ist nicht größer als sein Herr"* (Joh 13,16). Denn: *„Es gibt nicht mehr Juden und Griechen, nicht Sklaven und Freie, nicht Mann und Frau; denn ihr alle seid einer in Christus Jesus"* (Gal 3,28). Sklaven waren vollwertige Mitglieder ihrer Gemeinden, manche stiegen zu höchsten Ämtern auf, wie der freigelassene Sklave Callistus, der 217 zum Bischof von Rom gewählt wurde. *„Es gibt unter uns weder Diener noch Herren, denn wir sind alle gleich und nennen uns Brüder"*, schrieb der christliche Schriftsteller Laktanz Ende des 3. Jahrhunderts in seinem Buch von den *„Göttlichen Unterweisungen"* (5,19).

Die Gleichwertigkeit aller spiegelten die **christlichen Friedhöfe** und der Umgang mit den Toten. Die Verstorbenen wurden ungeachtet ihrer sozialen Stellung oder ihres Vermögens in Einzel- oder Familiengräbern bestattet – Sklaven neben Herren, Männer neben Frauen und Kindern, Hochgestellte oder Namenlose nebeneinander. Alle wurden angemessen bestattet, sogar die, die keiner haben wollte. Es war gängige Praxis bei den Römern, unerwünschte, schwache oder kranke Kinder auszusetzen und sie ihrem Schicksal zu überlassen. Sie nahm die christliche Gemeinde auf und pflegte sie oder gab ihnen ein würdiges Begräbnis. Ohne die Beweggründe der Christen zu verstehen, fanden die sozialen Dienste der Christen und ihr Umgang miteinander bei den Römern Anerkennung, insbesondere ihre Totenfürsorge.

Friedhöfe mussten außerhalb der Stadt liegen, da eine innerstädtische Bestattung verboten war – nur Kaisern wurden Ausnahmen gestattet. Die Friedhöfe lagen deshalb im Umfeld der Stadt, an den großen Konsularstraßen wie der Via Appia. In einer dichtbesiedelten Millionenstadt wie Rom war der Platz für Gräber knapp. Die Römer, v. a. Arme und Sklaven, zogen die Verbrennung ihrer Toten vor und die platzsparende Urnenbeisetzung. Das individuelle Leben endete mit dem Tod, so dass es keine Rolle spielte, ob der Körper in der Erde bestattet oder verbrannt wurde. Von Bedeutung war die *„memoria"*, die bleibende Erinnerung im Gedächtnis der Nachwelt. Der Verstorbene stieg als *„Schatten"* in die Unterwelt, wo er nur existierte, solange jemand seiner gedachte. Deshalb bauten die Römer **monumentale Grabmäler** und stellten Gedenksteine auf.

Einige der größten Friedhöfe und zahlreiche Gedenkorte vornehmer und wohlhabender Familien liegen im **Umfeld der Via Appia**. Sie war die *„Königin der Straßen"*, erbaut im Auftrag des Zensors Claudius Appius, und verband Rom über Capua und Benevent mit Brindisi an der Adria. Für die Christen war die Straße von Bedeutung, weil über sie Paulus nach Rom gekommen war. Mitglieder der Gemeinde waren ihm entgegengegangen und hatten ihn als Zeichen der Gastfreundschaft nach Rom geleitet.

Von der Porta San Sebastiano an ist die Straße von Grabmonumenten gesäumt, das monumentalste ist das der **Caecilia Metella** aus dem 1. Jahrhundert v. Chr., das im Mittelalter in eine Festung umgebaut wurde; oder das von Romulus, dem Sohn von Kaiser Maxentius. Die *„damnatio memoriae"*, die Auslöschung der Erinnerung, indem z. B. die Namen auf den Denkmälern ent-

An der Via Appia

fernt wurden, bedeutete das absolute Ende. Das war für die **Christen** undenkbar. Ihr **Glaube an die leibliche Auferstehung** schloss die Unversehrtheit des toten Körpers ein und verlangte die Erdbestattung. Während die Römer ihre Friedhöfe Nekropolen (Totenstädte) nannten, sprachen die Christen von **Coemeterien** (Schlafplätzen), wo sie ihre Toten vorübergehend in Verwahrung gaben („*depositio*") bis zur baldigen Wiedervereinigung. Friedhöfe im christlichen Sinn sind Orte, wo die Toten bis zur Auferstehung des Fleisches „*schlafen*". In den ersten Jahrhunderten hatte die christliche Gemeinde noch keine eigenen Friedhöfe, sie mussten ihre Toten auf den öffentlichen Friedhöfen bestatten. Deshalb wurde Petrus am öffentlichen Friedhof beim Vatikanischen Hügel und Paulus an dem an der Straße nach Ostia begraben. Im Laufe der Zeit stellten wohlhabende Gemeindemitglieder Grundstücke für Friedhöfe zur Verfügung. Benannt wurden die **christlichen Katakomben** nach Personen, die sie stifteten, wie Flavia Domitilla, Cyriaka oder Priscilla, wichtige Aufgaben verrichteten wie Callistus oder nach Heiligen, die dort bestattet waren, so die Märtyrer Agnes und Sebastian.

Das Wort **Katakomben** als Bezeichnung für unterirdische Grabanlagen geht auf den Ort rund um die Sebastianskatakomben zurück. „*Kata kumbas*" bedeutet „*bei den Gruben*". Für die Römer waren das die Pozzulangruben, die durch Aushub von Gestein entstanden waren. Nach einer anderen Herleitung kommt „*ad catacumbas*" von den Kähnen, die auf einem Tavernenschild abgebildet waren. In den Gruben und Stollen wurden erste Gräber in den weichen Tuffstein geschlagen für heidnische und christliche Bestattungen. Seit dem 4. Jahrhundert wurde der Friedhof von San Sebastiano Katakombe genannt, später alle unterirdischen (christlichen) Friedhöfe.

Da die Lage der Friedhöfe bekannt war, konnten sich die Christen dort nicht vor ihren Verfolgern verstecken. Das wäre auch wegen des starken Verwesungsgeruchs und mangelnder Belüftung schwierig gewesen, zudem es den Behörden ein Leichtes war, die Luftschächte zuzuschütten und so einen Aufenthalt an den Gräbern zu unterbinden. Als *„locus sacer"* (heiliger Ort) respektierten die Römer alle Friedhöfe und gewährten ihnen Unversehrtheit. Wie am Eingang zu den Domitilla-Katakomben mahnten Tafeln die Heiligkeit des Ortes an und warnten vor Grabschändung.

Im 4. Jahrhundert war die Blütezeit der Katakomben: Christen wollten nahe bei den Heiligen und Märtyrern bestattet werden. Mit der Plünderung Roms 410 durch die Westgoten und weiterer Barbareneinfällen gingen die Beisetzungen zurück. *„Als die Goten ihre verfluchten Lager vor der Stadt aufbauten, begannen sie einen gottlosen Krieg gegen die Heiligen und zerstörten in gotteslästerlicher Weise die seit jeher den heiligen Märtyrern geweihte Grabstätten"* klagt das Epigramm von Papst Vigilius (537 – 555). Die Katakomben wurden weiterhin besucht wegen der Märtyrergräber. Ab dem 7. Jahr-

hundert fingen die Päpste an, wegen der unsicheren Zeiten die Toten aus den Gräbern in die Kirchen der Stadt zu verlegen.

Nicht alle unterirdischen Friedhöfe sind noch bekannt. Sie gerieten in Vergessenheit, wurden geplündert in der Hoffnung auf Grabbeigaben oder durch Erdrutsche verschüttet. Mit der Völkerwanderung und dem Niedergang Roms kamen die Bestattungen in den Katakomben zum Stillstand. Um die Gräber vor Schändung und Plünderung zu schützen, wurden die Gebeine

der Toten in den Schutz der Stadt geholt. Der Märtyrer-
kult verlagerte sich in die Kirchen der Stadt. Die Katakomben gerieten in Vergessenheit. Nur San Sebastiano
blieb bekannt und durch die Jahrhunderte ein Pilgerziel.

Erst in der Zeit der Gegenreformation nach dem **Konzil von Trient** (1545 – 1563) kam erneut Interesse an den
frühchristlichen Friedhöfen auf. Aus wiederentdeckten
Katakomben wie San Lorenzo (Cyriaka-Katakombe), wurden die sterblichen Überreste geborgen und als sog.
„*Katakombenheilige*" verkauft, nachdem sie „getauft"
worden waren und einen Namen bekommen hatten. Sie
kamen kostbar geschmückt in Kirchen zu Ehren. Im 19.
Jahrhundert begann mit G. B. de Rossi, dem Begründer
der christlichen Archäologie, die systematische Erfor-
schung der Katakomben und ihre Restaurierung. Er ent-
deckte 27 Katakomben, darunter die von San Callisto.

Auf den Friedhöfen trafen sich die Christen zu den
Begräbnissen, **Totenfeiern** und an den **Jahrestagen der
Verstorbenen**. Der **Bestattungsritus** selbst war einfach
und ohne Prunk. Die Totenfeiern fanden in einem **Triclinium** statt, einer größeren Grabkammer. Die christliche Gemeinde bewahrte das Gedächtnis ihrer Toten, sie
kamen an die Begräbnisstätten zum Jahresgedächtnis
und um an den Gräbern der Päpste, Märtyrer und Heiligen zu beten. Am Jahrestag ihres Martyriums gedachten
sie ihres Zeugnisses im Verlesen ihrer Lebensgeschich-
ten, Schriften und **Martyriumsberichte**. Wesentlicher Bestandteil der Feierlichkeiten war das **Gebet** und die
gemeinsame **Eucharistiefeier**. Das **Gedenken an den Verstorbenen** festigte den eigenen Glauben und gab Kraft in
den schweren Zeiten der Verfolgungen. Es wurden die
sterblichen Überreste und das Grab des Märtyrers verehrt, denn sie waren die Schnittstelle zwischen dem irdischen Leben mit seinem Glaubenszeugnis und der
himmlischen Vollendung, in die der Märtyrer nach sei-

nem Tod eingegangen war. *„Wer glaubt, dass Gott geboren wurde, litt und zum Vater zurückkehrte und aus dem Himmel wiederkommt, um die Lebenden und Toten zu richten, weiß, dass den heiligen Märtyrern der Himmel offen steht..."*, schreibt Papst Damasus (366 – 384) stellvertretend für alle Glaubenszeugen über die Märtyrer Felix und Philippus. Begräbnisplätze nahe **bei den Märtyrern** waren begehrt. Da man sie bei Gott wusste, hoffte man auf ihre Fürsprache und Nähe am Tag des Jüngsten Gerichts. Papst Damasus wünschte daher in der Papstgruft der Callistuskatakombe begraben werden, wo neun Märtyrerpäpste bestattet waren: *„Hier wollte ich, Damasus, meine Glieder bestatten, doch ich fürchte die heilige Asche der Frommen zu stören."*

Anders als die Römer bauten die Christen **keine oberirdischen Grabmäler**. Erst seit dem Ende der Verfolgungszeit entstanden Gedenkbauten über den Gräbern der Märtyrer in Form von **Tropaia** (Denkmälern), **Oratorien** oder **Kirchen**. Die Christen begruben ihre Toten im Boden, wo sie zudem besser vor Zerstörung geschützt waren, meist in **Loculi** (Grabnischen), aber auch in **Arcosolia** (Bogengräbern) und **Cubicula** (Familiengräber). Der Platz war knapp und schnell belegt durch die wachsende Gemeinde. Um neue Begräbnisplätze zu schaffen wurde in die Tiefe gegraben. Von Vorteil war der leicht zu bearbeitende **Tuffstein** in der Umgebung Roms, der in Kontakt mit Luft hart und tragfähig wird. So entstanden bis zu fünf unterirdische Etagen in **über 60 Katakomben** rund um Rom mit Gängen von insgesamt mehreren hundert Kilometern.

Die **ältesten Gräber** liegen unmittelbar an der Oberfläche, die jüngsten in den untersten Etagen. Vor der Beisetzung wurden die Toten gewaschen und in ein Leinentuch gehüllt, dann mit Kalk bestreut und in die Grabnischen (loculi) gelegt. Manchmal wurden **Öllam-**

pen entzündet. Verschlossen wurden die Grabnischen meist mit einfachen Ziegeln oder Tonplatten, seltener mit Marmor.

Auffällig ist, dass viele **Kindergräber ohne Namen** mit dem teuren Marmor verschlossen wurden: die, die im Leben keiner wollte, bei Gott haben sie ihren einzigartigen Wert. In den noch feuchten Putz wurden Symbole, Inschriften oder Name und Beruf des Verstorbenen eingeritzt (= **Graffiti**). Viele Grabplatten sind leer. Es war nicht wichtig, den Namen des Verstorbenen zu verewigen, denn bei Gott ist jeder Name im Buch des Lebens vermerkt und kann nicht in Vergessenheit geraten. Man nahm Abschied in der Gewissheit, sich bald wiederzusehen. Der Todestag wurde als eigentlicher Geburtstag (*„dies natalis"*) gefeiert, weil er den Übergang in das unzerstörbare, ewige Leben markiert. **Biblische Bilder** sprechen von der Hoffnung der Menschen auf ein Leben in Christus. Die **Inschriften, Symbole und Bilder** künden vom Glauben der frühen Christen und ihrem Wissen, dass sie hier nur einen vorläufigen Ruheplatz gefunden haben, bis alle bei der Wiederkunft Christi erneut zusammenkommen. An einem Grab an der Via Nomentana ist zu lesen: *„Ich habe wie unter einem Zelt vierzig Jahre gelebt, nun wohne ich hier bis zur Ewigkeit"* (Fasola U., Le origini cristiane a Trastevere, 1981).

Christliche Friedhöfe sprechen vom Glauben der Christen und ihren Hoffnungen. Die Katakomben sind ein Spiegel ihres Lebens, unabhängig ob ein einfaches Nischengrab oder eine prächtig ausgemalte Grabkammer. Es sind Zeichen der Zuversicht, der Hoffnung und des Glaubens an die Auferstehung. Eine immer wieder zu lesende Grabinschrift ist *„in pace"*: Der Tote ruht in Frieden inmitten der christlichen Gemeinschaft, die den ewigen, göttlichen Frieden in ihrem Handeln in diese Welt hineinträgt. *„In ihrem Gesamt sind die Katakom-*

ben ein großartiges Glaubenszeugnis. Sie konnten nur entstehen, weil dahinter die geballte Kraft einer Gemeinschaft stand, die sich mit ihrem Oberhirten und untereinander verbunden wusste durch ein dreifaches Band: durch den starken und stärkenden Glauben an die Wahrheit und Frohbotschaft Jesu, durch die unerschütterliche Hoffnung auf die verheißene Auferstehung und das ewige Leben bei ihm, und vor allem durch die alle einigende und auch die lieben Verstorbenen einschließende Liebe zu Gott, die sich in der praktizierten Nächstenliebe im Alltag beweist" (aus: Korte R., Leise Stimmen aus der Tiefe, Città del Vaticano 1998).

Die Anfänge der christlichen Kunst in den Katakomben

Aus den Katakomben sind mehr als 80.000 Inschriften erhalten, die meisten aus dem 3. Jahrhundert. Es sind Wünsche, Hoffnungen und Lebenserfahrungen, die zum Ausdruck gebracht wurden: *„Du wirst* (in Gott) *leben"*, *„denke an mich bei Gott"*, *„für mein geliebtes Kind"*, *„für die vielgeliebte Ehefrau, mit der ich ohne jeden Streit lebte"*. Oftmals sind die Buchstaben unbeholfen eingekratzt, es war kein Geld für teure Steinmetze vorhanden. Der Verstorbene wurde auf ganz persönliche Art geehrt, und über seinen Todes hinaus war er weiterhin der Gemeinschaft der Lebenden verbunden. Aus dieser Intention heraus verfasste Papst Damasus zahlreiche Epigramme (Inschriften in Gedichtform) zum Gedächtnis der Märtyrer, die bei den Gräbern angebracht wurden, um ihr Gedächtnis zu wahren. *„Wer immer das liest, soll vom Verdienst derer erfahren, denen Damasus dieses Gedicht widmet ..."* (aus dem Epigramm für die beiden Märtyrer Stephanus und Tarcisius in San Lorenzo fuori le Mura).

Zahlreich sind die Glaubenssymbole. Zwar kannte auch das heidnische Umfeld diese Bilder, aber für die

Christen stand dahinter eine tiefere Wirklichkeit. Das Bild des Fisches verstanden nur Eingeweihte. Die fünf Anfangsbuchstaben des griechischen Wortes *„ichthys"* für Fisch, enthalten ein ganzes Glaubensbekenntnis:

X = Ch   P = R   ☧

I	Ιησουσ	Jesus
X	Χριστοσ	Christus
Θ	Θεου	Gottes
Υ	Υιου	Sohn
Σ	Σωτερ	Retter

Wie das Wasser der Lebensraum des Fisches ist, ist der Christ durch das Wasser der Taufe in das ewige Leben eingegangen. Die griechischen Buchstaben **XP** sind die Anfangsbuchstaben des Christusnamens, oft in einem **Siegeskranz** mit den Buchstaben Alpha (A) und Omega (Ω), den ersten und letzten Buchstaben des griechischen Alphabets: Christus, der Sieger über den Tod ist Anfang und Ende. Der **Anker** steht für das Festmachen in Christus und die Hoffnung auf das ewige Leben in ihm. Die **Taube** symbolisiert den Frieden, den nur Gott geben kann.

In den Bogengräbern war Platz für **Malereien**, deren Motive teilweise aus dem heidnischen Umfeld übernommen waren, doch in neuer Deutung. Der Hirte Orpheus wurde zum **guten Hirten**, der das verlorene Schaf heimträgt, wie Christus die Seele des Verstorbenen. Oder die **Orante** (Betende), eine menschliche Gestalt mit erhobenen Händen: die menschliche Seele, die Gott zustrebt. Zunehmend entstanden **biblische Rettungsbilder**: Noach in der Arche; Jona mit dem Walfisch; die drei Jünglinge im Feuerofen; Mose, der für sein dürstendes Volk in der Wüste Wasser aus dem Felsen schlägt. Bevorzugte Motive aus dem Neuen Testament waren **Mahlszenen und Wunder Jesu**: Brotvermehrung und Totenerweckungen (Lazarus und die Tochter des Jairus). Auf den Gewändern stehen zuweilen die Buchstaben **Z** für *„zoe"*, das griechische Wort für *„Leben"*, **Y** für *„idon"* (gesehen), d. h., der Betreffende ist ein (Augen-)Zeuge für Christus und **H** für den 8. Buchstaben des griechischen Alphabets und die Zahl Acht. Der 8. Tag der Woche ist zugleich der erste und damit der Sonntag, der Herrentag, an dem Christus auferstanden ist. Auf anderen Bildern tritt der göttliche Wundertäter, Lehrer und Richter inmitten seiner Jünger auf. Apostel und Heilige führen die biblischen Glaubensbilder in die Zeit der Kirche hinein fort. **Blumenornamente, Pflanzen, Früchte, Weinreben und Vögel**, die von den Früchten essen, sind Bilder vom Paradies, das sich die Verstorbenen erhofften.

San Sebastiano ad Catacumbas (St. Sebastian bei den Katakomben)

„Du suchst nach den Namen von Petrus und Paulus, wisse, die Heiligen haben hier gewohnt" (Papst Damasus)

Unter der **Sebastianskirche** wurden neben **römischen Wohnhäusern** (*„villae"*) und einfachen **Nischengräbern** auch gemauerte **Grabmonumente** freigelegt mit **Wandmalereien** aus den ersten Jahrhunderten. Um einen kleinen Platz (Piazzuola) sind drei **Mausoleen**, die als Familiengräber dienten. Sie sind ganz aus Tuffstein gehauen, nur die Fassaden sind gemauert. Die **Malereien** zeigen neben mythischen Gestalten wie der Medusa mit Schlangenhaaren, Rebstöcke mit Vögeln, Obst in Schalen und Totenfeiern (*„refrigeria"*) mit Lobredner, Aufbahrung, Abschied. Aus einer **unterirdischen Quelle** wurde beim heidnischen Totenkult Wasser geschöpft für die Trankopfer. Über dem ursprünglichen Niveau entstand ein weiteres Stockwerk mit Gräbern und einem **Triclinium**, einem Versammlungsraum für die Totenfeiern. Umgekehrt zu den anderen Katakomben liegen die ältesten

Gräber in St. Sebastian in der unteren Zone. Die Wände sind bedeckt mit Blumen- und Tierdarstellungen, von denen nur noch wenige erhalten sind.

Bemerkenswert ist die **Grabkammer des Jona**, so benannt nach den vier Szenen aus der alttestamentlichen Jonageschichte:

– Jona wird von einem Schiff in den aufgerissenen Rachen eines Ungeheuers abgeseilt.
– Das Ungeheuer spuckt Jona auf festes Land.
– Während das Ungeheuer ins Meer zurückkehrt, rettet sich Jona auf die Klippen.
– Jona ruht unter einer Laube.

Der **Lotsarkophag** aus dem 4. Jahrhundert zeigt ein Ehepaar, umgeben von Szenen aus dem Alten und Neuen Testament, darunter die Vertreibung aus dem Paradies, die Übergabe der zehn Gebote an Mose, das Opfer Abrahams, die Auferweckung des Lazarus und die Verleugnung Petri.

Basilika St. Sebastian bei den Katakomben

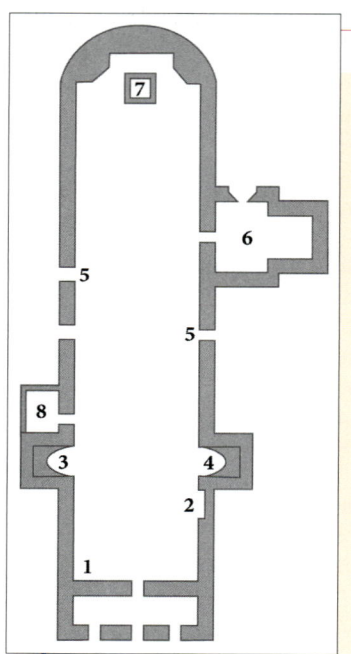

**Grundriss
San Sebastiano
ad Catacumbas**

1 Schrifttafel über Märtyrer
   Eutychius
2 Schrifttafel über Apostelge-
   dächtnis
3 Sebastianskapelle, darunter
   Krypta
4 Reliquienkapelle
5 Ausgänge zu den Katakomben
   und in die Konstantinische
   Basilika
6 Albani-Kapelle (Sakristei)
7 Hauptaltar
8 Alte Sakristei

Unter Kaiser Valerian (253 – 260) kam eine der schlimmsten Verfolgungen über die christliche Gemeinde Roms. 258 verbot der Kaiser den Christen, die Friedhöfe zu betreten und Versammlungen abzuhalten. **Papst Sixtus II.** (257 – 258) wurde in den Callistus-Katakomben verhaftet und hingerichtet, weil er dieses Gebot missachtete. Es war zu gefährlich, die **Gräber der Apostelfürsten Petrus und Paulus** zu besuchen. Zudem befürchtete die Gemeinde eine Schändung der Gräber und die Verhaftung der Gläubigen, wenn sie dort beim Gebet angetroffen wurden. Deshalb wurden die Gebeine der Apostel in den **Friedhof *„ad catacumbas"*** überführt, wo es leichter war, sich an den Gräbern zu versammeln und Gottesdienst zu feiern. Bald wurde die Katakombe als

„**memoria Apostolorum**" (Gedächtnis der Apostel) bekannt. *„Hier haben einst an dieser Stelle gelegen, erfragst du ihre Namen, es sind die hl. Apostel Petrus und Paulus"* (aus der Inschrift von Papst Damasus).

Die ganze stucküberzogene **rote Mauer nahe der Apostelgrablege** ist mit **Graffiti** (Inschriften) aus der zweiten Hälfte des 3. bis zur ersten Hälfte des 4. Jahrhunderts bedeckt. Die mehr als zweihundert Graffiti beweisen die ungebrochene Verehrung, trotz der staatlichen Repressalien: Anrufungen und Bittgesuche in Griechisch und Latein, einige in Aramäisch, der Sprache Jesu: *„Petrus und Paulus, bittet für ..."* Andere bestätigen, dass der Schreiber die religiösen Pflichten der Totenfeiern erfüllt hat. Und immer wieder sind das **Christusmonogramm** und die griechischen Buchstaben Alpha und Omega zu lesen: Christus, Anfang und Ende aller Zeiten. Häufig ist das Zeichen des Fisches eingeritzt, Erkennungszeichen und Glaubensbekenntnis der frühen Christen.

Petrus und Paulus blieben ca. 70 Jahre *„ad catacumbas"*, bevor sie nach der Befreiung des Christentums durch Kaiser Konstantin wieder in ihre ursprünglichen Grabstätten zurückgebracht wurden. Das römische Martyrologium nennt den 25. Januar als Tag der Übertragung. Zur Erinnerung an die Anwesenheit der Apostelfürsten befahl Konstantin in der ersten Hälfte des 4. Jahrhunderts den Bau der **Basilica Apostolorum** über ihrer zeitweisen Grabstätte. Das Gotteshaus diente zunächst als Friedhofskirche. Sie ersetzte die römischen Triclinia und Refrigeria, wo bis dahin die Totenfeiern stattfanden. Das *„refrigerium"* war der Raum für eine Gedächtnisfeier, bei der sich Angehörige und Freunde am Grab des Toten versammelten und zu seinen Ehren *„refrigeria"* (Erfrischungen) zu sich nahmen, d. h., ein Totenmahl feierten. Anlässlich solcher Gedächtnisfeiern entstanden die Graffiti für Petrus und Paulus.

Um das Jahr 305 wurde auf dem Friedhof der Offizier der kaiserlichen Leibgarde **Sebastian** bestattet, der während der diokletianischen Verfolgung das Martyrium erlitten hatte. Vermutlich errichtete schon **Papst Damasus** (366 – 384) über dem Sebastiansgrab eine Krypta, die später in die Basilika integriert wurde. Die Inschrift über der alten Sakristei bestätigt, dass er *„hier gelegen hat"*. Von **Gregor d. Gr.** (590 – 604) wird die Legende überliefert, dass ihm bei einer Messfeier in der Basilika ein Engel kundtat, dass dies der Ort sei, wo Sebastian für Christus Zeugnis ablegte und bestattet war. Trotz der Überführung zahlreicher Märtyrergebeine in die Kirchen der Stadt blieb das **Grab Sebastians** an seinem ursprünglichen Ort an der Via Appia. Seine Verehrung als **Pestpatron** ist in Rom schon seit dem 7. Jahrhundert nachgewiesen, als 680 nach einer Prozession mit den Sebastiansreliquien die Epidemie zum Stillstand kam. Die große Popularität des Heiligen führte dazu, dass das Patrozinium der Kirche von den Aposteln auf den hl. Sebastian überging. **Philipp Neri** besuchte wiederholt das Sebastiansgrab in der Krypta, wo er nächtelang betete. Anlässlich seines Besuchs zu Pfingsten 1544 hatte er ein geistliches Erlebnis. Er fühlte einen Schmerz, als ob ein glühender Feuerball in sein Herz drang. Für Philipp änderte sich sein Leben, sein Gebet und seine theologischen Studien wurden noch intensiver. Er wurde Priester und gründete eine Laiengemeinschaft zur Betreuung der Rompilger, wo Pilger als *„Gäste Gottes"* umsonst aufgenommen und betreut wurden. Später folgte das Oratorium, eine Gemeinschaft Gleichgesinnter zur Pflege geistlichen Lebens, aus der später die Kongregation der Oratorianer hervorging. Die Basilika des hl. Sebastian nahm er in die **Sieben-Kirchen-Wallfahrt** auf.

Seit 1826 betreuen Franziskanerminoriten die Pfarrei San Sebastiano und die Katakomben. Das **Kloster** selbst ist eines der ältesten Roms, gegründet von Sixtus III.

Aufgrund der zahlreichen Pilger wurde die Basilika mehrfach umgebaut. Im Zentrum waren die *„Memoria Apostolorum"* und das Sebastiansgrab. Es wurde Raum geschaffen für die vielen Gläubigen und Pilger, die in der Nähe der Märtyrer im Untergrund der Kirche und ihrer unmittelbaren Nachbarschaft bestattet werden wollten.

Ihre heutige Größe und Gestalt erhielt die Basilika im 17. Jahrhundert durch Scipio Borghese, dem späteren **Paul V.** (1605 – 1621), daher seine Wappentiere Adler und Drache an der reich verzierten Kassettendecke. Die Größe der heutigen Kirche entspricht nur mehr dem Mittelschiff der Konstantinischen Basilika. Gleich beim Eingang hängt eine vollständig erhaltene Gedenktafel mit dem **Epigramm des Märtyrers Eutychius (1)**, dessen Text Papst Damasus verfasste. Eutychius war zu Beginn des 4. Jahrhunderts grausam hingerichtet worden. Damasus schildert die Qualen (Kerkerhaft, mit Glasscherben bestreute Liegestatt, Hunger, Sturz in den Abgrund), die Eutychius zu erleiden hatte und preist seine Glaubensstärke. Die Gläubigen fordert er auf, das Grab zu verehren; es konnte noch nicht lokalisiert werden. Eine weitere **Schrifttafel von Damasus (2)** hängt beim Taufbrunnen und bestätigt die Apostelgrablege in den Katakomben: *„Aus dem Osten kommend wurden sie für ewig Bürger Roms und durch ihr Martyrium haben sie Teil an der*

Hl. Sebastian von G. Giorgetti

Nachfolge Christi". Die **Marmorbüste Christi des Erlösers** (Christus Salvator) ist das letzte Werk des großen
Barockkünstlers G. Bernini. Er schuf sie 1679, kurz vor
seinem Tod.

Die **Gebeine des hl. Sebastian** liegen in einer eigenen
Kapelle (3) in einem prächtig ausgestatteten Barockgrab.
Auf Veranlassung von Kardinal Borghese wurde der
Leichnam des Heiligen in die Kapelle überführt. Zuvor
war Sebastian nur an seinem Grab in der Krypta verehrt
worden; die Basilika war dem Apostelkult vorbehalten.
Die **Statue von G. Giorgetti** (1712), einem Bernini-Schü-
ler, zeigt den Heiligen liegend und von Pfeilen durchbohrt. In der Kunst wird er meist mit Pfeilen dargestellt,
obwohl er nicht daran starb. Er wurde von einer Christin
namens Irene gesund gepflegt. Erneut verurteilt wegen
seines unerschütterlichen Glaubens wurde er zu Tode ge-
prügelt.

Eine Tür beim Altar führt zur ursprünglichen **Krypta
des Heiligen**. Nach frühmittelalterlichen Berichten wurde
Sebastian in den Katakomben *„am Anfang der Krypta
bei den Apostelspuren"* bestattet. Im 5. Jahrhundert lag
das Grab nach einem Umbau in einem rechteckigen
Raum in der Mitte. Ein heute geschlossenes Loch in der
Decke brachte eine direkte Verbindung mit der Kirche
und ermöglichte den Gläubigen Zugang zum Grab. In
der Krypta steht eine **Marmorbüste des hl. Sebastian**, die
G. Bernini zugeschrieben wird. Entgegen den meisten
Beschreibungen der Märtyrerberichte stellt er Sebastian
als jungen Mann dar.

Gegenüber der Sebastianskapelle werden die bedeutenden **Reliquien der Basilika (4)** verwahrt. Die Ausgestaltung dieser Kapelle gab 1625 der Bayernherzog
Maximilian in Auftrag. Unter den Reliquien sind ein Pfeil
mit dem Sebastian gemartert wurde und die Säule, an
die er gefesselt war. Ein Stein aus der nahen Quo-Vadis-

Kirche trägt die Fußabdrücke Jesu, Erinnerung an die Begegnung mit Petrus. Weitere Reliquien stammen von den Aposteln Petrus, Paulus und Andreas, den Päpsten Callistus, Stephanus und Fabian, den Heiligen Rochus, Achilleus und Nereus, ein Dorn aus der Dornenkrone Christi, um nur die wichtigsten zu nennen.

Der Name der **Albani-Kapelle (6)** geht auf Clemens XI. (1700 – 1721) zurück, der aus der gleichnamigen Familie stammte. C. Fontana kleidete sie im Auftrag des Papstes mit kostbarem Marmor aus. Der Altar ist ein antiker Sarkophag aus einem nahen Mausoleum. Eine Statue präsentiert den **Märtyrerpapst Fabian** (236 – 250). Paschalis I. (817 – 824) ließ seine Reliquien aus der benachbarten Callistus-Katakombe nach St. Sebastian überführen. Beide Märtyrer (Fabian und Sebastian) sind Patrone der Katakomben und beider wird am 20. Januar gedacht. Fabians Kopf birgt ein Reliquiar unter dem Altar. Die Fresken beziehen sich auf die Wahl Fabians zum Papst: Während der Kandidatensuche ließ sich eine Taube auf seinem Haupt nieder, worauf ihn das Volk zum Papst ausrief.

„In der Tat kann der oft orientierungslose und unsichere moderne Pilger, der den Weg der ersten Christen nachvollzieht und ihre ergebene Haltung einnimmt, eher dazu bewegt werden, die eigene religiöse Identität wieder zu entdecken. Zugleich wird er sich, ebenso wie zahlreiche Märtyrer aus den ersten Jahrhunderten des Christentums mit neuem Eifer der Nachfolge Christi widmen" (Johannes Paul II., Predigt am 9.6.2001)

„In der Stille der Katakomben kann der Pilger seine religiöse Identität wiederfinden oder wiederbeleben, indem er eine Art geistigen Weg geht, der ihn, von den ersten Zeugen des Glaubens ausgehend, zu den Beweggründen und Anforderungen der neuen Evangelisierung führt" (Johannes Paul II., 1998).

Santa Croce in Gerusalemme (Heilig Kreuz in Jerusalem)

„Sie werden auf den schauen, den sie durchbohrt haben" (Joh 19,37)

Santa Croce liegt am Fuß des Esquilin, nahe der Porta Maggiore, unmittelbar an der Aurelianischen Stadtmauer. Durch ihre Lage steht sie in direkter Verbindung zum Lateran und zu Maria Maggiore: Die Lateranbasilika, urspr. Christus, dem auferstandenen Erlöser geweiht und Kirche des Papstes, erhebt sich zwischen Maria Maggiore, dem römischen Betlehem (Gedächtnis der Menschwerdung Jesu) und Santa Croce (Gedächtnis des Leidens und Erlösungstodes), dem römischen Jerusalem. Der Papst als oberster Repräsentant der Kirche verkündet den auferstandenen Christus und ist eingebunden in sein Leben von der Geburt aus der Jungfrau Maria in Betlehem bis zum Tod am Kreuz vor den Toren Jerusalems.

Ganz in der Nähe der Basilika liegt an der Stadtmauer das **Oratorium Santa Maria del Buon Aiuto** (Oratorium der Madonna von der guten Hilfe) mit dem Fresko der Gottesmutter mit dem Jesuskind. Als Sixtus IV. (1471 – 1484) auf dem Weg nach Santa Croce von einem Unwetter überrascht wurde, suchte er bei der Madonna Schutz. Zum Dank für die erlangte Hilfe ließ er das Fresko restaurieren und das kleine Oratorium bauen.

In der republikanischen Zeit (5. Jahrhundert v. Chr.) stand an dem Platz der heutigen Kirche ein Tempel der Göttin Spes (Hoffnung). Daher stammt die Ortsbezeichnung *„Hortus Spei Veteris"* (Garten der altehrwürdigen Hoffnung). Im 4. Jahrhundert gehörte das Gelände der kaiserlichen Familie. Kaiserin Helena hatte dort im **Sessorianischen Palast** ihren Wohnsitz. Daher wird für die Kirche in manchen Pilgerführern der Name **Basilika Sessoriana** angegeben. Von ihrer Pilgerfahrt ins Heilige Land

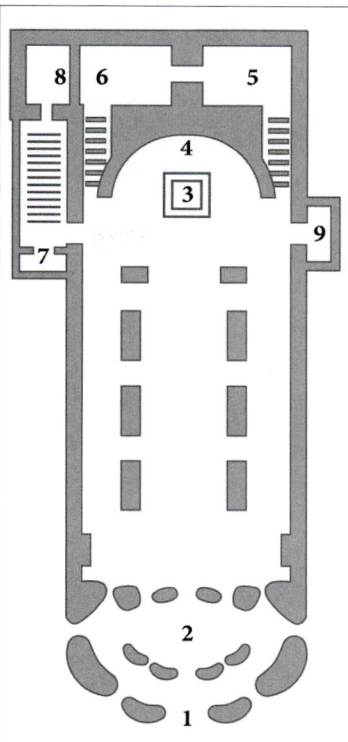

Grundriss Santa Croce in Gerusalemme

1 Fassade
2 Vorhalle
3 Hauptaltar
4 Apsis mit Fresken über Geschichte des hl. Kreuzes
5 Helenakapelle
6 Kapelle Gregor d. Gr. (Sakramentskapelle)
7 Gedenkraum der „Nennolina"
8 Reliquienkapelle
9 Sakristei

(um 325) brachte Helena zahlreiche Reliquien mit. Für diese stiftete sie einen Teil ihres Palastes für eine Kirche, deren Boden sie mit Erde von Golgota auffüllte, was die Bezeichnung *„in Jerusalem"* veranlasste. Die Erde ist unter der Glasscheibe in der Helena-Kapelle zu sehen. Santa Croce ist die einzige der sieben Hauptkirchen, die nicht einem Heiligen geweiht ist, sondern den Passionsreliquien, die Kaiserin Helena nach Rom gebracht hatte. Mehrfach wurde die Kirche umgebaut und erweitert. Papst Lucius II. (1144 – 1145) gab eine dreischiffige romanische Basilika in Auftrag, der Benedikt XIV. (1740 – 1758) ihr heutiges Aussehen gab.

Die Kirche spielte eine wichtige Rolle in der **Karfreitagsliturgie der Päpste**: Seit dem 7. Jahrhundert und bis ins hohe Mittelalter sind Prozessionen zwischen Santa

S. Croce in Gerusalemme

Croce und dem Lateran belegt. Barfuß ging der Papst nach Santa Croce, um dort mit dem Klerus die Passionsreliquien zu verehren. In feierlicher Prozession zog er anschließend mit den Reliquien zum Lateran, wo sie von den Gläubigen verehrt wurden. Während der Liturgie wurde die Johannespassion verlesen. Besondere Festtage der Kirche waren und sind der Passionssonntag (5. Sonntag der Fastenzeit), die Karwoche und als Höhepunkt der Karfreitag; dazu die Feste der Kreuzauffindung am 3. Mai und der Kreuzerhöhung am 14. September. Am 4. Fastensonntag und dem Karfreitag ist Santa Croce **Stationskirche**.

Die **barocke Fassade (1)** entstand unter dem Einfluss F. Borrominis. Sie wird vom Kreuz Christi überhöht, das zwei Engel halten. Das Kreuz flankieren die vier Evangelisten mit Kaiserin Helena (links) und ihrem Sohn Kaiser Konstantin (rechts).

Der ellipsenförmige **Vorraum (2)** ersetzt den ehemaligen Portikus und repräsentiert die barocken Umbauten der Basilika. Das anschließende Kirchenschiff lässt den basilikalen Raum erkennen mit seinen römischen Säulen und einem Kosmatenfußboden aus dem 12. Jahrhundert.

Unter dem **Hauptaltar (3)** mit einem Ziborium aus dem 18. Jahrhundert ruhen in einer grauen Basalturne die Gebeine der **Märtyrer Caesarius und Anastasius**. Die **Apsisfresken (4)** von A. Romano (1495) präsentieren den segnenden Christus in der Mandorla mit einem aufgeschlagenen Buch: „*Ich bin der Weg, die Wahrheit und das Leben*", und darunter die Auffindung des wahren Kreuzes durch Kaiserin Helena. Bischof Ambrosius von Mailand überlieferte Ende des 4. Jahrhunderts eine in Jerusalem entstandene Legende, die in die „***Legenda Aurea***" einging. Diese Legendensammlung des Dominikaners Jacobo de Voragine war seit dem 13. Jahrhundert weit verbreitet, v. a. durch die **Geschichte des Kreuzes Christi** vom Paradiesbaum bis zu seiner feierlichen Erhöhung. Die Erzählung beginnt auf der linken Seite der Apsis: Helena fand drei Kreuze auf Golgota, das

Kreuz Christi und die der beiden mitgekreuzigten Schächer. Um das wahre Kreuz Christi zu identifizieren, lässt Helena einen Toten auf die Kreuze legen. Auf dem Kreuz Christi wurde er wieder zum Leben erweckt. Helena präsentiert das wahre Kreuz und dankt Gott für seine Auffindung. Auf der rechten Seite will Kaiser Heraklius das Kreuz nach Jerusalem zurückbringen, das der ungläubige Per-

S. Croce in Gerusalemme:
Kreuz über der Fassade

serkönig Chosroes geraubt hatte. Doch der Kaiser kann Jerusalem erst betreten, nachdem er seine kaiserlichen Gewänder abgelegt hatte und statt hoch zu Ross das Kreuz im Büßergewand als demütiger Pilger in die Stadt trägt.

Treppen beiderseits der Apsis führen hinunter zu zwei Kapellen. Die **Kapelle der hl. Helena** (**5**) ist der älteste Teil des Gebäudes. Es war die Privatkapelle der Kaiserin, gebaut für die Verehrung der Passionsreliquien auf Erde von Golgota, wie die Inschrift in der Kapelle bekräftigt: *„Hier ist heilige Erde vom Kalvarienberg Jerusalems, die von der seligen Helena im unteren Gewölbe ausgebreitet und bewahrt wurde, und von daher wurde die Kapelle ‚Jerusalem' genannt."* Die **Helenastatue** ist eine Kopie der Vatikanischen Juno, durch das Attribut des Kreuzes zur Kaiserin Helena umgestaltet. Das **Deckenmosaik** von Mezzo da Forlì (16. Jahrhundert) ersetzt ein älteres aus dem 5. Jahrhundert: ein segnender Christus mit den Evangelisten, Petrus und Paulus, Kaiserin Helena und Papst Silvester. Die Geschichte des hl. Kreuzes in den Lünetten stammt von Pomarancio.

Die **Kapelle Gregor d. Gr.** (**6**), nach einem dort verehrten Flachrelief auch Kapelle der Pietà genannt, bewahrte ein Reliquiar aus dem 14. Jahrhundert mit dem Bild des leidenden Christus, das als Karsamstagsikone bekannt ist. Dieses *„imago pie-*

Hl. Helena mit Kreuz Christi

tatis" (Bild des Erbarmens) zeigt den Schmerzensmann Christus am Grab mit geneigtem Kopf und gesenktem Blick. Sein Körper trägt die Spuren der Geißelung und an Brust und Händen die Wundmale. Diese Darstellung entspricht einer Vision Papst Gregors d. Gr. (590 – 604) während einer Messfeier in Santa Croce. Gregor hatte Zweifel an der tatsächlichen Gegenwart Christi in der Eucharistie. Daraufhin erschien Christus mit den Leidenswerkzeugen über dem Kelch, in den sein Blut aus der Seitenwunde tropfte. Das Reliquiar wird im Museum der Basilika aufbewahrt und ist ein Bekenntnis zur Bedeutung des Leidens Christi: *„Wenn die Liebe auch in den Raum des Todes eingedrungen ist, so ist auch dort das Leben angekommen. In der Stunde der extremsten Einsamkeit werden wir nie allein sein: ,Passio Christi – Passio hominis' (Leiden Christi – Leiden des Menschen)"* (aus der Predigt Benedikt XVI. beim Besuch des Turiner Grabtuchs am 13. Mai 2010). Wenn die Überlieferung davon spricht, dass das Blut Christi aus der Seitenwunde in den Kelch tropfte, erzählt sie vom unzerstörbaren Leben, das sein Blut schenkt, und von seiner bleibenden Gegenwart in der Eucharistie.

In einem kleinen Raum (**7**) auf dem Weg zur Reliquienkapelle ist das Grab von **Antonietta Meo** (1930 – 1937), genannt *„Nennolina"*. Das Mädchen besuchte oft Santa Croce und gilt als jüngste Mystikerin der Kirche. Sie litt an einem sehr schmerzhaften Knochenkrebs. Während ihrer Krankheit schrieb sie zahlreiche Briefe an die Dreifaltigkeit und die Gottesmutter. 2007 sprach ihr Papst Benedikt XVI. den *„heroischen Tugendgrad"* zu, eine Vorstufe zur Seligsprechung.

Höhepunkt des Besuchs in Santa Croce ist die **Reliquienkapelle mit den Passionsreliquien (8)**, des *„Heiligtums des Kreuzes"* (Johannes Paul II. am 25. März 1978 bei seinem Besuch in der Kapelle). Die Leidenswerkzeuge sind sichtbares und greifbares Zeugnis für das Erlösungshandeln Gottes in Jesus Christus. Nicht um ihrer selbst Willen oder wegen ihres materiellen Wertes werden die Reliquien hoch geschätzt. Sie proklamieren in anschaulicher Weise das Ziel unseres Glaubens, Jesus Christus, und führen zur Begegnung mit ihm, indem sie von seinem Leiden und Sterben Zeugnis ablegen und bekennen: *„Wir beten dich an Herr Jesus Christus und preisen dich, denn durch dein heiliges Kreuz hast du die Welt erlöst."*

Der Weg mit vierzehn Kreuzwegstationen führt über Treppen symbolisch hinauf nach Golgota. Die Ikonostase trägt ein **Christusbild**, ein *„vera ikon"*, das wahre Antlitz Christi. Das Bild ist eine moderne Kopie der meistverehrten Christusikone Russlands.

Die mit verschiedenen Marmorarten ausgestattete Kapelle enthält die kostbarsten Reliquien der Christenheit:

– **Teile des Kreuzes Christi**
   „Du, Gott, hast das Heil der Welt auf das Holz des Kreuzes gegründet. Vom Baum des Paradieses kam der Tod, vom Baum des Kreuzes entstand das Leben" (aus der Präfation zum Fest Kreuzerhöhung).

– **Der Titulus Crucis**
   „Pilatus ließ auch ein Schild anfertigen und oben am Kreuz befestigen; die Inschrift lautete: Jesus von Nazaret, der König der Juden" (Joh 19,19). Auf dem Schild stand nach römischer Rechtsauffassung die Schuld Jesu: *„Und eine Aufschrift gab seine Schuld an"* (Mk 15,26). Dieser Satz war in Latein, Griechisch und Hebräisch auf dem Schild zu lesen (von unten nach oben).

– Ein **Nagel**, mit dem Jesus ans Kreuz geschlagen war

– **Zwei Dornen** aus der Dornenkrone Jesu
   „Dann flochten sie einen Kranz aus Dornen; den

setzten sie ihm auf" (Mt 27,29). Die Dornenkrone Jesu hatte König Ludwig IX., der Heilige, 1237 aus Konstantinopel nach Paris gebracht, wo er die Sainte-Chapelle erbauen ließ. Im Laufe der Jahrhunderte wurden die Dornen verteilt, darunter zwei für Santa Croce.

Des Weiteren werden in der Kapelle noch ein **Finger des Apostels Thomas** und ein **Balken vom Kreuz des guten Schächers** ausgestellt. Der Finger des Apostels Thomas wird unter die Passionsreliquien eingereiht, weil es nach frommer Überlieferung der Finger ist, den Thomas in die Seitenwunde Jesu legte (vgl. Joh 21,27).

In einem Nebenraum ist eine Reproduktion des Turiner Grabtuches zu sehen.

„Wir können das Leiden Jesu während der blutigen und extrem schmerzhaften Kreuzigung nur erahnen. Hier begegnet man dem Mysterium: Warum lässt sich Gott, der aus Liebe zu uns Mensch geworden ist, an einen Balken nageln und unter entsetzlichen körperlichen und geistigen Qualen von der Erde erhöhen?" (aus: Kreuzweg mit Benedikt XVI. am Kolosseum 2012, 11. Station).

Santa Croce Passionsreliquien

San Lorenzo fuori le Mura (St. Laurentius vor den Mauern)

„Das Feuer konnte seine Liebe zu Christus nicht bezwingen. Das Feuer, das Außen brannte, war weniger stark als das Feuer des Glaubens, das ihm half, das Feuer des Martyriums auszuhalten" (Leo d. Gr.)

Die Kirche, die wie der Name sagt, vor den Stadtmauern erbaut wurde, ist dem Märtyrer Laurentius (Lorenz) geweiht, einem der meist verehrten Heiligen der Kirche. Allein in Rom gibt es mehr als dreißig Laurentiuskirchen.

Die Kirche **San Lorenzo in Panisperna** nahe Maria Maggiore bewahrt die Erinnerung an sein Martyrium. **San Lorenzo in Lucina** an der Via del Corso wurde im 5. Jahrhundert über dem Haus einer Matrone namens Lucina erbaut. Sie besitzt den Rost, auf dem Laurentius gemartert wurde.

Laurentius war unter Papst Sixtus II. (257 – 258) Diakon und damit zuständig für die Verwaltung des Kirchenvermögens und die Versorgung der Armen. Laurentius bestätigte mit seinem Handeln die Bedeutung der Armen und des diakonischen Dienstes für die Kirche. Nach dem Märtyrertod von Sixtus II. befahl Kaiser Valerian, die Schätze der Kirche auszuliefern. Laurentius führte dem Kaiser die Armen Roms vor als die wahren Schätze der Kirche. Wütend verurteilte ihn der Kaiser daraufhin zum Tod auf dem glühenden Rost. Papst Damasus (366 – 384) überliefert in einem Epigramm, dass Laurentius vielfache Qualen erdulden musste. Hippolyt, der Kerkermeister, war durch die Standhaftigkeit des Laurentius, mit der er alle ihm zugefügten Qualen ertrug, so beeindruckt, dass er Christ wurde. Er sorgte später für die Bestattung des Heiligen.

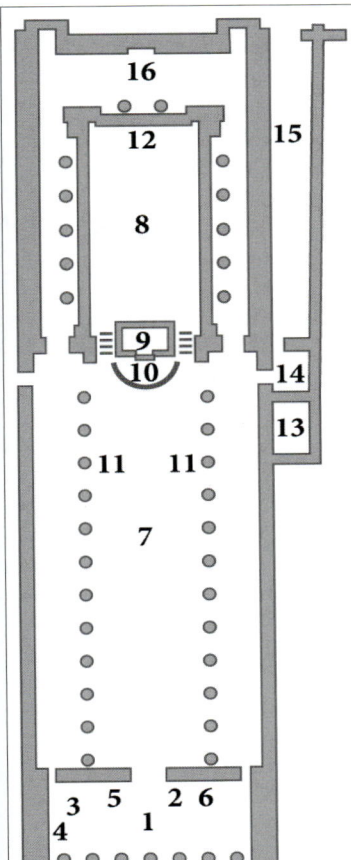

Grundriss San Lorenzo fuori le Mura

1 Vorhalle
2 Gedenktafel für Pius XII.
3 Weinlesesarkophag
4 Grab von A. de Gasperi
5 Fresken über Stephanus
6 Fresken über Laurentius
7 „Marienkirche"
8 Pelagiuskirche (Chor)
9 Hauptaltar
10 Confessio
11 Lesepulte
12 Kathedra
13 Kapelle des hl. Tarcisius
14 Sakristei
15 Kreuzgang und Zugang zu den Katakomben
16 Krypta mit Grab Pius IX.

In den **Katakomben der hl. Cyriaka** wurde Laurentius beim *„ager Veranus"* zusammen mit anderen Märtyrern der valerianischen Verfolgung beigesetzt. Über dem Grab entstand im Auftrag Kaiser Konstantins um 330 eine Basilika, die Papst Pelagius II. (579 – 590) erweiterte. Im 5. Jahrhundert baute Sixtus III. (432 – 440) eine **Marienkirche (7)** an. Beide Kirchen vereinigte Papst Honorius III. (1216 – 1227): Die Marienkirche wurde zum Langhaus und die **Pelagiuskirche** zum langgezogenen **erhöhten Chor (8)**. Eine **Vorhalle (1)** wurde angefügt. Ein leichter Knick in der Achse erinnert an die ursprünglich getrennten Kirchen, an deren Schnittpunkt sich der romanische Glockenturm erhebt. 1830 wurde neben der Basilika der monumentale **Campo Verano** als Hauptfriedhof für die Katholiken Roms angelegt. Seither wird die Kirche oft als San Lorenzo in Campo Verano bezeichnet. Pius IX. (1846 – 1878) ließ vor der Kirche eine **Ehrensäule mit der Statue des Laurentius** errichten und die Basilika renovieren. Im hinteren Teil legte er für sich eine Krypta als Grablege an.

Am 19. Juli 1943 fügte eine Bombe, die den nahen Güterbahnhof treffen sollte, der Kirche schwere Schäden zu. Die **Statue Pius XII.** (1939 – 1958) und eine **Marmorinschrift am Mittelportal (2)** sind ein Dank der Bevölkerung an den Papst, der unverzüglich nach San Lorenzo fuhr, um der Bevölkerung beizustehen. Sogleich begann der Wiederaufbau und bereits1949 konnten in der Kirche wieder Gottesdienste gefeiert werden. Die schwer beschädigte **Fassade** wurde in ihrer ursprünglichen Gestalt von 1120 wieder aufgebaut. Sechs antike Säulen mit ionischen Kapitellen tragen das Dach.

In der **Vorhalle (1)** stehen drei antike Sarkophage, darunter der **Weinlesesarkophag (3)** aus dem 3. Jahrhundert. An der linken Wand schuf der Bildhauer G. Manzú das **Grab für A. de Gasperi (4)**. Gasperi war am Zustandekommen der Lateranverträge von 1929 beteiligt und nach dem 2. Weltkrieg italienischer Premierminister. Er prägte die europäische Politik wesentlich mit und setzte sich für ein vereintes Europas ein. Der Seligsprechungsprozess ist eröffnet.

Eine besondere Kostbarkeit sind die restaurierten **Fresken des 13. Jahrhunderts** zu beiden Seiten des Hauptportals mit den Legenden von Stephanus und Laurentius:

links: **Stephanus (5)**

– Stephanus vor dem Hohen Rat

– Steinigung

– Auffindung der Gebeine
– Exhumierung des Leichnams

– Aufbahrung in Jerusalem
– Übertragung der Gebeine nach Konstantinopel
– Beisetzung in Konstantinopel
– Traum der Kaiserin Eudoxia
– Byzantinische Abgesandte bei Papst Pelagius in Rom
– Gesandte des Papstes holen die Gebeine des Stephanus nach Rom
– Pelagius bringt die Gebeine des Stephanus nach San Lorenzo
– Heilung der Kaiserin Eudoxia nachdem die Gebeine des Stephanus am „richtigen Ort" eingetroffen sind
– Byzantinische Priester kommen ums Leben beim Versuch, die Gebeine des Heiligen zu stehlen
– Endgültige Beisetzung neben Laurentius

rechts: **Laurentius (6)**

– Sixtus II wird verhaftet und Laurentius verwaltet die Kirchenschätze
– Laurentius wäscht den Armen die Füße
– Heilung eines Blinden
– Sixtus II und Laurentius zerstören einen Tempel des Gottes Mars
– Gefangennahme
– Laurentius vor dem Kaiser

– Marter des Laurentius

– Laurentius tauft im Gefängnis
– Enthauptung einer Neugetauften
– Laurentius vor dem Kaiser

– Martyrium in Anwesenheit des Kaisers

– Einholung des Leichnams

– Beisetzung

– Totenmesse

Der Zyklus an der rechten Seitenwand schildert die Bekehrung des Sachsenherzogs Heinrich (= Kaiser Heinrich II., Gründer des Bistums Bamberg), seine guten Taten und seine Rettung beim himmlischen Gericht durch die Fürsprache des Laurentius.

Das Hauptportal flankieren zwei romanische Löwen aus dem 8. Jahrhundert. Der Besucher gelangt zunächst in die **Marienkirche (7)** aus dem 5. Jahrhundert. 22 ionische Säulen unterteilen den Raum in drei Schiffe. Die Kirche ist reich an **Kosmatenarbeiten** aus dem 12. und 13. Jahrhundert: der Fußboden, die zwei Lesepulte für Evangelium und Lesungen (**11**), der Osterleuchter und der **Bischofsstuhl (12)**. Das Ziborium über dem **Hauptaltar (9)**, das auf vier Porphyrsäulen ruht, ist das älteste Roms und die erste römische Kosmatenarbeit aus dem Jahr 1148.

Über dem Hauptaltar mit der **Confessio (10)** erhebt sich ein **Triumphbogen**, der ursprünglich vor der Apsis der Pelagius-Kirche stand. Das **Mosaik auf der Chorseite**

Fassade von St. Laurentius vor den Mauern

enthält Teile aus dem 6. Jahrhundert: Christus sitzt segnend auf der Weltkugel, zu seiner Rechten Petrus, Laurentius und Papst Pelagius II. mit dem Kirchenmodell; zur Linken Christi Paulus, Stephanus und der Märtyrer Hippolyt. Pelagius II. ist noch ohne Heiligenschein, da das Mosaik zu seinen Lebzeiten entstand. Die Inschrift preist den Diakon Laurentius, der sich dem Martyrium durch die Flammen unterwarf, aber dessen zu verehrendes Licht ordnungsgemäß in sein Heiligtum zurückkehrte. Auf der anderen Seite des Triumphbogens gibt die Inschrift die Gründe für den Bau der Kirche an und die Renovierung unter Pius IX., im Jahr 1864. Die **Malereien** stellen die sitzende Gottesmutter mit dem Jesuskind und zwei Engeln vor. Sie werden begleitet von den Heiligen Cyriaka mit Stephanus (links) und Laurentius mit dem römischen Märtyrer Justin. Er bestattete Sixtus II., Laurentius, Hippolyt und viele andere Märtyrer und Gemeindemitglieder in den Katakomben der Cyriaca. Nach seinem Martyrium wurde er ebenfalls dort beigesetzt und seine Gebeine später in die Confessio übertragen. In die **Confessio (10)** wurden schon zur Zeit Konstantins die **Gebeine des Laurentius** gebracht. Seit 560 ruht er dort zusammen mit dem **Erzmärtyrer und Diakon Stephanus** in einem Marmorsarkophag. Die Legende erzählt, dass der Leichnam des Laurentius zur Seite rückte, um für sein Vorbild Stephanus Platz zu machen. Papst Damasus lobt den Erzmärtyrer in einem Epigramm: *„Stephanus, das jüdische Volk ermahnend, sich zu bessern, steinigte es ihn, der dem Feind den Sieg entriss. Der treue Diakon war der erste, der das Martyrium ergriff"*. Die sterblichen Überreste unbekannter Märtyrer wurden im 6. Jahrhundert in der Confessio beigesetzt.

Im rechten Seitenschiff liegt die **Tarcisiuskapelle (13)**. *„Als Tarcisius die hl. Sakramente Christi bei sich trug und er bedrängt wurde, sie den gottlosen Heiden aus-*

zuliefern, wollte er lieber sterben als den Leib Christi den tollwütigen Hunden auszuliefern." So schildert Damasus den Tod des jungen Mannes Tarcisius, der um 257 starb bei San Lorenzo begraben und Patron der Ministranten wurde. Die Statue zeigt ihn in Begleitung der Diakone Stephanus und Laurentius.

Der Zugang zum **romanischen Kreuzgang** aus dem 12. Jahrhundert (**15**) mit zahlreichen antiken und mittelalterlichen Inschriften aus den Cyriaka-Katakomben führt über die **Sakristei** (**14**). In den Katakomben sind die **hl. Päpste Zosimus** (417 – 418), **Sixtus III.** (432 – 440) und **Hilarius** (461 – 468) bestattet, die genaue Lage ihrer Gräber ist unbekannt. Obwohl nur noch ein geringer Teil der einst weitläufigen Grabanlage erhalten ist, geben die Fresken und Inschriften ein eindrucksvolles Bild vom Glauben der frühen Christen. Vom 16. – 19. Jahrhundert wurden aus den römischen Katakomben zahlreiche Gebeine entnommen und als Reliquien verkauft. Auf diese Weise kamen 1675 aus der Cyriaka-Katakombe die Gebeine der **hl. Munditia** nach München in die Peterskirche. Der Stein, mit dem das Marmorgrab verschlossen war, besagt, dass sie im Alter von 60 Jahren friedlich verstorben ist.

Mithilfe von Spenden aus aller Welt gestaltete der Deutsche L. Seitz die **Krypta** (**16**) für Pius IX. mit Mosaiken im ravennatischen Stil aus. Im unteren Teil sind die Wappen der Diözesen und Verbände zu sehen, die für die Krypta spendeten. Unter den dargestellten Heiligen sind Stephanus und Laurentius, Petrus und Paulus, Cyriaca und Agnes, Franziskus und Katharina von Siena, sowie Franz von Sales und Alfons von Liguori, die Pius IX. zu Kirchenlehrern ernannte. Seit seiner Seligsprechung im Jahr 2000 liegt Pius IX. dort in einem Glassarg. Reliquien von Stephanus, Laurentius und allen, die Pius IX. während seines Pontifikats selig oder heilig gesprochen hat, wurden in die Krypta eingebracht. Auf der Marmorplatte lag Laurentius nach seinem Märtyrertod.

In der kostbar ausgestatteten Krypta und dem Gold der Mosaike klingt das himmlische Jerusalem an: *„Denn heute schauen wir deine heilige Stadt, unsere Heimat, das himmlische Jerusalem. Dort loben dich auf ewig die verherrlichten Glieder der Kirche, unsere Brüder und Schwestern, die schon zur Vollendung gelangt sind. Dorthin pilgern auch wir im Glauben, ermutigt durch ihre Fürsprache und ihr Beispiel"* (aus der Präfation zu Allerheiligen).

San Giovanni in Laterano: Innenraum

„Totus tuus" – „Ganz der Deine" (JOHANNES PAUL II.)

Die Geschichte der Marienverehrung in Rom

„Dank deiner Gegenwart bleibt die Kirche immer jung und verjüngt sich immer von Neuem" (Johannes Paul II. am 8. Dezember 1983 an der Mariensäule der Piazza di Spagna)

Rom war schon früh in der Geschichte des Christentums ein Zentrum der Marienfrömmigkeit und ist es bis heute. Mehr als **80 Marienkirchen** und zahlreiche **Ikonen und Gnadenbilder** aus allen Epochen legen Zeugnis davon ab. Von ihrer Geschichte und Bedeutung sprechen eine Vielzahl von Legenden und Aufzeichnungen. Sie waren in ihrer Bedeutung den Reliquien gleich. Einige der ältesten und bedeutendsten Ikonen der Christenheit sind in römischen Kirchen zu sehen – in prunkvollen Rahmen, auf kostbaren Altären oder in eigenen Kapellen und Kirchen. Die künstlerische Ausführung entspricht ihrer Entstehungszeit und kündet vom Wandel der Marienverehrung, deren Kern und Grund zu jeder Zeit das Bekenntnis zu Maria als Mutter Jesu Christi bildet. Die altehrwürdigen Bilder wurden nicht nur von den römischen Christen hoch geschätzt, auch die Pilger suchten sie auf.

Die ältesten Marienbilder stammen aus der **Priscilla-Katakombe** an der Via Salaria. Sie entstanden im 2. oder frühen 3. Jahrhundert. Besonders zu beachten ist die als Marienbild gedeutete Darstellung einer stillenden Frau mit dem Kind im Arm, daneben ein Mann mit einer Schriftrolle in der Hand. Mit der

Rechten zeigt der Mann auf den Stern über der Frau. Es ist die alttestamentliche Bileamweissagung, die von der Ankunft des Messias in Israel kündet: *„Ein Stern geht in Jakob auf, ein Zepter erhebt sich in Israel ..."* (Num 24,17ff). Die weiteren Bilder zeigen die Verkündigung an Maria und in der griechischen Kapelle die Huldigung der Magier. Diese ist ebenfalls auf der Holztür von **Santa Sabina** aus dem 5. Jahrhundert und zahlreichen frühchristlichen Sarkophagen dargestellt. Einige sind im frühchristlichen Teil der **Vatikanischen Museen** ausgestellt (Museo Pio Cristiano).

Mariensäule bei der Spanischen Treppe

Maria wird (außer bei der Verkündigung) immer mit Kind dargestellt: Sie wird verehrt, weil sie *„theotokos"*, Gottesgebärerin, Mutter Jesu, ist. Nachdem das **Konzil von Ephesus** (431) diese Aussage für die ganze Kirche zum Dogma erklärte, begann ein ungeheurer Aufschwung der Marienfrömmigkeit. Überall entstanden Marienkirchen, die größte mit Maria Maggiore in Rom. Bildnisse Mariens mit Szenen aus ihrem Leben gemäß dem Lukasevangelium wurden in Auftrag gegeben, aber auch nach legendären Erzählungen des apokryphen

Jakobusevangeliums oder des *„Transitus Mariae"* (Marientods).

Solche Bilder sind in der Kirche *Santa Maria Antiqua* auf dem Forum erhalten geblieben. Den architektonischen Rahmen bildeten die antiken Überreste des Peristyls des Domitianpalastes aus dem 1. Jahrhundert, die im 5. Jahrhundert als erste auf dem Forum in eine christliche Kirche umgewandelt wurden. Seit dem 9. Jahrhundert war Santa Maria Antiqua durch ein Erdbeben verschüttet und erst um 1900 wieder ausgegraben. Die Fresken von Santa Maria Antiqua sind seltene Zeugnisse einer Epoche, in der während des Bilderstreits zahlreiche Kunstwerke unwiederbringlich zerstört wurden. Die Ausgestaltung der Kirche im frühchristlich-byzantinischen Stil erfolgte vermutlich durch Mönche, die vor den Verfolgungen des Bilderstreits (Ikonoklasmus) im Osten nach Rom geflohen waren. Mehrere Päpste ließen vom 6. bis 9. Jahrhundert die Kirche mit Fresken ausgestalten, darunter die bisher älteste bekannte Darstellung der Kreuzigung Jesu mit Maria und Johannes (Ende des 8. Jahrhunderts). Eine Verkündigungsszene stammt aus dem 6., ein Bild der hl. Anna mit ihrer Tochter Maria im Arm aus der 1. Hälfte des 7. Jahrhunderts. Das älteste Bild geht auf das 5. Jahrhundert zurück: Maria als **Regina angelorum** (Himmelskönigin, Königin der Engel) auf einem reich geschmückten Thron mit dem Jesuskind auf dem rechten Arm.

Das Bild wurde später nach **Santa Maria Nova** (Santa Francesca Romana) übertragen und mehrfach übermalt. Erst im 20. Jahrhundert kam es bei Restaurierungsarbeiten zum Vorschein. Es befindet sich jetzt in der Sakristei der Kirche und trägt den Titel **Madonna del Conforto** (Madonna des Trostes). Und gilt als eines der ältesten Marienbilder Roms.

Spaziergang zu den Kirchen der Lukasikonen von Rom

Trotz unterschiedlicher Künstler, Maltechniken und Intentionen zeigen die Bilder der byzantinischen Tradition auffallende Ähnlichkeiten in der Darstellung. Das geht zurück auf eine Überlieferung, nach der der Evangelist Lukas Maria mit dem Jesuskind in ihrem Haus in Nazareth malte. Wie Lukas in seinem Evangelium das ausführlichste Bild Marias als Mutter Jesu verkündet, so *„zeichnet"* er ihr Bild in seinen Ikonen. Kaiserin Eudoxia brachte dieses Urbild im 5. Jahrhundert von ihrer Pilgerfahrt ins Heilige Land mit nach Konstantinopel in die Hodegetria-Kirche. In der Folgezeit erstellten Künstler die Marienbilder als möglichst genaue Nachahmung des Urbildes, zu dem Maria ja selbst Vorbild war und dem sie ihren Segen zugesprochen hatte. Diese sog. Lukasbilder und ihre Nachbildungen standen wegen ihrer Authentizität in hohem Ansehen. Auch wenn vom Alter her die römischen Ikonen nicht von Lukas stammen, entsprechen sie dem byzantinischen Urtyp und damit geht die Wirkkraft des Originals ungemindert auf die Nachbildungen über. Zwei Grundtypen treten am häufigsten auf: Maria als **Hodegetria**, die den Weg zu Christus weist und als **Advocata**: Sie ist zugleich die Betende und Fürbittende, die vor Gott für die Menschen eintritt. In Rom werden **sieben Ikonen** auf die Urheberschaft des Evangelisten zurückgeführt.

Das meistverehrte Bild ist die Ikone **Salus Populi Romani** in **Santa Maria Maggiore** ①.

Es löste in der Gunst des Volkes die **Madonna del Conforto** von **Santa Maria Nova** ② ab, die in Vergessenheit geraten war. Das Marienbild über dem Hochaltar aus dem 9. Jahrhundert ist bereits die Kopie eines älteren Bildes. Beim Brand der Kirche blieb die Ikone unversehrt. Santa Maria Nova, gebaut in das Oratorium des Venus- und Romatempels, wurde der römischen Heiligen Francesca Buti geweiht, die in der Krypta beigesetzt ist, darum der heute gebräuchliche Name **Santa Francesca Romana**. Der Ort steht in Verbindung zu einer Erzählung aus den apokryphen Petrusakten. Der Zauberer Simon wollte seine Göttlichkeit beweisen, indem er sich unter Anrufung magischer Mächte in die Luft erhob. Währenddessen betete Petrus zu Gott, dem Treiben Einhalt zu gebieten, und der Zauberer stürzte ab. Der Stein, auf dem Petrus kniete, wird in der Kirche aufbewahrt.

Als **Beschützerin Roms** wird die Gottesmutter in **Santa Maria in Aracoeli** ③ auf dem Kapitol angerufen. Sie ist eine Nachbildung der Advocata vom Monte Mario.

Die römische Tradition siedelt in der Kirche **Santa Maria in Via Lata** ④ das Wohnhaus des Evangelisten Lukas an, wo er die Apostelgeschichte schrieb. Das dort aufbewahrte Bild trägt den Titel **Fons lucis – Stella maris** (Quelle des Lichts – Meerstern).

Aus der Hagia Sophia in Konstantinopel kam 1453 das Lukasbild **Virgo virginum et Mater omnium** (Jungfrau der Jungfrauen und Mutter aller Menschen) in die Kirche der Augustinereremiten **Sant' Agostino in Campo Marzio** ⑤. G. L. Bernini gestaltete den barocken Hochaltar, in den die Ikone eingefügt wurde. Fromme Griechen hatten es vor der Zerstörung durch die Türken gerettet. In den Legenden ist es das erste von Lukas gemalte Bild. Er soll es immer bei sich getragen haben. Es wurde ihm im Grab unter seinen Kopf gelegt.

Santa Maria del Popolo ⑥ ist die Kirche, die über dem Grab Kaiser Neros gebaut wurde, um seinen *„bösen Geist"* zu bannen. Der Hauptaltar ist an der Stelle, wo der Überlieferung nach ein Nussbaum stand, in dem Neros Geist wohnte. Paschalis II. (1099 – 1118) ließ 1099 den Nussbaum fällen und die Ge-

S. Maria in Ara Coeli

beine Neros ausgraben. Er verbrannte beides und streute die Asche in den Tiber. Mit dem Bau der neuen *„Marienkirche des Volkes"* dankte Paschalis II. für die Befreiung Jerusalems und der heiligen Stätten im siegreichen 1. Kreuzzug.

Als 1231 die Pestepidemie ein Ende fand, schenkte Papst Gregor IX. (1227 – 1241) der Kirche eine Lukasikone aus seiner Palastkapelle, der Santa Sanctorum. Der byzantinische Kaiser Heraklius hatte sie zusammen mit dem Christusbild des Lateran 621 nach Rom gebracht.

Nach der Kirche erhielt die Ikone ihren Namen **Madonna del Popolo** (Madonna des Volkes). Die Pinturicchio-Fresken über dem Hauptaltar fügen sie quasi der Marienkrönung ein. Von mehreren Päpsten und römischen Adelsfamilien wurde Santa Maria del Popolo reich ausgestattet. Während seines Romaufenthalts 1510/11 besuchte **Martin Luther**, der im benachbarten Kloster der Augustinereremiten wohnte, die Kirche, um dort zu beten und Gottesdienst zu feiern.

Nicht nur um Verschonung vor Krieg, Pest und Krankheit wurde Maria angerufen, sondern in allen persönlichen Anliegen. Zur Verehrung des Gnadenbildes gehörte ein Gebet, das in viele Sprachen übersetzt wurde: *„Sei gegrüßt, heiligste Gottesmutter, Königin des Himmels, Pforte des Paradieses, Herrin der Welt. Du einzigartig reine Jungfrau, du ohne Erbsünde empfangene, hast Jesus, den Sohn des lebendigen Gottes, ohne Makel empfangen. Du hast den Schöpfer und Heiland der Welt geboren, an dem ich nicht zweifle. Befreie mich von jedem Übel und bitte für mich Sünder. Amen."*

Das älteste Lukasbild ist eine **Advocata** im Kloster der Dominikanerinnen **Santa Maria del Rosario** (7) auf dem Monte Mario. Durch Pilger wurde das Bild aus Jerusalem nach Rom gebracht. Der Ordensgründer Dominikus schätzte das Bild sehr und brachte es selbst in das von ihm gegründete Frauenkloster San Sisto bei den Caracalla-Thermen. Von dort ist es über verschiedene Stationen in das Kloster am Monte Mario gelangt. Das Original in der Klausur der Schwestern ist nur vor oder nach Gottesdiensten zugängig.

Wundertätige Marienbilder und ihre Kirchen

Die Verehrung Marias als Wegweiserin zu Christus und als Fürsprecherin wurde v. a. durch die Schriften und Predigten des Bernhard von Clairvaux im 12. Jahrhundert verbreitet. Als Ersterlöste und von Gott Auserwählte hat ihre Fürbitte besondere Kraft. Sie steht in einer besonderen Nähe zu Jesus Christus, wie in den Bildern der Marienkrönung der **Apsismosaike von Santa Maria Maggiore und Santa Maria in Trastevere** zum Ausdruck kommt. Predigten und theologische Abhandlungen vermittelten, dass die Gottesmutter auch mittels Bildern helfend und fürbittend für die Menschen eintritt, die sich an sie wenden. Als Zeichen des Vertrauens wurden Marienbilder bei besonderen Gelegenheiten (Marienfesten, in Heiligen Jahren) oder in Notsituationen (Epidemien oder Kriegszeiten) in Prozessionen durch Rom getragen.

Die Verehrung eines Bildes kam durch sein **Alter**, seine besondere **Herkunft** und **Entstehung** oder ungewöhnlichen **Geschichten**: die Beendigung einer Notlage, unerklärlicher Ortswechsel mit wunderbarer Auffindung, Reaktionen auf Verletzungen (z. B. Bluten des Bildes) oder dem Ereignis der Augenwende. Einige Bilder waren, um es als noch kostbarer auszuweisen, nur an bestimmten Tagen zu sehen, wie das von Santa Maria del Popolo. Ein besonderes Zeichen der Verehrung war die Krönung eines Bildes oder einer Statue durch den Papst.

Eine außergewöhnliche Begebenheit wird von Papst Gregor d. Gr. (590 – 604) erwähnt, einem großen Marienverehrer: Auf dem Gelände seines Wohnhauses ließ er eine Kirche erbauen, die er dem Apostel Andreas weihte. Später wurde das Patrozinium auf Gregor erweitert, daher **Santi Andrea e Gregorio al Monte Celio**, meist nur **San Gregorio Magno** genannt. Gregor war der erste Benediktiner auf dem Papstthron. Er ordnete die Armenfürsorge und das Diakoniewesen neu. Sein Elternhaus baute er in ein Kloster um, wo er täglich nach dem Vorbild Jesu mit Bedürftigen aß. Bei einem solchen Mahl wurde ihm eine Christuserscheinung zuteil. In der Nachfolge Gregors pflegten die Päpste bis 1870 den Brauch, am Gründonnerstag in San Gregorio Arme zu speisen. Von der Ikone der Gottesmutter in der Salviati-Kapelle der Gregorskirche wurde berichtet, dass sie mehrmals zu Gregor gesprochen hatte.

Nach der Kritik der Reformatoren an der Bilderfrömmigkeit der katholischen Kirche, bekannte sich das **Konzil von Trient** (1545 – 1563) ausdrücklich zur Verehrung von Bildern und grenzte sich zugleich entschieden von Missbräuchen ab. Bilder und Statuen werden nicht angebetet, das gebührt nur Gott. Sie werden verehrt, weil sie das Urbild aufscheinen lassen. Die Ehre, die der Betrachter dem Bild erweist, geht auf Maria über. In der Zeit nach dem Konzil erfuhr die Marienverehrung einen starken Aufschwung. Eines der wichtigsten Bilder dieser Zeit, das bald in ganz Europa bekannt wurde, ist das Marienfresko von **Santa Maria ai Monti al Celio**. Das verfallene Kloster diente als Scheune, als unter dem Heu im Jahr 1579 ein Marienbild entdeckt wurde, für das Papst Gregor XIII. eine Kirche am Fundort stiftete und G. della Porta eine der schönsten Renaissance-Kirchen Roms entwarf. Das Bild wurde an den Hochaltar übertragen, der entsprechend der Berühmtheit des Bildes kostbar ausgestattet war. Häufig wurde von Wundern und Gebetserhörungen berichtet. Einfache Gläubige und hohe Persönlichkeiten beteten vor dem Bild um das Gelingen ihrer Werke, darunter die Heiligen **Vinzenz Palotti**, **Paul vom Kreuz** und **Alfons Maria Liguori**. Der **hl. Benedikt Labre** starb 1783 während einer Pilgerreise an den Stufen der Kirche und wurde in einer Kapelle links hinten beigesetzt.

Philipp Neri (1515 – 1595), einem großen Marienverehrer, wurden mehrere Marienerscheinungen zuteil. Für seine Gemeinschaft der Oratorianer wurde ihm eine verfallene Kirche überlassen, die einst der Marienpapst Gregor d. Gr. gegründet hatte. Unter großen Mühen wurde die Kirche wiederaufgebaut und der Gottesmutter geweiht: **Santa Maria in Vallicella (Chiesa Nova)**. Der Heilige wurde nach seinem Tod in einer Kapelle links des Chors bestattet. Auf dem Hauptaltar steht die wundertätige Marienikone **Unserer Lieben Frau von Vallicella**. Darüber malte P. P. Rubens 1608 die **Regina Angelorum**, Maria als Königin der Engel: die Gottesmutter mit Jesus im Zentrum in Form des Gnadenbildes, das von Engeln getragen wird. Die vier Sibyllen in der Chigi-Kapelle (1. Seitenkapelle rechts) stammen von Raffael. Sie prophezeien die Geburt Christi, die ihnen Engel auf Schriftbändern verkünden.

In und nach Krisenzeiten wurden verstärkt Gnadenbilder aufgesucht. Die Gläubigen kamen mit ihren Bitten und vorrangig um Dank zu sagen. Den Sieg der christlichen Flotte in der **Seeschlacht von Lepanto** (1571) schrieb Papst Pius V. (1566 – 1572) der Fürsprache der Gottesmutter zu. Die christliche Flotte siegte, obwohl sie eine gewaltige osmanische Übermacht zum Gegner hatte. Zum Dank für Marias Hilfe führte der Papst das **Rosenkranzfest** ein, das am 7. Oktober gefeiert wird. In der Kirche **Santa Maria in Aracoeli** erinnert die vergoldete Kassettendecke, die im Auftrag Gregor XIII. entstand, an den Sieg: Maria inmitten eines Strahlenkranzes, umgeben von Schiffen als Erinnerung an die Seeschlacht. Nach der Zurückschlagung der Türken am **Kahlenberg bei Wien** (1683) entstand beim Traiansforum die Kirche **Santissima Nome di Maria** (Kirche des allerheiligsten Namens Marias).

Wichtige Zeitzeugen barocker Marienverehrung sind die Kirchen Santa Maria in Portico und Santa Maria della Vittoria:

Santa Maria in Portico in Campitelli steht beim antiken Marcellustheater, am Rande des jüdischen Viertels. Der Name *„in portico"* stammt aus der Zeit, als die Ikone diesen Namen trug und in der heute zerstörten Kirche der hl. Gala verehrt wurde. Der Zusatz *„in Campitelli"* ist vermutlich eine Verkürzung von *„Campidoglio"*, dem nahen Kapitolshügel. Die Kirche ist Ordenskirche der Regularkanoniker der Gottesmutter, deren Gründer J. Leonardi (1541 – 1609) in

Santa Maria in Portico: Gnadenbild

der Kirche bestattet ist. Das verehrte **Emailbild** ist nur 25 Zentimeter hoch und stammt aus dem 10. oder 11. Jahrhundert und hatte wohl ein älteres Vorgängerbild. Dessen Geschichte reicht in das 6. Jahrhundert zurück und wird von Gregor d. Gr. überliefert.

Gala, die Tochter des römischen Konsuls Symmachus wurde mit jungen Jahren Witwe. Sie widmete ihr künftiges Leben den Armen und Kranken und setzte dafür ihr ganzes Vermögen ein. Als sie wieder einmal Arme in ihrem Haus bewirtete, brachten ihr Engel als Anerkennung ein Bild der Gottesmutter mit dem Jesuskind.

Es wurde im Laufe der Jahrhunderte immer wieder in feierlichen Prozessionen durch die Straßen des Viertels getragen, wenn Gefahr oder Unheil drohten. So geschehen im Jahr 1656 während des Pontifikats von Papst Alexander VII. (1655 – 1667). Die Pest hörte auf und die Stadt war von der Plage befreit. Der Papst finanzierte zusammen mit dem Senat der Stadt von C. Rainaldi die heutige Barockkirche, in die schon 1662 das Bild übertragen wurde. Der kostbare vergoldete Rahmen des Bildes über dem Hochaltar ähnelt der Inszenierung des Kathedraaltars von G. L. Bernini in der Peterskirche. Da das Gnadenbild sehr klein und vom Kirchenschiff aus kaum zu erkennen ist, wurde eine Kopie geschaffen (2. Seitenkapelle rechts).

Ebenfalls aus dem 17. Jahrhundert stammt **Santa Maria della Vittoria**, ein Zeugnis der Gegenreformation und des *„wahren Glaubens"*. Ursprünglich war die Kirche dem Apostel Paulus geweiht, der auf die Bestimmung des Ordens der Unbeschuhten Karmeliten in damaliger Zeit hinweist, dem der Papst die Kirche überlassen hatte: die Missionierung und Bekehrung der Ungläubigen. Die Mehrzahl der Besucher kommt zu der kleinen Barockkirche nördlich des historischen Stadtzentrums, um das Kunstwerk der **Ekstase der hl. Teresa von Avila**, der großen Reformerin des Karmelitenordens, zu sehen. In der Cornaro-Kapelle steht das Meiserwerk von G. L. Bernini aus weißem Carrara-Marmor: Die Heilige in dem Moment, als ein Engel ihr Herz mit dem Pfeil der göttlichen Liebe durchbohrt und es damit entzündet. Die Inschrift in der Cornaro-Kapelle interpretiert die Ekstase der hl. Teresa als Entrückung in den Himmel und stellt eine Verbindung zur Himmelfahrt des alttestamentlichen Propheten Elias am Berg Karmel her – dem Ort, der Namensgeber für den Orden ist. *„Hätte ich den Himmel nicht geschaffen, würde ich ihn allein für dich erschaffen."*

Die Umbenennung der ursprünglichen Pauluskirche, deren Neubau C. Maderno 1620 abschloss, hängt mit der Schlacht am **Weißen Berg bei Prag** am 8. November 1620 zusammen. Die Katholische Liga unter dem Habsburger Kaiser Ferdinand II. siegte über die Protestanten, und Böhmen blieb katholisch. Der Karmeliterpater Domenico trug in dieser Schlacht ein **Bild der Geburt Jesu** bei sich. Bilderstürmer hatten der hl. Familie vorher die Augen ausgestochen. Erzürnt über diesen Frevel erstürmten die katholischen Soldaten mit dem Ruf *„hl. Maria"* den Weißen Berg und überrumpelten die protestantischen Truppen. Nach dem überraschenden Sieg brachte Pater Domenico das Bild nach Prag und dann weiter nach Rom, zunächst nach Santa Maria Maggiore. Dann wurde es unter großer Anteilnahme in die Pauluskirche gebracht, die in Erinnerung an den Sieg und die Hilfe Marias von Papst Innozenz X. (1644 – 1655) in Santa Maria della Vittoria (Maria vom Sieg) umbenannt wurde. Das Originalbild fiel 1833 einem Brand zum Opfer und wurde durch ein deutsches Marienbild aus dem Besitz der Karmeliter ersetzt und am Hochaltar angebracht, umrahmt von einem Bronze-Strahlenkranz.

Die **Deckenfresken** von den Brüdern G. und A. Orzi rühmen Maria als Königin in himmlischem Glorienschein, umgeben von Engeln. Die Erzengel Michael und Raffael stürzen die abgefallenen Engel unter Führung Luzifers in die Tiefe der Verdammnis – eine Allegorie auf die Schlacht am Weißen Berg. Die Stuckengel zwischen Kirchenschiff und Decke bilden den Übergang zwischen Himmel und Erde und verpflichten gleichsam die irdische Kirche auf den wahren Glauben, den Maria stützt und verteidigt. Das signalisieren die beiden Inschriften an der Decke: *„Meinem Namen* (d. h. Marias) *wird der Sieg zugeschrieben"* (über den Verdammten), und *„Allein du hast allen Falschglauben vernichtet"* (über dem Haupt Marias).

In der Apsis ersetzt eine Malerei aus dem 19. Jahrhundert die beim Brand von 1833 zerstörte und zeigt den **Einzug des Marienbildes in Prag** nach der

Aufgang zum Kapitol

Schlacht am Weißen Berg. In der Sakristei sind verschiedene erbeutete Fahnen aus Kämpfen gegen die Osmanen und weitere Gemälde zu sehen, in denen sich der wahre christliche Glaube siegreich erweist: in den Schlachten von **Lepanto** (1571), am **Weißen Berg bei Prag** (1620) und bei **Peterwardein** (1716).

Eine wichtige Anlaufstelle für deutschsprachige Pilger in Rom waren das Hospiz und die deutsche Nationalkirche **Santa Maria dell'Anima**, in einer ruhigen Gasse bei der belebten Piazza Navona und am Pilgerweg nach St. Peter gelegen. Das Hospiz für Pilger und Notleidende aus *„deutschen Landen"* ist eine Stiftung des Kaufmanns J. Petri und seiner Frau Katharina Ende des 14. Jahrhunderts; im Jahr 1500 wurde es mit der Kirche der Anima verbunden. Schon M. Luther berichtete, dass dort das Evangelium in deutscher Sprache verkündet wurde.

Die jetzige Kirche im Stil einer Hallenkirche nach deutschem Vorbild wurde 1542 eingeweiht. Auf ihrem Turm mit glasierten Dachziegeln ist der deutsche Doppeladler. In einem Grab nach Art eines Triumphbogens ruht der *„deutsche"* Papst Hadrian VI. (1522 – 1523) aus Utrecht, das damals zum Heiligen Römischen Reich gehörte. *„Wieviel hängt doch davon ab, in welche Zeit das Wirken auch des vorzüglichsten Mannes fällt"*, lautet die Grabesinschrift. Hadrian VI. war der letzte nicht italienische Papst bis Johannes Paul II. (1978 – 2005).

Über dem Hauptportal ist die Namen gebende **Gottesmutter mit dem Jesuskind** zu sehen, neben der zwei nackte Gestalten knien: Allegorien der menschlichen Seele (= *„anima"*), die Maria um Fürsprache anflehen. Das Fenster an der Fassade ist ein Geschenk von Kaiser Franz Josef, für das L. Seitz im 19. Jahrhundert die Gottesmutter der Anima entwarf.

J. Fugger, der reiche Augsburger Kaufmann, stiftete das **Altarbild der hl. Familie**, das der Raffael-Schüler G. Romano 1521 malte. Maria hält das stehende Jesuskind, während Josef das Geschehen nachdenklich betrachtet. In Anbetung betrachten Jakobus mit dem Johannesknaben und der Evangelist Markus das Geschehen – die Heiligen sind die Namenspatrone des Stifters und der in der Fuggerkapelle beigesetzten Familienmitglieder, für die das Bild bestimmt war.

Mehrere Kapellen bewahren Kunstwerke, die im Zusammenhang mit Maria stehen.

In der **Kapelle der hl. Anna** (2. Kapelle rechts) ein Altarbild von G. Gimignani: Maria mit dem Jesuskind und ihrer Mutter Anna. Die Fresken von G. Grimaldi illustrieren das Glaubensgeheimnis der Unbefleckten Empfängnis Mariens und seiner Vorankündigung im Alten Testament, denn Maria war vom Anbeginn ihres Lebens frei von Schuld und auserwählt, Mutter Jesu zu werden.

In der **Fuggerkapelle** (3. Kapelle rechts) erläutern die Fresken von Il Sermoneta das Leben Marias bis zu seiner Vollendung mit ihrer Aufnahme in den Himmel.

Die **4. Seitenkapelle** rechts besitzt eine Marmorpietà des Florentiner Bildhauers Lorenzetto, nach dem Vorbild der Pietà Michelangelos in der Peterskirche. Die Skulptur ergänzt inhaltlich in der gegenüberliegenden Kapelle das Fresko der Kreuzabnahme von F. Salviati.

Heute versammelt sich beim **Päpstlichen Institut der Santa Maria dell'Anima** die Gemeinde der deutschsprachigen Katholiken Roms. Im angeschlossenen Kolleg können Priester aus deutschen und österreichischen Diözesen ihre Studien vollenden (mit Schwerpunkt im Kanonischen Recht) und zugleich die

Praxis der römischen Kurie und ihre Abläufe kennenlernen.

Eine weltweit verehrte Ikone Roms ist die *„Madonna del Perpetuo Soccorso"* (Madonna der immerwährenden Hilfe). In der Redemptoristenkirche **Sant'Alfonso all'Esquilino** hat sie unweit von Santa Maria Maggiore eine Heimat gefunden.

Die Kirche ist benannt nach **Alphons Maria Liguori**, dem Gründer der Kongregation der Redemptoristen und einem großen Marienverehrer und geistlichen Schriftsteller. Von ihm stammt eines der bekanntesten italienischen Weihnachtslieder *„Tu scendi dalle stelle"* (du steigst von den Sternen herab). Seine Schriften prägen die katholische Lehre über Maria und die Moraltheologie. Als Bischof von Sant'Agata dei Goti bei Neapel sah er seine Hauptaufgabe in der Missionierung des einfachen Volkes und dem Aufbau einer funktionierenden Diakonie, um den Ärmsten auch praktisch beizustehen.

Das auf **Zedernholz** gemalte Marienbild der Ordenskirche entstand im 14. Jahrhundert auf der **Insel Kreta**. Die Gottesmutter trägt das Jesuskind auf dem linken Arm. Marias Blick geht nachdenklich in die Ferne, sie wirkt ganz versunken, als ob sie das Schicksal ihres Kindes meditiert, das schwebende Engel zu beiden Seiten andeuten. Die griechischen Buchstaben identifizieren sie als die Erzengel Michael und Gabriel. Michael (links) trägt ein Gefäß mit Essig und die Lanze, mit der Jesu Seite durchbohrt wurde. Gabriel (rechts) hält das Kreuz und vier Nägel. Jesus hat die Größe eines Kleinkindes, aber seine Gesichtszüge sind die eines Erwachsenen und die Kleidung entspricht einem Philosophen und hohen Würdenträger.

Bevor das Bild an seinen heutigen Platz kam, brachte es einige Stationen hinter sich. Ein Kaufmann hatte es in Kreta aus einer Kirche gestohlen und nach Rom mitgenommen, wo es über 300 Jahre in der Kirche des Evangelisten Matthäus stand. Napoleon zerstörte das Kloster, das Bild wurde gerettet. 1886 vertraute Pius IX. (1846 – 1878) die Ikone den Redemptoristen an, die es in ihrer Ordenskirche Sant'Alfonso aufstellten und unter dem Ehrennamen **Mutter von der immerwährenden Hilfe** verehren. Sie ist dorthin zurückgekehrt, wo sie schon 300 Jahre lang zu Hause war, denn Kirche und Kloster der Redemptoristen stehen auf dem Grundstück der ehemaligen Matthäuskirche.

Die Madonelle (Hausmadonnen)

Eine Besonderheit römischer Marienfrömmigkeit sind die **Madonelle** (kleine Madonnen), die Hausmadonnen. Schon in heidnischer Zeit brachten die Römer an Häusern und Straßenecken Schreine für ihre Schutzgötter, die Laren, an. Als sich die Menschen zum Christentum bekehrten, wurden die heid-

nischen Bilder durch christliche ersetzt, zunächst an den Pilgerwegen, später in ganz Rom. In der Mehrzahl waren dies Marienbilder als Ausdruck des Vertrauens in den Schutz Marias, oft Dankesgaben für überstandene Katastrophen wie die häufigen Tiberüberschwemmungen. Manche Bilder waren mit Ablässen verbunden für den, der andächtig vor dem Bild betet, so beim Vatikan am **Borgo Pio 27**.

In Rom gibt es noch **über 600 Madonelle**, im 19. Jahrhundert waren es doppelt so viele. Sie sind Ausdruck ihrer jeweiligen Zeit und darüber hinaus Zeichen für das Vertrauen der Römer in Maria. Gerade belebte Plätze bestätigen die Verbindung der Stadt zu Maria. Die **Piazza Navona** hat gleich zwei Madonelle: an der Ostseite des Platzes eine Terrakotta-Madonna

im Strahlenkranz und an der Nordseite ein Fresko unter einem Baldachin mit der Inschrift *„Ora pro nobis"* (bitte für uns). Die meisten Darstellungen entstanden im Barock des 18. Jahrhunderts.

Eine nicht geringe Anzahl der Madonelle wurde in den Wirren des 19. Jahrhunderts und später während der faschistischen Herrschaft zerstört. Unter einem Baldachin mit Cheruben tragen zwei Stuckengel die Madonella an der **Piazza di Trevi** in einem Strahlenkranz, Dank der Bevölkerung für das Ende der napoleonischen Besatzung.

Einen neuen Rahmen erhielt die **Madonna delle Grazie** (Madonna der Gnaden) am **Gebäude des Sant'Uffizio**, dem Sitz der Glaubenskongregation am Vatikan. Im Jahr 1944 war Rom von den Deutschen besetzt und viele Flüchtlinge hielten sich im Vatikan versteckt, darunter zahlreiche Juden. Anfang März detonierte eine Bombe. Eine jüdische Familie, die sich im Gebäude des Sant'Uffizio versteckt hielt, blieb unverletzt, und auch das Bild entging der Zerstörung.

Zum Dank gab die gerettete Familie beim Bildhauer S. Silva einen Rahmen mit zwei Engeln in Auftrag mit der Inschrift: *„Von Engeln beschützt am 1. März 1944"*.

Nach dem Zweiten Weltkrieg entstanden neue Madonelle, so an der **Via Antonio Gramsci**. Auf einem Basaltblock wurde ein Mosaik der Gottesmutter mit Kind verewigt mit dem Namen **Mater itineris** (Mutter der Reise). Immer neue Votivgaben werden ihr dargebracht, die meisten mit den Buchstaben P, G und R: *„P(er) G(razia) R(icevuta)"* – für die empfangene Gnade.

Eine der jüngsten Madonelle stiftete Johannes Paul II. 1981 für den **Apostolischen Palast**: ein Mosaik nach Vorlage von P. Cavallini aus den Vatikanischen Grotten mit dem Wappen Johannes Paul II. und seinem marianischen Wahlspruch *„Totus tuus"* (ganz der Deine). Beim Pastoralbesuch in Bayern 2006 schenkte Papst Be-

Madonella im historischen Zentrum

nedikt XVI. seiner ehemaligen Bischofskirche, dem Münchner Dom, eine Kopie des Bildes.

Vor den meisten Bildern brennen Lampen. Das setzt den antiken Brauch fort, vor den Altären der Hausgötter Öllampen zu entzünden, damit sie das Haus und ihre Bewohner schützen. Bis ins 19. Jahrhundert dienten die Lichter vor den Madonelle der nächtlichen Beleuchtung Roms und halfen späten Heimkehrern, ihre Unterkunft zu finden. Besonders geschätzt wurden die beleuchteten Marienbilder in dunklen Passagen wie dem **Arco dei Banchi** bei der Engelsbrücke, heute zwar etwas heruntergekommen, doch wegen des Marienbildes ein *„heiliger Ort"* für die Römer.

Die meisten Bilder sind einfach, keine großen Kunstwerke, in der Mehrzahl Fresken unbekannter Künstler, einige aus Holz, Marmor oder Terrakotta. Die meisten sind mit Baldachinen aus Stuck oder Metall geschützt oder tragen prunkvolle Rahmen. Andere stehen in einer Art Tabernakel wie die **Madonna di Ponte** in der **Via dei Coronari**, an der Ecke zum Vicolo Domizio, den A. da Sangallo in Form einer Ädikula, einem Tempelchen, baute. Die Via dei Coronari ist eine der ältesten Gassen Roms und wichtigster Pilgerweg nach St. Peter.

Zahlreiche Geschichten ranken sich um die Wirkmacht der Bilder und wundersame Ereignisse. Als die napoleonischen Soldaten Ende des 18. Jahrhunderts Rom überfielen, wendeten nach Augenzeugenberichten einige Madonelle die Augen. Mehrfach verbürgt für die **Madonna della Providenza** (Madonna der Vorsehung) in der **Via delle Botteghe Oscure 34** aus dem 18. Jahrhundert. Silberne Votivgaben manifestieren die Hochachtung der Gläubigen. In den Umbruchszeiten von 1796 bewegte die Madonna mehrfach die Augen. Die Erinnerung daran ist festgehalten auf der Inschrift: *„Wanderer, das Antlitz, das du siehst, bewegte am 9. Juli mit sanftem Blick wiederholt die Augen, um das bittende Volk zu trösten und die Herzen zum Lob zu bewegen.“*

Eines der ersten Wunder wird von der **Madonna della Lampada** (Madonna der Laterne) auf der **Tiberinsel** nahe der Ponte Fabricio erzählt. Während einer Tiberüberschwemmung des Jahres 1577 stieg das Wasser bis zum Bild, die Lampe brannte weiter. Später wechselte das Bild ohne erkennbare menschliche Einwirkung seinen Standort. Unerklärlicher Weise wurde es in der Kirche **San Giovanni Calibita** auf der Tiberinsel wiedergefunden, wo es noch immer auf dem 1. Altar links verehrt wird. Am ursprünglichen Ort wurde eine Kopie angebracht. Besondere Erfahrungen führten zur Versetzung bzw. Übertragung der Bilder.

Die **Madonna dell'Archetto** (Madonna des Torbogens), auch **Maria, Causa**

nostrae Laetitiae (Maria, Grund unsrer Freude) genannt, ist ein auf Stein gemaltes Bild von 1690 nahe der **Via del Corso**. Zu Beginn des 19. Jahrhunderts wurde der Torbogen zum Schutz des Bildes in ein Oratorium ausgebaut, nachdem verschiedene Personen unabhängig voneinander bezeugt hatten, dass die Madonna die Augen wendete. Das Oratorium wurde die kleinste Marienkirche Roms.

Die **Madonna della Strada** (Madonna des Weges) von einem unbekannten Künstler zierte im 15. Jahrhundert die Fassade einer kleinen Marienkirche, die später der **hl. Ignatius** für seine Gemeinschaft zugesprochen bekam: eine nachdenkliche Maria mit einem majestätischen Jesuskind auf dem Arm im Gestus des Lehrens. Bald war die Kirche für die schnell wachsende Gemeinschaft zu klein, es kam zum Neubau von **Il Gesù**, der Mutterkirche des Jesuitenordens. Die Madonna wurde in die Kirche übertragen. Ihren Gedenktag feiert die Ordensgemeinschaft am 25. Mai.

Zum Dank für **Gebetserhörungen** oder **Bewahrung** vor verschiedensten Übeln wurden prunkvolle Altäre in Auftrag gegeben oder Kapellen und Kirchen erbaut. Päpste, hohe kirchliche und weltliche Würdenträger wie reiche Adelsfamilien zeigten ihren Dank in diesen Stiftungen. Aus Dankbarkeit wurden zahlreiche Votivgaben gespendet.

Papst Sixtus IV. (1471 – 1484) bezahlte den Wiederaufbau einer verfallenen Andreaskirche bei der Piazza Navona, wo ein Marienbild geweint hatte, als ein betrunkener Soldat einen Stein nach ihm warf. Sixtus hatte häufig vor dem Fresko für Frieden zwischen dem Kirchenstaat und den italienischen Fürsten gebetet. Als tatsächlich ein Friedensschluss zustande kam, beschloss der Papst zum Dank den Neubau der Kirche und die Umbenennung in **Santa Maria della**

Madonella beim Marcellus-Theater

Pace (Maria vom Frieden). Das Fresko an der Außenwand der alten Kirche wurde in den Neubau miteinbezogen. Den Altar der Kirche spendete sein Nachfolger Innozenz VIII. (1484 – 1492) nach seiner Genesung von einer schweren Krankheit.

Eine besondere Geschichte wird von der **Madonna della Scimmia** (Madonna des Affen) in der **Via dei Portoghesi 18** erzählt. Der Besitzer des Palastes der Familie Scappucci hielt sich als Haustier einen zahmen Affen. Er entführte aus Eifersucht den neugeborenen Sohn des Hausherrn aus seiner Wiege und brachte ihn auf den Turm, wo er herunterzufallen drohte. In ihrer Not flehten Eltern und Angestellte die Gottesmutter um Hilfe an. Schließlich brachte der Affe das Kind unversehrt zu seinen Eltern zurück. Angesichts des glücklichen Ausgangs gab der Hausherr für den Turm eine Madonnenstatue in Auftrag, vor der seither eine Lampe brennt, eine Verpflichtung für alle Besitzer des Hauses.

Solche Erfahrungen und Geschichten werden weiter gegeben, um zu bestätigen, dass die Gottesmutter das ihr anvertraute Gut und die Menschen, die um ihre Hilfe bitten, schützt.

1 Santa Maria ad Martyres
   (Pantheon)
2 Sant'Agostino in Campo
   Marzio
3 Mariensäule an der Piazza
   di Spagna
4 Sant' Andrea delle Fratte
5 Santa Maria in Via
6 Santa Maria in Aracoeli
7 Santuario del Divino Amore
   (außerhalb der Stadt)

Die Marienwallfahrten Roms: „Unter deinen Schutz und Schirm"

Das Pantheon: Santa Maria ad Martyres (Maria und alle Märtyrer) (1)

Im Pantheon ist wie in einem Fokus die Geschichte Roms zusammengefasst: Das Kolosseum ist Symbol für die römische Weltherrschaft und Kultur der Antike, St. Peter das Zentrum der katholischen Kirche und das Pantheon die Synthese aus beiden, ist also wirklich *„römisch-katholisch"*.

Der besterhaltene Bau der Antike, wurde 27 v. Chr. von **Marcus Agrippa**, dem Schwiegersohn des Kaisers Augustus gestiftet und nach einem Brand unter **Kaiser Hadrian** (118 – 125) neu aufgebaut. Der Tempel steht auf dem ehemaligen Marsfeld an der tiefsten Stelle Roms. Der Ort galt als heilig, weil hier zwei Flüsse zusammenkommen, einer vom Kapitol und der andere vom Quirinal. Deshalb wurde an dieser Stelle der Leichnam des legendären Stadtgründers Romulus verbrannt, damit seine Seele befreit von der irdischen Materie leichter in den Himmel aufsteigen konnte. Geweiht war der Bau allen Göttern – was der Name *„Pantheon"* – *„allen Göttern"* bedeutet. Wer mit *„allen Göttern"* gemeint ist, lässt sich nicht definitiv festlegen: die sieben Hauptgötter Roms, die Planetengötter oder die Gottheiten der sieben Wochentage. Die Götterstatuen, die in den sieben Nischen standen, sind nicht mehr erhalten, ebenso wenig die der Kaiser Augustus und Hadrian aus der Vorhalle. Die **monumentale Vorhalle** greift den klassisch griechischen Tempelbau auf, der **Zentralraum** ist eine römische Neuschöpfung.

Der Tempel wurde kostbar ausgestattet mit **Marmor** aus allen Teilen des römischen Reiches, darunter solcher aus Libyen, Tunesien und Algerien und der seltene Porphyr. Die Außenseite der Kuppel und der Vorraum waren mit **Goldbronze** ausgekleidet. Die 28

Kassetten in fünf konzentrischen Kreisen bedeckten Bronzeplatten, die wahrscheinlich Tierkreiszeichen und Planetensymbole zeigten. Im Jahr 355 ließ Kaiser Konstans II. die Bronze der Kuppel abmontieren, um sie nach Konstantinopel zu bringen (Inschrift in der Vorhalle). Eine weitere Inschrift nennt **Urban VIII.** (1623 – 1644) als denjenigen, der die restliche Bronze (ca. 25 Tonnen) entfernen ließ: *„Urban VIII., Pontifex Maximus, ließ die Reste der Bronze der Kassettendecke einschmelzen für vatikanische Säulen und Kriegsgerät und im vatikanischen Tempel als Schmuck des Apostelgrabs [und] in der Hadriansburg als Werkzeuge der öffentlichen Sicherheit.“* Viele sahen darin einen Frevel; über Urban VIII., aus der Familie der Barberini, wurde ein Spottvers in Umlauf gebracht: *„Quod non fecerunt barbari, fecerunt Barberini“* (was die Barbaren nicht machten, machten die Barberini).

Nach dem Sieg des Christentums über die heidnischen Götter blieb das Pantheon im Bewusstsein der Römer ein *„heiliger“* Ort. Kaiser Phokas schenkte

Kuppel des Pantheon mit Oculus

608 das Pantheon Papst **Bonifaz IV.** (608 – 615), um es in eine christliche Kirche umzuwandeln. 28 Wagenladungen mit **Märtyrergebeinen aus den Katakomben** ließ der Papst im Pantheon beisetzen. Am 13. Mai 609 weihte er die Kirche der Gottesmutter Maria und allen Märtyrern: **Santa Maria ad Martyres**. Das Patrozinium der Kirche wird am 1. November gefeiert. Aus dem Tempel für alle Götter wird die Kirche der christlichen Helden und Heiligen und der Königin aller Märtyrer, Maria. Hier liegt einer der **Ursprünge des Allerheiligenfestes**. Wie das Auge der Kuppel die Verbundenheit von Himmel und Erde anzeigt, steht die Kirche zu allen Zeiten mit der Gemeinschaft der Heiligen in Verbindung.

In den Raum kann eine **vollkommene Kugel** eingeschrieben werden, Symbol der Unendlichkeit. Anders als sonst üblich, hatte das Pantheon keine Cella (= Allerheiligstes). Der ganze Raum war **Sitz der Götter**, wie das ganze Weltall von ihnen durchdrungen ist. Das Pantheon umfasst gleichsam den gesamten Kosmos, den göttlichen und irdischen Bereich. Das häufige Vorkommen der **Siebenzahl** deutet ebenfalls auf kosmische Dimensionen: sieben Nischen, sieben Götterstatuen, ursprünglich sieben Stufen, die zum Tempel führen; in fünf konzentrischen Kreisen vier mal sieben Kassetten.

Die **Kuppel** ist die größte, die in der Antike gebaut wurde, eine perfekte Halbkugel mit 43,3 Metern Durchmesser. Sie wurde über einer Holzverschalung aus Zement gegossen. Durch Zumischung von leichtem Vulkangestein wurde das Gewicht verringert. Die Kuppel ist freitragend und wird allein von den gemauerten Pilastern gehalten. Am Scheitelpunkt ist der **Oculus**, das *„Auge Gottes“*, eine neun Meter weite Öffnung, das einzige *„Fenster“*, durch welches Licht in das Pantheon fällt. *„Der offene und doch so geheimnisvolle Tempel wurde als Sonnenuhr angelegt. Die sorgsam von griechischen Maurern geglätteten Felder der Decke zeigen die kreisenden Stunden an ... und das Gebet steigt wie Rauch in jene Leere, wo wir die Götter wohnen lassen"* (M. Yourcenar, Ich zähmte die Wölfin).

Der Oculus macht das Pantheon zu einer riesigen **Sonnenuhr**. Der wandernde Lichtkegel lässt an den Kassetten die Zeit ablesen. Zur Sommersonnenwende um zwölf Uhr mittags strahlt die Sonne genau den Porphyrstein im Zentrum an, und der Raum ist ohne jeden Schatten vollkommen ausgeleuchtet. Wie die Sonne die Erde erleuchtet, so erhellt das Auge Gottes das Pantheon. Das göttliche Licht kommt von oben, um die Menschen zu erleuchten. Deshalb ist das *„Auge Gottes"* zum Himmel hin offen. Bei Regen fällt Wasser hindurch und versickert in den 22 Löchern im Boden direkt darunter. Eine weitere Besonderheit ist die Akustik des Bauwerks. Der Besucher empfindet, dass sein Wort aus der Tiefe des Raumes gleichsam in den Himmel steigt.

Das **Eingangsportal** ist eine von drei antiken Bronzetüren Roms. Seit 1720 war der rechte Flügel des Tors blockiert und kann jetzt nach erfolgreicher Sanierung wieder vollständig geöffnet werden. Die Tür verbindet **zwei Welten**: das Heiligtum (fanum) mit der Welt draußen (pro-fanum, vor dem Heiligtum). Die **Piazza della Rotonda**, leitet ihren Namen von der runden Form des Pantheon ab.

1520 wurde der Maler **Raffael** in einem antiken Sarkophag in einer Nische des Pantheon beigesetzt. Die Grabinschrift entwarf der gelehrte Humanist und Kardinal P. Bembo: *„Hier ruht Raffael. Als er lebte, fürchtete die große Mutter aller Dinge* [= die Natur] *von* *ihm besiegt zu werden und mit seinem Tod schien sie selbst zu sterben."* Die Madonna auf seinem Grab machte Raffaels Freund L. Lotto nach einem Gemälde des Verstorbenen.

Einige Jahre nach Raffaels Tod gründete **Paul III.** (1534 – 1549) die **Bruderschaft der Künstler** mit Sitz am Pantheon. Es war das erste Mal, dass sich Künstler der verschiedenen Bereiche (Architektur, Malerei, Bildhauerei, Musik) zu einer Bruderschaft zusammenschlossen. Die Mitglieder hatten das Recht, einmal jährlich vor dem Pantheon ihre Werke zu zeigen und zu verkaufen. Unter den Mitgliedern, die im Pantheon begraben wurden, sind der Maler T. Zuccari, der Architekt B. Peruzzi und der Komponist A. Corelli.

Nahe bei Raffael erhielt **Kardinal E. Consalvi** ein Ehrengrab. Er war Kardinaldiakon des Pantheon und Staatssekretär Pius VII. (1800 – 1823). Beim Wiener Kongress verteidigte er erfolgreich die Unabhängigkeit des Kirchenstaates. Nach der Vereinigung Italiens (1862) wurde das Pantheon zum nationalen Monument und der **Grablege der italienischen Könige** als Anknüpfung an das römische Kaisertum.

Madonna des Pantheon

Das Pantheon als eine der meistbesuchten Stätten im historischen Zentrum Roms wird von den Besuchern kaum als Sakralraum wahrgenommen. Doch es ist eine Kirche geblieben, sogar **Stationskirche** am Freitag nach Ostern. Das Allerheiligste wird wegen der vielen Touristen nicht mehr im Pantheon aufbewahrt, doch es finden regelmäßig Gottesdienste statt. Höhepunkte im Kirchenjahr sind die Feiern in der Advents- und Weihnachtszeit, das Weihegedächtnis am 13. Mai und das **Hochamt am Pfingstsonntag**, zu dem Gläubige aus der ganzen Welt kommen. Beim Schlusshymnus fallen von der Kuppel Tausende roter Rosenblätter in den Kirchenraum. Sie symbolisieren die Feuerzungen, mit denen zu Pfingsten der Heilige Geist über die Jünger kam.

Neben zahlreichen christlichen Kunstwerken ist das **hölzerne Kruzifix** eine besondere Kostbarkeit. Es wurde im 15. Jahrhundert im Heiligen Land aus einer Libanonzeder gefertigt.

Vor allem ist das Pantheon eine **bedeutende Marienkirche**. Es beherbergt eine der seltenen frühmittelalterlichen Ikonen, die **Madonna ad Martyres** (Madonna der Märtyrer). Sie ist die Seele des Pantheon. Verdeckt hinter einem Silbermantel hängt über dem Hauptaltar eine Kopie. Das Original wird in der **Kapelle der Bruderschaft** im Rundgang verwahrt. Die schlichte Kapelle will die Einfachheit des Hauses von Nazaret erspüren lassen.

Die ungewöhnlich große Ikone war ein **Geschenk des Kaisers Phokas** an Papst Bonifaz IV. anlässlich der Weihe des antiken Tempels zur christlichen Kirche am 13. Mai 608. Die junge Gottesmutter hält das Jesuskind im Arm. Mutter und Kind blicken direkt auf den Betrachter. Maria schaut nachdenklich, fast sorgenvoll, wie eine Mutter, die sich um die Zukunft ihres Kindes sorgt. Das Gesicht der Gottesmutter strahlt Hoheit aus. Die Nase im griechischen Stil deutet auf ihre Würde, der kleine Mund symbolisiert Reinheit. Ihre Hand zeigt auf Jesus, den Weg der Hoffnung und Zuversicht. Die rechte Hand Mariens war ursprünglich mit Gold überzogen, was auf die Berührung durch die Gläubigen schließen lässt. Jesus sitzt auf dem linken Arm, nahe dem Herzen seiner Mutter. Er hält die Rolle mit der neuen Thora, dem Evangelium; mit der Rechten segnet er den Betrachter. Das Besondere an der Darstellung ist die Ausdrucksstärke der Gesichter. Maria und ihr göttlicher Sohn suchen den direkten Blickkontakt mit dem Betrachter und laden ein, sich Jesus mit seinen Fragen, Bitten und Nöten anzuvertrauen. Das Kind hat die großen Augen der Mutter. Intensiv schaut es den Betrachter an mit einem Blick, der zu Herzen geht und sein Gegenüber erkennt. *„Erkennen"* im biblischen Sinne bedeutet, jemanden lieben.

Maria ist wieder die **Hodegetria, die Wegweiserin**: *„Dorthin pilgern auch wir im Glauben, ermutigt durch ihre Fürsprache und ihr Beispiel, und gehen freudig dem Ziel der Verheißung entgegen"* (aus der Präfation zum Allerheiligenfest).

Sant'Agostino in Campo Marzio (**2**)

Nur einige Straßen vom Pantheon entfernt liegt **Sant'Agostino in Campo Marzio** mit dem **Grab der hl. Monika**, der Mutter des hl. Augustinus. Die Kirche besitzt gleich drei hochverehrte Marienbilder: eine **Lukasikone** aus der Hagia Sophia von Konstantinopel im Hauptaltar, die Marmorstatue der **Madonna del Parto** von J. Sansovino, und die **Pilgermadonna** von M. Caravaggio.

Die vielen Votivgaben und Lichter beim Eingang sind für die Madonna del Parto (Madonna der guten Geburt). *„Jungfrau, die Geburt (Jesu) ist dein Ruhm"*, verkündet die Inschrift. Maria thront majestätisch in einer Nische neben dem Hauptportal, mit der linken Hand das Jesuskind haltend, in der Rechten ein Buch.

Während Maria versonnen auf ihr Kind schaut, ist Jesu Blick direkt auf den Betrachter gerichtet. Die Frauen kommen in ihrem Wunsch nach einem Kind und mit der Bitte um eine glückliche Geburt, den rechten Lebensweg und gute Begleiter für ihre Kinder. Vertrauensvoll wenden sie sich im Gebet an die Madonna: *„Wir vertrauen dir alle Mütter an, die dich um die Unversehrtheit ihrer Kinder und eine gelungene Entbindung anflehen, damit das Leben, das sie im Schoß tragen, vor allen Gefahren bewahrt wird. Erwirke ihnen, mit ihrem Kind wiederzukommen, um dem Herrn zu danken ... Bewahre mit deiner Liebe alle Kinder."*

In der 1. Seitenkapelle des linken Seitenschiffs, der Loretokapelle, steht die **Pilgermadonna** (Madonna dei Pellegrini). Ca. 100 Jahre nach der Statue Sansovinos malte sie Caravaggio: Maria als Beschützerin des einfachen Volkes, vertreten in den zwei ärmlichen Pilgern. Ein junger Mann und eine alte Frau, sind barfuß zur Madonna gepilgert und verharren kniend vor ihr in stummer Verehrung – einfache Leute wie an ihrer Kleidung zu erkennen ist, staubig vom langen Unterwegssein und mit schmutzigen Füßen. Sie scheinen den Satz aus dem Lukasevangelium zu meditieren: *„Selig die Frau,*

Sant´Agostino: Madonna del Pardo

deren Leib dich getragen und deren Brust dich genährt hat" (Lk 11,27).

Das Haus hielt Caravaggio bewusst einfach, um die Armut und Ausgesetztheit des Gottessohnes zu betonen: Anbetung in der profanen Atmosphäre einer römischen Gasse, in der Welt des einfachen Volkes. Caravaggio erregte mit seinem Bild Unmut, wegen der düsteren und ärmlichen Umgebung – dem Rom der einfachen Leute. Seine Absicht war jedoch, die Heiligen als echte, vom Leben gezeichnete Menschen darzustellen, nicht als entrückte Idealbilder.

Typisch für Caravaggio ist das Spiel mit Licht und Schatten, das den Blick des Betrachters lenkt. Im Lichtschein stehen Maria und ihr Kind erhöht über den beiden Pilgern und ziehen die Aufmerksamkeit auf sich: Maria, eine einfache Römerin, mit den Gesichtszügen von Caravaggios Freundin Lena, eine Frau aus der unteren Bevölkerungsschicht, die dennoch Würde ausstrahlt und Leichtigkeit. Sie scheint zu tanzen, während sie den Besuchern ihr Kind zeigt. Dies geschieht in einer friedvollen Ruhe, die sich im Gebet und den Gesichtern der beiden Pilger spiegelt.

Das Gesicht Jesu liegt im Halbdunkel, er blickt auf die Pilger. Das Licht geht von ihm aus und umfasst nicht nur seine Mutter, sondern schließt die Pilger ein und gibt dem Betrachter die Richtung und das Ziel seiner Aufmerksamkeit vor: Jesus Christus auf dem Arm seiner Mutter.

Die Mariensäule an der Piazza di Spagna (3)

Am 8. Dezember 1854 erklärte Papst Pius IX. (1846 – 1678) in der Bulle *„Ineffabilis Deus"*: *„Die selige Jungfrau Maria blieb im ersten Augenblick ihrer Empfängnis durch einzigartiges Gnadengeschenk und*

Vorrecht des allmächtigen Gottes, im Hinblick auf die Verdienste Christi Jesu, des Erlösers des Menschengeschlechts, von jedem Fehl der Erbsünde bewahrt." Das Dogma besagt, dass Maria vom Beginn ihrer Existenz an von der Schuldverstrickung durch die Sünde bewahrt blieb.

Spanische Treppe

Zur Erinnerung an die feierliche Verkündigung des Dogmas von der Unbefleckten Empfängnis gab Pius IX. bei der Spanischen Treppe, nahe dem päpstlichen Institut zur Verbreitung des Glaubens **De Propaganda Fidei**, für Maria eine **Ehrensäule** in Auftrag, die er 1857 einweihte.

Die Bronzestatue Marias auf der Weltkugel von G. Obici steht auf einer 25 Meter hohen Säule mit korinthischem Kapitell. Die Inschrift an der Säulenbasis wiederholt die Worte des Engels bei der Verkündigung: *„Sei gegrüßt, du Begnadete, der Herr ist mit dir. Du bist gesegnet unter den Frauen"* (vgl. Lk 1,28).

An den Ecken der Säulenbasis tragen alttestamentliche Persönlichkeiten Tafeln mit Inschriften, die zu Maria und ihrer besonderen Stellung in der Heilsgeschichte hinführen, die bereits im Alten Testament vorgezeichnet war:

– **Moses**: *„Feindschaft setze ich zwischen dich und die Frau"* (Gen 3,15): Maria ist von Anbeginn an auserwählt, die Schuld der ersten Menschen zu tilgen, sie ist die neue Eva.

Piazza die Spagna: Feierlichkeiten am 8. Dezember

- **König David mit Leier** als Psalmensänger: *„Des Höchsten heilige Wohnung"* (Ps 46,5): Das Kind Marias wird der Sohn Gottes sein.
- **Ezechiel**: *„Dieses Tor soll geschlossen bleiben"* (Ez 44,2): Maria bleibt trotz ihrer Mutterschaft immerwährende Jungfrau.
- **Jesaia**: *„Seht, die Jungfrau wird ein Kind empfangen"* (Jes 7,14): Das Kind Marias ist Werk des hl. Geistes.

Als *„Geste des Glaubens und der Verehrung"* (Benedikt XVI.) besuchen jedes Jahr der Papst und der Bürgermeister Roms mit zahlreichen Vertretern des öffentlichen Lebens und unter großer Anteilnahme der Bevölkerung am 8. Dezember, dem Hochfest der Unbefleckten Empfängnis Mariens, die Mariensäule. Sie wollen der Gottesmutter für die vielfache Hilfe danken und für die Stadt Rom und die ganze Welt ihren mütterlichen Schutz erbitten: *„Maria möge uns helfen, ein Licht zu sehen jenseits der Nebel, die die*

Wirklichkeit zu umhüllen scheinen" (Benedikt XVI. am 8. Dezember 2011 beim Gebet an der Marien-säule).

Vor dem gemeinsamen Gebet erhält die Madonna einen Kranz aus Rosen als Geschenk, der mithilfe der Feuerwehr über ihren rechten Arm gehängt wird. Das ganze Jahr über bleibt er dort. Viele Römer bringen Blumengeschenke für die Madonna. Der 8. Dezember ist für die Stadt zugleich der **Beginn der Advents-und Weihnachtszeit** mit traditionellen Märkten, z. B. auf der Piazza Navona. Auf den Straßen leuchten die weihnachtlichen Lichtergirlanden, und in Kirchen und auf öffentlichen Plätzen werden die Krippen auf-gestellt. Ein besonderes Erlebnis ist gerade in der Ad-vents- und Weihnachtszeit der Besuch im **Museo del Presepe Tipologico Internazionale** mit mehr als 3.000 Krippen aus der ganzen Welt.

Sant'Andrea delle Fratte und die Kapelle der Madonna del Miracolo (4)

Von der Spanischen Treppe sind es nur wenige Schritte zur Kirche Sant'Andrea delle Fratte, die lange Zeit am Rande des historischen Zentrums lag. Zur Unterscheidung von den anderen Andreaskirchen bekam sie den Beinamen *„delle Fratte"* (beim Ge-strüpp). Im 17. Jahrhundert erhielt sie ihre heutige Gestalt; einer der Baumeister war F. Borromini. Die zwei **Marmorengel von G. L. Bernini** – einer mit der Dornenkrone, der andere mit der Kreuzesinschrift – waren ursprünglich für die Engelsbrücke bestimmt. In der Kirche ruht u. a. die Schweizer Malerin und Bekannte J. W. v. Goethes **A. Kaufmann** († 1807).

Ziel der Gläubigen ist auf der linken Seite der Kir-che die Kapelle der *„Madonna del Miracolo"* (Madonna des Wunders), seit 1842 ein Zentrum römischer Marienfrömmigkeit. Papst Benedikt XV. (1914 – 1922) nannte die Kapelle das *„römische Lourdes"*. Alphonse Ratisbonne aus Straßburg, ein Jude von Geburt, von seiner Überzeugung her Atheist, hatte von seinem katholischen Gastgeber in Rom einige Tage vor der Erscheinung eine *„wundertätige Medaille"* als Geschenk bekommen, wie sie die Erscheinung von 1830 in der Rue du Bac von Paris offenbart hatte. Ohne religiöse Überzeugung trug er sie aus Höflichkeit, aber mit ironischen Hintergedanken: *„Wenn sie mir nicht hilft, wird sie mir wohl auch nicht schaden."*

Am 20. Januar 1842 erschien die Gottesmutter am Ort der heutigen Kapelle dem 28-jährigen Ratisbonne. *„Eine schier unwiderstehliche Kraft hat mich zu ihr hingezogen. Sie hat nicht zu mir gesprochen, aber ich habe alles verstanden"*, beschrieb er später seine Erfahrung. Er bekehrte sich zum Christentum, ließ sich schon einige Tage nach der Erscheinung taufen und wurde sechs Jahre später zum Priester geweiht. Ratisbonne versöhnte sich mit seinem Bruder Théodore, der schon früher zum Christentum konvertiert und katholischer Priester war.

Ratisbonne ging ins Heilige Land und gründete die *„Kongregation Unserer Lieben Frau vom Zion"* für Priester und Laien, die Théodore bis zu seinem Tod leitete. Das besondere Anliegen der Gemeinschaft war die Glaubensverkündigung zur Bekehrung von Juden und Muslimen, verbunden mit großem sozialen Einsatz. Die Mitglieder der Gemeinschaft gründeten Waisenhäuser in Jerusalem und Ain Karim. Heute engagiert sich die Gemeinschaft für den interreligiösen Dialog.

Schon ein halbes Jahr nach dem Vorkommnis erkannte Papst Gregor XVI. (1831 – 1846) nach eingehender Untersuchung die Erscheinung als echt an und empfahl den Gläubigen die **Madonna del Miracolo** zur Verehrung. Zahlreiche Votivgaben, in der Mehrzahl silberne Herzen mit der Aufschrift *„P.G.R"* bestätigen das Vertrauen der Gläubigen. Nach den Schilderungen Ratisbonnes malte D. Bartolini ein Bild, das in erstaunlicher Weise dem der *„wundertätigen Medaille"* ähnelt. Als unbefleckte Empfängnis steht die Gottesmutter im weißen Gewand mit blauem Mantel auf Wolken, umgeben von einem Kranz aus zwölf Sternen. Von ihren ausgestreckten Händen gehen Strahlen aus. In diesem Licht erkannte Ratisbonne *„die Schönheit des Katholischen Glaubens"*, so seine eigenen Worte.

Zwei Büsten von A. Ratisbonne (links) und M. Kolbe (rechts) stehen zu beiden Seiten des Altars. Der Märtyrerpriester und Franziskanerpater **Maximilian Kolbe** feierte am Altar der wundertätigen Gottesmutter am 29. April 1918 seine Primiz. Er vertraute ihr sein Leben und Werk an und empfiehlt allen Menschen: *„Lass sie machen und dich an ihrer Hand im Leben führen."*

Santa Maria in Via mit der Kapelle der Madonna del Pozzo (Madonna des Brunnens) (5)

Die barocke Basilika Santa Maria in Via birgt das Heiligtum der **Madonna del Pozzo**. Der Name *„in via"* bezieht sich auf die Nähe zur alten Römerstraße, der Via Flaminia, heute die Via del Corso. Die Besonderheit des Ortes und die Verehrung der **Madonna del Pozzo** gehen auf eine **Überschwemmung** im September 1256 zurück. Ein Diener des Kardinals P. Capocci hatte eine Terrakottaplatte mit einem Marienbild in die Pferdetränke geworfen. Das Bild versank nicht, sondern schwamm trotz seines Gewichts an der Oberfläche. Das Wasser des Brunnens schwoll an und überschwemmte den ganzen Stall. Erst als der herbeigeeilte Kardinal das Marienbild barg, gingen die Wasser zurück.

Papst Alexander IV. (1254 – 1261) erkannte die Vorkommnisse als Wunder an und befahl den Bau einer Kapelle für die Gottesmutter. Um den **Brunnen** wurde eine Kapelle gebaut (1. Seitenkapelle rechts) und das Marienbild zur Verehrung aufgestellt. Frommer Überlieferung nach wurde in den Brunnen ein Stein aus der Umgebung des Jakobsbrunnens eingemauert, an dem Jesus mit der Samaritanerin sprach (vgl. Joh 4). Bis heute kommen Gläubige, um das Wasser des Brunnens zu trinken oder es Kranken zu bringen.

Die Kirche betreut seit 1513 die marianische Ordensgemeinschaft der Serviten.

Santa Maria in Aracoeli (Maria am Himmelsaltar) (6)

Die Franziskanerkirche Santa Maria in Aracoeli steht auf dem Kapitol, am Ort des antiken Juno-Tempels, der jungfräulichen Gattin des höchsten Gottes Jupiter. Der Legende nach hatte **Kaiser Augustus** einen Traum, in dem er eine Frau mit einem Kind sah und die Worte hörte *„Ecce ara coeli"* (dies ist der Altar des Himmels). Die tiburtinische Sibylle deutete den Traum: Eine Jungfrau wird ein Gotteskind zur Welt bringen. Mit ihm beginnt eine neue Ära, denn das Kind wird die Altäre der Götter stürzen und der Welt den Frieden bringen. Augustus befahl daraufhin die Errichtung eines Altars: *„Ecce ara primogeniti Dei"* (dies ist der Altar für den eingeborenen Sohn Gottes). Die Inschrift erläutert: *„Dieser Ort, Himmelsaltar genannt, wurde an dem Ort geweiht, wo die allerheiligste*

Jungfrau, die Mutter Gottes, mit ihrem Sohn sich dem Kaiser Augustus in einem goldenen Kreis gezeigt haben soll." An der Stelle des antiken Altars im linken Querschiff ruhen unter einem von Säulen getragenen achteckigen Marmorbaldachin die sterblichen Überreste der **Kaiserin Helena** in einer Porphyrurne aus dem 12. Jahrhundert.

Die Kirche hütet mehrere Marienbilder, darunter über dem Hochaltar das Bild der **Himmelskönigin** (Regina Coeli), die wie die Ikone von Maria Maggiore den Ehrentitel **Salus Populi Romani** trägt. Die byzantinische Ikone war von griechischen Mönchen nach Rom gebracht worden. Die Überlieferung schreibt sie dem Evangelisten Lukas zu. Nach altem Volksglauben weint die Madonna, wenn Rom in Gefahr ist. Als 1348 die Pest wütete, trug der Papst in Bußkleidung das Bild durch die Stadt. Die Epidemie endete. Zum Dank wurde mit Spenden der Bevölkerung die Treppe zum Haupteingang der Kirche erbaut. Die 124 steil ansteigenden Stufen erinnern an die Vision der Himmelsleiter.

Aufgrund der Nähe zu den Kapitolinischen Palästen und dem Rathaus wurde das Bild von den Regierenden als Schutzpatronin angerufen. Das Mittelalter hindurch hielten die Konservatoren in der Kirche ihre Gerichtstage und Ratsversammlungen ab.

S. Maria in Ara Coeli: Hauptaltar mit dem Gnadenbild Salus Populi Romani

1948 weihte Pius XII. (1939 – 1958) die Stadt Rom der Madonna und vertraute sie ihrem mütterlichen Schutz an. 22 antike Säulen (die 3.links soll aus dem Schlafzimmer des Augustus stammen) tragen die vergoldete Kassettendecke. Sie preist Maria als Rosenkranzkönigin, auf deren Fürsprache die Türken in der Seeschlacht von Lepanto (1571) zurückgeschlagen wurden. Auf der 4. Säule links ist seit dem 15. Jahrhundert das Fresko der **Madonna Refugium Peccatorum** (Madonna, Zuflucht der Sünder).

In der hinteren rechten Seitenkapelle malte 1485 **Pinturicchio** bemerkenswerte Fresken über den großen Franziskanerheiligen **Bernhard von Siena**, der 1424 in Aracoeli predigte: an der Altarwand die Verherrlichung des Heiligen; rechts seine Einkleidung in den Orden und die Stigmatisation des Franziskus, links das Begräbnis Bernhards.

Besondere Wertschätzung geniest das **Santo Bambino**, das hl. Kind, in einer eigenen Kapelle links vom Hochaltar. Die Figur aus dem 15. Jahrhundert gilt als wundertätig und *„bester Kinderarzt Roms"*. Ein Franziskanerbruder schnitzte die Jesusfigur aus Olivenholz vom Ölberg in Jerusalem. Er wollte sie nach Rom bringen, doch das Schiff geriet in einen Sturm und die Kiste mit dem Jesuskind ging

S. Maria in Ara Coeli: Santo Bambino

über Bord. Als das Schiff schließlich Ostia, den Hafen Roms, erreichte, lag am Strand die Kiste mit dem Bambino. Der Bruder brachte es ins Franziskanerkloster von Aracoeli. Das Jesuskind wurde in der Kirche aufgestellt.

Immer wieder wurde und wird das Bambino zu Kranken und Kindern gebracht. Dafür hatte es eine eigene Kutsche, die von Spenden gekauft worden war. Über die Jahrhunderte wurde von zahlreichen Heilungen und Gebetserhörungen berichtet. Aus der ganzen Welt treffen täglich Kinderbriefe ein, die dem Bambino ihre Bitten mitteilen. Sie werden einige Zeit auf den Altar gelegt, bevor sie ungeöffnet verbrannt werden – sie sind an das Bambino adressiert und werden deshalb *„nur von ihm gelesen"*. Der kostbare Schmuck und die reiche Ausstattung sind Geschenke.

Bei der Mitternachtsmesse am Heiligen Abend steht das Jesuskind auf dem Hauptaltar, bevor es zur Krippe im linken Seitenschiff getragen wird, wo es bis zum Ende der Weihnachtszeit bleibt. In diesen Tagen besuchen viele Familien Aracoeli, und die Kinder tragen dem Bambino Lieder und Gedichte vor. Am 6. Januar, dem Epiphaniefest, kommen ausnehmend viele, um den besonderen Weihnachtssegen des Bambino zu empfangen.

„Jesus, du bist für uns Kind geworden und in einem Stall geboren, um uns von der Sünde zu befreien. Du bist unser Gott und König... Mach, dass wir stets deine Ehre suchen, damit wir einst deiner ewigen Herrlichkeit teilhaft werden" (aus dem Gebet zum Bambino von Aracoeli).

Santuario Madonna del Divino Amore (Heiligtum der Madonna der göttlichen Liebe) vor den Toren Roms (7)

An einem Turm des Castello di Leva, das der römischen Adelsfamilie Savelli-Orsini gehörte, war ein

altes Fresko der Gottesmutter. Sie sitzt auf einem Thron mit dem Jesuskind im Arm. Darüber schwebt der hl. Geist in Gestalt einer Taube, der Marias ganzes Leben prägt: *„Bei ihrer Empfängnis nahm der Geist, die ewige Liebe des Vaters und des Sohnes, in ihr seine Wohnung und bewahrte sie vor jeglicher Sünde; dann ließ der gleiche Geist den Gottessohn in ihrem Schoß entstehen; weiterhin fand im gesamten Verlauf ihres Lebens durch die Gnade des Geistes der Ausspruch Marias ‚Ich bin die Magd des Herrn‘ vollkommene Erfüllung; und schließlich wurde Maria in der Kraft des hl. Geistes mit ihrer ganzen konkreten Menschennatur neben dem Sohn in die Herrlichkeit Gottes, des Vaters, aufgenommen"* (Benedikt XVI. am 1. Mai 2006 im Santuario).

Das Bild wurde schon lange vor Beginn der Wallfahrt von den Hirten der Umgebung als **Mater divini Amoris** (Mutter der göttlichen Liebe) verehrt. Die Wallfahrt geht auf das Jahr **1740** zurück. Ein Wanderer geriet in Lebensgefahr, als ihn eine Meute wilder Hunde angriff. In seiner Not flehte er zur Gottesmutter, und die Hunde ergriffen die Flucht. In der Folgezeit wurden immer wieder Gebetserhörungen bekannt. Schon 1754 ließ Kardinal C. Rezzonico, der spätere Papst Clemens XIII. (1758 – 1769) das Bild in die neugebaute Kirche übertragen, die Wallfahrt weitete sich aus.

Bis heute suchen Römer und Gläubige aus dem Umland das Marienheiligtum auf, viele in **nächtlichen Wallfahrten**. Zwischen Ostern und Allerheiligen kommen Pilger in jeder Nacht von Samstag auf Sonntag und zum 8. Dezember in das Heiligtum. Sie legen dabei einen Fußweg von ca. 15 Kilometer zurück, entlang der *„Passeggiata Archeologica"* über die alten Konsularstraßen der Via Appia antica und der Via Ardeatina, hinaus zu dem Ort, den Johannes Paul II. als *„Marienwallfahrtsort der Stadt Rom"* bezeichnete. Er nahm das Heiligtum sogar in die traditionelle Sieben-Kirchen-Wallfahrt für das Heilige Jahr 2000 auf, um im 2000. Jahr der Geburt Christi in besonderer Weise an Marias Rolle in der Heilsgeschichte aufmerksam zu machen.

Während des Zweiten Weltkriegs, als Rom unmittelbar vom Krieg bedroht war, gelobten römische Bürger am 4. Juni 1944, eine wohltätige Einrichtung zu stiften, wenn die Stadt bewahrt blieb. Pius XII. verlieh nach dem Krieg dem Gnadenbild den Ehrentitel **hl. Jungfrau der göttlichen Liebe – Retterin der Stadt Rom**. Mit der Bevölkerung betete er: *„Wir schauen auf dich, du Mutter der göttlichen Liebe, und bitten dich, deine mütterliche Fürsprache zu unser aller Rettung einzulegen. Beschütze dein Rom!"* In Erfüllung des Gelübdes entstanden und entstehen karitative und religiöse Einrichtungen, darunter Missionszentren in Südamerika.

1930 übernahm Don Umberto Terenzi als Rektor die Verantwortung für das Heiligtum, der Gründer der *„Opera della Madonna del Divino Amore"*. Er baute die **Krypta** mit einer Darstellung des hl. Grabes und der schmerzhaften Gottesmutter. Auf eigenen Wunsch wurde Don Umberto in der Krypta beigesetzt. In den neunziger Jahren des 20. Jahrhunderts entstand am Fuß des Hügels die **neue Wallfahrtskirche**, ein Ort außerordentlicher Schönheit, eine Kirche des Lichts mit bunten Glaswänden, *„die das mystische Licht in Einklang mit der Natur zu einem spirituellen Moment verschmelzen lassen"* (Pater C. Ruggieri, verantwortlicher Leiter des Neubaus).

Es wurden **Unterbringungsmöglichkeiten für Pilger und ein Kongresszentrum** erbaut, wo u. a. seit dem Jahr 2000 die Internationalen Mariologischen Kongresse stattfinden. Die Wallfahrt bezieht mehrere Orte ein: das alte Heiligtum mit dem Gnadenbild und der Krypta der Schmerzhaften Gottesmutter, den *„Turm des ersten Wunders"*, Nachbildungen der Lourdesgrotte und der Höhle des Propheten Elias am Berg Karmel, das neue Heiligtum und mehrere Kapellen sowie die **Freiluftkirche** hinter dem *„Turm des ersten Wunders"*. Sie wurde dem sel. Zeffirino (1861 – 1936) geweiht, der im Spanischen Bürgerkrieg wegen seines katholischen Glaubens ermordet wurde. Johannes Paul II. hat ihn als ersten Angehörigen des Roma-Volkes selig gesprochen.

Papst Benedikt XVI. erinnerte bei seinem ersten Besuch in Divino Amore am 1. Mai 2006 an das Gelübde von 1944 und ermunterte alle, das damals gegebene Versprechen im Sinne der Gottesmutter zu leben: *„In diesem Heiligtum der Muttergottes von der göttlichen Liebe erneuere ich daher die Einladung: Verwirklichen wir die Liebe und lassen wir damit das Licht Gottes in die Welt ein."*

Mehrmals ließ Johannes Paul II. das Gnadenbild zu wichtigen Ereignissen auf den Petersplatz bringen, um alle Welt zu erinnern, wie Maria immer wieder zur Erneuerung der Kirche und Rettung aus Nöten im Lauf der Kirchengeschichte beigetragen hat.

Rom ist während seiner Geschichte zur **Marienstadt** geworden. Davon geben die mehr als 80 Marienkirchen, die Verehrung der Gnadenbilder, über 600 Madonnelle und zahlreiche Formen gelebter Marienfrömmigkeit Zeugnis. Zu allen Zeiten haben die Römer auf den Schutz Marias vertraut und sich an sie gewendet, weil sie wissen, dass *„sie nicht unser Gebet in unseren Nöten verschmäht, sondern uns errettet jederzeit aus allen Gefahren."*

Öffnungszeiten der wichtigsten Kirchen und Monumente (soweit bekannt)

In Rom sind die Kirchen bis auf wenige Ausnahmen in der Regel über die Mittagszeit geschlossen (12.00 – 16.00 Uhr)

Catacombe di San Sebastiano: Via Appia Antica 136; 9.00 – 12.00 Uhr und 14.00 – 17.00 Uhr; Sonntag geschlossen.

Santa Croce in Gerusalemme: Piazza di Santa Croce in Gerusalemme 12; 7.00 – 12.45 Uhr und 15.30 – 19.30 Uhr.

San Giovanni in Laterano: Piazza San Giovanni in Laterano; 7.00 – 18.45 Uhr; Kreuzgang: 9.00 – 18.00 Uhr; Baptisterium und Scala Santa: 7.00 – 12.30 Uhr und 16.00 – 19.00 Uhr.

San Lorenzo fuori le Mura: Piazzale San Lorenzo 3, Winter: 7.30 – 12.30 Uhr und 15.30 – 19.00 Uhr; Sommer: 7.30 –

Benedikt XVI. bei einer Audienz auf dem Petersplatz

12,30 Uhr und 16.00 – 20.00 Uhr; <u>Katakomben San Cyriaka</u> nach Voranmeldung.

San Paolo fuori le Mura: Via Ostiense 184; 8.00 – 18.00 Uhr.

San Paolo alle Regola: Via San Paolo alla Regola 16; 9.00 – 12.00 Uhr und 16.00 – 19.00 Uhr.

San Paolo alle Tre Fontane: Via Acque Salvie 1; 6.30 – 12.30 Uhr und 15.00 – 20.30 Uhr.

San Pietro in Vaticano: Città del Vaticano; Oktober – März 7.00 – 18.30 Uhr; April – September 7.00 – 19.00 Uhr; <u>Kuppel:</u> Oktober – März 8.00 – 12.00 Uhr; April – September 8.00 – 18,00 Uhr; <u>eucharistische Anbetung</u> täglich 9.00 – 16.45 Uhr in der Cappella SS. Sacramento; <u>Ausgrabungen</u> (Scavi) nur nach Voranmeldung.

San Pietro in Vincoli al Colle Oppio: Piazza di San Pietro in Vincoli 4/A; 8.00 – 12.30 Uhr und 15.00 – 18.00 Uhr.

Sant'Agostino in Campo Marzio: Via della Scrofa 80; 7.45 – 12.00 Uhr und 16.00 – 19.30 Uhr.

Santa Maria ad Martyres (Pantheon): Piazza della Rotonda 12; Werktag: 8.30 – 19.30 Uhr; Sonntag 9.00 – 18.00 Uhr.

Santa Maria Antiqua al Foro Romano: z. Zt. nur auf Anfrage.

Santa Maria del Divino Amore (Santuario della Madonna): Vicolo del Divino Amore 12.

Santa Maria del Rosario: Via Germanico 94; nur vor und nach Gottesdiensten.

Santa Maria in Portico in Campitelli: Piazza di Campitelli 9; 7.00 – 12.30 Uhr und 15.30 – 19.00 Uhr.

Santa Maria dell'Anima: Via di Santa Maria dell'Anima 64; 9.00 – 12.45 Uhr und 15.00 – 19.00 Uhr.

Santa Maria della Pace: Via della Pace 5; Montag, Mittwoch, Samstag (außer an Feiertagen) 9.00 – 12.00 Uhr.

Santa Maria della Vittoria: Via 20 Settembre 17; täglich von 7.00 – 12.00 Uhr und 15.30 – 19.00 Uhr.

Santa Maria del Popolo: Piazza del Popolo 12; Werktag: 7.00 – 12.00 Uhr und 16.00 – 19.00 Uhr ; Sonn- und Feiertag: 8.00 – 13.30 Uhr und 16.30 – 19.15 Uhr.

Santa Maria in Ara Coeli al Campidoglio: Scala dell'Arce Capitoline 12: 9.00 – 12.30 Uhr und 14.30 – 17.30 Uhr.

Foto: KNA

Papst Franziskus besucht den emeritierten Papst Benedikt XVI. in der Sommerresidenz Castel Gandolfo

Papst Franziskus spendet den Segen „Urbi et Orbi".

Santa Maria in Via: Via del Mortaro 24; 7.15 – 13.45 Uhr und 16.00 – 20.00 Uhr.

Santa Maria in Via Lata: Via del Corso 306.

Santa Maria Maggiore: Via Liberiana 27; 7 – 19 Uhr.

Santa Prisca all'Aventino: Via di Santa Prisca 11; 8.30 – 12.00 Uhr und 16.30 – 18.30 Uhr.

Santissimo Salvatore e Santi Giovanni Battista ed Evangelista in Laterano: Piazza San Giovanni in Laterano 4; täglich von 7.00 – 18.30 Uhr.

Carcere Mamertino: Clivo Argentario 1; täglich von 9.00 – 12.30 Uhr und 14.00 – 17.00 Uhr.

Vatikanische Museen: Viale Vaticano; 9.00 – 16.00 Uhr (Einlass); Sonn- und kirchliche Feiertage geschlossen.

Literatur

CASSANELLI u. a. (Hrsg.), Der Vatikan. Offizieller Führer durch alle Gebäude und ihre Geschichte, Berlin/München 2013

FERRUA A. (Hrsg.), Damasus und die römischen Martyrer, Città del Vaticano 1986

GATZ E., Roma Christiana, Regensburg 1998

JOHANNES PAUL II., Römisches Triptychon, Meditationen, Freiburg, Basel, Wien 2005

KORTE R., Leise Stimmen aus der Tiefe, Vatikan 1998

L'OSSERVATORE ROMANO: Sonderausgaben: Paulusjahr 2008 – 2009; Die Obelisken Roms (2010); Spaziergänge durch Rom (2012)

TESEI G., Scopri Roma, Le Edicole Sacre, 2. Aufl. 2007

WENDEL M. W., Die Anfänge der urchristlichen Gemeinde in Rom am Beispiel der Domitillakatakombe, Rom 2011

WETTER, KARDINAL F., Predigt zur Wiedereröffnung von Sto. Stefano Rotondo 2006

WIKI Churches of Rome (romanchurches.wikia.com)

Liturgische Texte nach den liturgischen Büchern der Ständigen Kommission für die Herausgabe der gemeinsamen liturgischen Bücher im deutschen Sprachgebiet (Messbuch und Benediktionale)

Bibelzitate nach der deutschen Einheitsübersetzung

Zitate von Johannes Paul II. und Benedikt XVI. (wenn nicht anders vermerkt) nach: Der Heilige Stuhl: vatican.va